Sammlung von

Das Notariat im Königreich Bayern

betreffenden Gesetzen, Verordnungen

und

Ministerialbekanntmachungen.

(Nach dem Stande vom 1. April 1901.)

Textausgabe
mit ausführlichem Sachregister.

München 1901.
J. Schweitzer Verlag (Arthur Sellier).

Systematisches Inhaltsverzeichnis.

I. Notariatsgesetz.

			Seite
1. Notariatsgesetz vom 9. Juni 1899			1—33
1.	Abschnitt.	Zuständigkeit und Organisation	1
2.	"	Dienstverhältnisse und Geschäftsführung	4
3.	"	Notarielle Urkunden	6
4.	"	Gebühren	11
5.	"	Gerichtl. Entscheidung, Beschwerde	13
6.	"	Dienstaufsicht und Disziplin	14
7.	"	Notariatsverweser	24
8.	"	Sammelarchive	28
9.	"	Notariatskammern	29
10.	"	Haftung des Staates	30
11.	"	Versorgung der Notare und Notariatsgehilfen und ihrer Hinterbliebenen	30
12.	"	Schluß- und Übergangsbestimmungen	31

II. Besondere Vorschriften.

2. Geschäftsordnung für die Notariate			34—130
1.	Abschnitt.	Amtsübernahme	34
2.	"	Allg. Vorschriften über die Amtsführung	38
3.	"	Registerführung	41
4.	"	Vorschriften über die Sammlung, Ordnung und Verwahrung der Urkunden und Akten	50
5.	"	Vorschriften für das Verfahren bei der Beurkundung	55
6.	"	Besondere Vorschriften für einzelne Geschäfte	97
7.	"	Verkehr zwischen den Hypothekenämtern und den Notaren	120
8.	"	Gebührenwesen	123
9.	"	Urlaub, Amtsverwesung, Sicherung der Amtsbestände	125
10.	"	Schlußbestimmungen	130
3. Zahl und Sitze der Notariate und ihre Besetzung			131
4. Amtssiegel der Notariate			132

Seite
5. **Die Amtsschilde der Notariate** 133
6. **Inhalt der Vollmachten über die Regelung von Nachlässen in Neu-Süd-Wales** 134
7. **Legalisation von notariellen Urkunden** . . . 135
8. **Eröffnung der Testamente und Erbverträge** . 136
9. **Verwahrung von Dorftestamenten** 137
10. **Errichtung von Testamenten vor dem Gemeindevorsteher** 138
11. **Widerruf von Testamenten** 140
12. **Hinausgabe der Urschriften aufgehobener Erbverträge an die Beteiligten** 145
13. **Führung des Güterrechtsregisters** 147
14. **Führung des Handelsregisters** 149
15. **Der Verkehr der Notariate mit den Grundbuchämtern** 150--167
I. Allgem. Bestimmungen 150
II. Grundbuchs-Einsicht 151
III. Bezugnahme auf das Grundbuch, Übereinstimmung der Urkunden mit dem Grundbuche 153
IV. Vorlegung der Urkunden an das Grundbuchamt . . 153
V. Benachrichtigung der Beteiligten durch den Notar, Ausfertigung, Vermerke 159
VI. Schlußbestimmungen 160
Formulare I--IV 161--167
16. **Der Verkehr der Notariate mit den Hypothekenämtern** 168
17. **Vorlage von notariellen Urkunden an die Hypothekenämter in den Landesth. r. d. Rh.** 171
18. **Veröffentlichung der Versteigerungs-Bekanntmachung** 172
19. **Vormerkung von Hypotheken im Wege der Zwangsvollstreckung und der Arrestvollziehung nach dem 1. Januar 1900** 173

III. Dienstaufsicht und Disciplin.

20. **Handhabung der Dienstaufsicht** 174
Formular . . . . 188—189

IV. Notariatskammern.

Seite

21. Notariatskammer-Ordnung 190
22. Dienstanweisung für die Notariatskammern . 195

V. Versorgung der Notare und Notariatsgehilfen und ihrer Hinterbliebenen.

23. Vollzug der Artikel 127, 128 des Notariatsgesetzes 202
24. Pension und Unterstützung 203
Satzung des Pensions- rc. Vereins . . . . . 207—221
25. Die Verbesserung der Lage der Notariatsgehilfen 222
26. Vollzug des Invalidenversicherungsgesetzes, hier die Versicherungspflicht der nichtrechtskundigen Notariatsgehilfen 223

VI. Gebühren.

27. Notariatsgebührenordnung 226
1. Abschnitt. Allg. Vorschriften 226
2. „ Beurkundung von Rechtsgeschäften, von sonstigen Erklärungen, von Vorgängen und von Thatsachen 230
3. „ Beglaubigung von Unterschriften und Handzeichen 234
4. „ Vermittlung der Auseinandersetzung. Zwangsversteigerung 235
5. „ Verwahrung von Privaturkunden und von Testamenten. Eröffnung von Testamenten 237
6. „ Zustellung, Behändigung, Vorlegung von Urkunden 238
7. „ Gestattung der Einsicht, Erteilung und Beglaubigung von Abschriften und Ausfertigungen. Vollstreckungsklausel. Schreibgebühren 239
8. „ Nebengeschäfte 241
9. „ Auslagen 241
10. „ Entfernungsgebühren, Reisekosten . . 243
11. „ Hinterlegungsgebühren 245
12. „ Schlußbestimmungen 247

Seite

28. Gebühren in Grundbuchsachen 249

29. Die Tantiemen der Notare 252

30. Führung von Notariaten auf Rechnung des Staates, hier die Verrechnung der Notariatsgebühren betr. 254

31. Die Erhebung der Gebühren für die von den Notaren vorgenommenen Eröffnungen von Testamenten 255

32. Die Ablieferung der Gebühreneinnahmen an die Rentämter 256

33. Die Führung von Notariaten auf Rechnung des Staates, hier die Tagegelder und Reisekosten zugezogener Protokollführer betr. 257

34. Die Verrechnung von Tagegeldern und Reisekosten bei Amtstagen der Notare 258

35. Die Gewährung des Armenrechts in Notariatssachen, hier die Vergütung der Tagegelder und Reisekosten aus der Staatskasse 259

36. Die Portoauslagen der Notare 260

VII. Erbschaftssteuerwesen.

37. Vollzug des Erbschaftssteuergesetzes 261

I. Zuständigkeit 261

II. Verfahren 262

38. Vollzug des Erbschaftssteuergesetzes 267

Alphabetisches Inhaltsverzeichnis 268

I.

Notariatsgesetz.

1. Notariatsgesetz vom 9. Juni 1899.

(Beilage zum Gesetz- und Verordnungsblatt 1899 Nr. 28 Seite 137 bis 166.[1])

Im Namen Seiner Majestät des Königs. **Luitpold**, von Gottes Gnaden Königlicher Prinz von Bayern, **Regent**.

Wir haben nach Vernehmung des Staatsrathes mit Beirath und Zustimmung der Kammer der Reichsräthe und der Kammer der Abgeordneten beschlossen und verordnen, was folgt:

Erster Abschnitt.

Zuständigkeit und Organisation.

1. Zuständigkeit.

Art. 1. Die Notare sind zuständig, öffentliche Beurkundungen und Beglaubigungen zu bewirken und Urkunden in amtliche Verwahrung zu nehmen, soweit nicht nach besonderen Vorschriften andere Beamte oder Behörden ausschließlich zuständig sind, einzelne Arten von Beurkundungen und Beglaubigungen zu bewirken oder die amtliche Verwahrung einzelner Arten von Urkunden zu übernehmen.

Die amtliche Verwahrung von Testamenten und Erbverträgen erfolgt nur durch die Notare. Die Notare sind zuständig, an Stelle des Nachlaßgerichts die von ihnen verwahrten Testamente und Erbverträge nach §§ 2260, 2262, 2273, 2300 des Bürgerlichen Gesetzbuchs zu öffnen und bekannt zu geben.

[1]) Ausgegeben zu München, den 1. Juli 1899.

Art. 2. Die Notare sind zuständig:

1. für die Aufnahme von Vermögens- und Nachlaßverzeichnissen;
2. für die Anlegung und die Abnahme von Siegeln;
3. für die Vornahme von öffentlichen Versteigerungen.

Art. 3. Die Notare sind, soweit nicht ein Anderes bestimmt ist, zuständig für die Abnahme von Versicherungen an Eidesstatt, die abgegeben werden, um einer öffentlichen Behörde eine thatsächliche Behauptung oder eine Aussage glaubhaft zu machen.

Durch die Geschäftsordnung kann den Notaren die eidliche Vernehmung von Zeugen und Sachverständigen, die Abnahme von Eiden und die Bewirkung von Zustellungen in den Fällen übertragen werden, in denen die eidliche Vernehmung, die Abnahme des Eides oder die Zustellung nach dem Rechte eines ausländischen Staates oder nach der Bestimmung einer ausländischen Behörde von einem Notar vorgenommen werden soll.

Art. 4. Der Notar ist verpflichtet, Gelder, Werthpapiere und Kostbarkeiten, die ihm aus Anlaß eines Amtsgeschäfts von den Betheiligten übergeben werden, zur Aufbewahrung für die Betheiligten oder zur Ablieferung an Dritte oder an eine Behörde zu übernehmen.

Die Bestimmungen über das Verfahren bei der Uebernahme, Aufbewahrung und Ablieferung, insbesondere über die Führung von Verwahrungsbüchern, werden durch Ministerialvorschrift getroffen.

Art. 5. Durch Königliche Verordnung kann bestimmt werden, daß die Notare bei der Berechnung und Erhebung der aus Anlaß ihrer Amtsgeschäfte dem Staate und den Gemeinden anfallenden Gebühren unter Leitung und Aufsicht der Finanzbehörden mitzuwirken haben.

2. Organisation.

Art. 6. Für die Wahrnehmung der den Notaren obliegenden Geschäfte werden Notariate errichtet.

Die Notariate sind staatliche Behörden.

Die Zahl und die Sitze der Notariate werden durch Königliche Verordnung bestimmt. In jedem Amtsgerichtsbezirke soll wenigstens ein Notariat bestehen.

Der Amtsbezirk jedes Notariats umfaßt den Landgerichtsbezirk, in dem es seinen Sitz hat. Befinden sich am Sitze des Notariats mehrere Landgerichte, so umfaßt sein Amtsbezirk die Bezirke dieser Landgerichte.

Ein Notariatsgeschäft ist nicht aus dem Grunde unwirksam, weil es von einem Notar außerhalb seines Amtsbezirks vorgenommen ist.

Art. 7. Jedes Notariat wird mit einem Notar besetzt.

Art. 8. Die Notare sind öffentliche Beamte.

Sie werden vom König auf Lebenszeit ernannt und können — außer bei einer Veränderung in der Organisation der Notariate oder ihrer Bezirke — wider ihren Willen nur kraft richterlicher Entscheidung ihres Amtes enthoben oder an eine andere Stelle versetzt werden.

Art. 9. Zum Notare kann nur ernannt werden, wer die Fähigkeit zum Richteramt erlangt und den Nachweis einer zur Vorbereitung für das Amt eines Notars genügenden Beschäftigung bei einem Notariat erbracht hat.

Der Vorbereitungsdienst soll nach der Erlangung der Fähigkeit zum Richteramt abgeleistet werden und in der Regel nicht weniger als zwei Jahre dauern.

Von dem Erfordernisse des Vorbereitungsdienstes kann bei Bewerbern, die das Richteramt bekleiden oder bekleidet haben, abgesehen werden.

Art. 10. Der Notar soll vor dem Antritte seines Amtes schwören, daß er die ihm obliegenden Amtspflichten nach bestem Wissen und Gewissen den Gesetzen gemäß mit Fleiß und Sorgfalt erfüllen werde.

Der Eid wird in der öffentlichen Sitzung des Landgerichts geleistet.

Ein Notar, der den Amtseid geleistet hat, braucht ihn im Falle der Versetzung nicht noch einmal zu leisten.

Art. 11. Der Notar hat an dem Sitze des Notariats zu wohnen. In Städten von mehr als hunderttausend Einwohnern kann ihm bei der Uebertragung des Amtes die Verpflichtung auferlegt werden, seinen Amtssitz in einem bestimmt begrenzten Theile der Stadt zu nehmen.

Außerhalb seines Amtssitzes darf der Notar Geschäftsräume nicht halten.

Zweiter Abschnitt.

Dienstverhältnisse und Geschäftsführung.

1. Ausschließlichkeit des Dienstes, Nebengeschäfte.

Art. 12. Der Notar kann nicht zugleich Rechtsanwalt sein. Ein öffentliches Amt, mit dem eine Besoldung verbunden ist, darf der Notar nur mit Erlaubniß des Staatsministeriums der Justiz übernehmen.

Art. 13. Der Notar darf weder selbst Handel oder Gewerbe betreiben, noch die Verwaltung einer Handelsgesellschaft oder einer ähnlichen auf Erwerb gerichteten Unternehmung führen. Mitglied des Aufsichtsraths einer solchen Gesellschaft oder Unternehmung darf er nur mit Erlaubniß des Staatsministeriums der Justiz werden.

Zur Uebernahme des Amtes des Testamentsvollstreckers bedarf der Notar einer dienstaufsichtlichen Erlaubniß nicht.

2. Verpflichtung zur Dienstleistung.

Art. 14. Der Notar darf die Vornahme eines Amtsgeschäfts nicht ohne zureichenden Grund verweigern.

Art. 15. Der Notar soll, soweit er nicht durch besondere Vorschriften von der Ausübung seines Amtes ausgeschlossen ist, die Vornahme von Amtsgeschäften verweigern:

1. in Sachen, in denen er selbst betheiligt ist, oder in denen er zu einem Betheiligten in dem Verhältniß eines Mitberechtigten oder Mitverpflichteten steht;
2. in Sachen seiner Ehefrau, auch wenn die Ehe nicht mehr besteht;
3. in Sachen einer Person, mit der er in gerader Linie oder im zweiten Grade der Seitenlinie verwandt oder verschwägert ist;
4. in Sachen, in denen er als Vertreter eines Betheiligten bestellt oder als gesetzlicher Vertreter eines solchen aufzutreten berechtigt ist.

Art. 16. Der Notar hat seine Amtsthätigkeit bei Geschäften zu verweigern, die gegen ein Strafgesetz verstoßen oder offenbar nichtig sind oder nur zum Schein oder zum Scherz vorgenommen werden sollen.

Art. 17. Weigert sich der Notar, ein Amtsgeschäft vorzunehmen, so entscheidet auf Antrag das Landgericht. Eine Anfechtung der Entscheidung findet nicht statt.

3. Zeit und Ort der Vornahme der notariellen Amtsgeschäfte.

Art. 18. Der Notar ist verpflichtet, in dringlichen Fällen Amtsgeschäfte auch außerhalb der ordentlichen Geschäftszeit vorzunehmen.

Art. 19. Der Notar soll die Amtsgeschäfte am Amtssitz in seinen Geschäftsräumen vornehmen, soweit nicht ein Anderes vorgeschrieben oder nach den Umständen erforderlich ist.

Amtstage darf der Notar an einem anderen Orte nur mit Erlaubniß des Staatsministeriums der Justiz abhalten.

4. Verwendung von Gehilfen.

Art. 20. Der Notar kann zu seiner Unterstützung bei den Notariatsgeschäften Gehilfen aufnehmen und sie unter seiner Aufsicht und Verantwortlichkeit verwenden.

5. Amtsgeheimniß, Gestattung der Akteneinsicht.

Art. 21. Der Notar hat die Pflicht, das Amtsgeheimniß zu wahren. Er hat dafür zu sorgen, daß nicht Unberufene durch Anwesenheit bei den Verhandlungen oder durch Einsicht der in seiner Verwahrung befindlichen Schriftstücke von Privatgeheimnissen Kenntniß erlangen, und darüber zu wachen, daß nicht seine Gehilfen solche Geheimnisse verletzen.

Art. 22. Die Einsicht der Urkunden und Akten des Notariats soll außer den Betheiligten nur solchen Personen gestattet werden, die ein berechtigtes Interesse glaubhaft machen. Das Gleiche gilt von der Ertheilung einer Abschrift. Die Einsicht der letztwilligen Verfügungen und der Erbverträge darf bei Lebzeiten der Verfügenden anderen Personen nur mit Einwilligung der Verfügenden gestattet werden. Weigert sich der Notar, die Einsicht der Urkunden und Akten zu gestatten oder eine Abschrift zu ertheilen, so entscheidet auf Antrag das Landgericht.

Inwieweit öffentlichen Behörden auf Ersuchen die Einsicht der Urkunden und Akten des Notariats zu gestatten ist und Abschriften zu ertheilen sind, bestimmt das Staatsministerium der Justiz.

6. Geschäftsregister.

Art. 23. Der Notar hat nach näherer Bestimmung der Geschäftsordnung seine Amtsgeschäfte in einem Register (Geschäftsregister) zu verzeichnen.

Dritter Abschnitt.

Notarielle Urkunden.

Art. 24. Für die notariellen Urkunden gelten, soweit nicht Reichsgesetze oder besondere landesgesetzliche Vorschriften maßgebend sind, die Bestimmungen der Artikel 25 bis 47.

1. Vorschriften über die Errichtung notarieller Urkunden.

Art. 25. Die notariellen Urkunden müssen den Tag und den Ort ihrer Errichtung und die Unterschrift des Notars enthalten. Sie sollen in deutscher Sprache errichtet werden.

Der Unterschrift des Notars soll dessen Amtseigenschaft beigesetzt werden. Jede notarielle Urkunde soll mit dem Siegel oder dem Stempel des Notariats versehen werden.

Art. 26. Die notariellen Urkunden sollen, soweit nicht ein Anderes bestimmt ist, in der Form von Protokollen aufgenommen werden.

Das Protokoll soll die Bezeichnung der Personen, deren Erklärungen beurkundet werden, die Bezeichnung der Personen, die bei der Beurkundung mitwirken, die Darstellung des beurkundeten Vorganges, die Unterschriften der Personen, deren Erklärungen beurkundet worden sind, und die Unterschriften der Mitwirkenden enthalten.

Das Protokoll soll vor der Beisetzung der Unterschriften von dem Notar oder doch in seiner Gegenwart vorgelesen werden. Liest der Notar das Protokoll nicht selbst vor, so soll er es vorher durchlesen. Er soll im Protokolle feststellen, daß das Vorlesen und Durchlesen geschehen ist.

Art. 27. Vor der Beurkundung einer rechtsgeschäftlichen Erklärung hat der Notar den wahren Willen der Betheiligten zu ermitteln. Hegt er Zweifel darüber, ob die Betheiligten die Bedeutung und die Folgen des beabsichtigten Geschäfts völlig erkannt haben, so hat er ihnen die nöthige Belehrung zu ertheilen. Der Wille der Betheiligten ist im Protokolle klar, bestimmt und unzweideutig auszudrücken.

Art. 28. Macht der Notar bei der Beurkundung eines Rechtsgeschäfts Wahrnehmungen, die geeignet sind, Zweifel darüber zu begründen, ob ein Betheiligter die zu dem Rechtsgeschäft erforderliche Geschäftsfähigkeit besitzt, so soll dies im Protokolle festgestellt werden.

Hat der Notar sonstige Zweifel an der Gültigkeit des Geschäfts, so soll er davon den Betheiligten Mittheilung machen; gelingt es nicht, die Zweifel zu beseitigen, so ist die Mittheilung des Notars und die darauf von den Betheiligten abgegebene Erklärung im Protokolle festzustellen.

Art. 29. Ist ein bei der Beurkundung eines Rechtsgeschäfts Betheiligter taub, so soll das Protokoll ihm zur Durchsicht vorgelegt werden, auch wenn er es nicht verlangt. Im Protokolle soll festgestellt werden, daß die Vorlegung geschehen ist.

Ist ein tauber Betheiligter nicht im Stande, Geschriebenes zu lesen, so soll eine Vertrauensperson zugezogen werden, die sich mit ihm zu verständigen vermag. Im Protokolle soll festgestellt werden, daß der Betheiligte nach der Ueberzeugung des Notars die Vertrauensperson verstanden hat. Als Vertrauensperson kann auch eine der bei der Beurkundung neben dem Notar mitwirkenden Personen dienen.

Art. 30. Vor der Beurkundung einer Erklärung über die Uebertragung des Eigenthums an einem Grundstücke, die Belastung eines Grundstücks mit einem Rechte, die Uebertragung oder Belastung eines solchen Rechtes nach Inhalt oder Rang und vor der Beurkundung eines jeden Vertrags, durch den sich der eine Theil verpflichtet, eine solche Uebertragung, Belastung oder Aenderung vorzunehmen, hat der Notar durch Einsicht des Grundbuchs oder eines in jüngster Zeit ausgestellten oder berichtigten Auszugs aus dem Grundbuche sich davon zu überzeugen, ob das beabsichtigte Geschäft mit dem Inhalte des Grundbuchs übereinstimmt. Zeigt sich ein Widerspruch, so hat der Notar wie im Falle des Artikel 28 Abs. 2 zu verfahren. Der Notar soll im Protokolle feststellen, ob er die Beurkundung nach Einsicht des Grundbuchs oder eines Auszugs aus dem Grundbuche vorgenommen hat, und soll in letzterem Falle auch den Tag der Ausstellung oder Berichtigung des Auszugs im Protokoll angeben.

Die Vorschriften des Abs. 1 gelten auch für Rechte, die den Grundstücken gleichstehen.

Die Verpflichtung zur Einsicht des Grundbuchs oder des Auszugs aus dem Grundbuche kann von den Betheiligten nicht erlassen werden. Ausnahmen sind nur in Nothfällen zulässig. Der Notar soll den Nothfall in der Urkunde feststellen.

Inwieweit der Notar sich zur Einsicht des Grundbuchs seiner Gehilfen bedienen darf, wird durch die Geschäftsordnung bestimmt.

Art. 31. Auf notarielle Urkunden über Erklärungen, die nicht Rechtsgeschäfte enthalten, finden die Vorschriften des Artikel 28 Abs. 1 und des Artikel 29 dieses Gesetzes sowie die Vorschriften der §§ 169, 173, 174, des § 176 Abs. 3 und der §§ 178, 179 des Gesetzes über die Angelegenheiten der freiwilligen Gerichtsbarkeit entsprechende Anwendung.

Art. 32. Beurkundet der Notar in der Versammlung einer Genossenschaft, einer Gesellschaft mit beschränkter Haftung oder eines Vereins den Gang der Verhandlung, so gelten die Theilnehmer an der Versammlung nicht als Betheiligte.

In der Versammlung ist ein Verzeichniß der erschienenen Genossen, Gesellschafter oder Vereinsmitglieder mit Angabe ihres Namens und Wohnorts aufzustellen. Das Verzeichniß ist vor der ersten Abstimmung zur Einsicht auszulegen; es ist von dem Vorsitzenden zu unterschreiben und mit den Belegen über die ordnungsmäßige Berufung der Versammlung dem Protokolle beizufügen. Die Beifügung der Belege über die Berufung der Versammlung kann unterbleiben, wenn die Belege unter Angabe ihres Inhalts im Protokoll angeführt werden.

Art. 33. Bei der Beglaubigung von Abschriften, der Beurkundung von Zustellungen, Lebensbescheinigungen und ähnlichen einfachen Zeugnissen bedarf es der Aufnahme eines Protokolls nicht.

Art. 34. Die Beglaubigung einer Abschrift geschieht dadurch daß unter die Abschrift ein Vermerk gesetzt wird, der die Uebereinstimmung mit dem vorgelegten oder vorliegenden Schriftstücke (der Hauptschrift) bezeugt. Aus der beglaubigten Abschrift soll ersichtlich sein, ob die Hauptschrift eine Ausfertigung, eine beglaubigte Abschrift oder eine einfache Abschrift ist. Durchstreichungen, Aenderungen, Einschaltungen,

Ausschabungen oder andere Mängel der Hauptschrift sollen in dem Beglaubigungsvermerk angegeben werden.

Soll ein Auszug aus einem Schriftstücke beglaubigt werden, so sind in den Auszug außer denjenigen Theilen des Schriftstücks und seiner Anlagen, welche die Beobachtung der vorgeschriebenen Förmlichkeiten nachweisen, diejenigen Theile aufzunehmen, welche auf den Gegenstand des Auszugs Bezug haben. In dem Beglaubigungsvermerke soll der Gegenstand des Auszugs angegeben und bezeugt werden, daß das Schriftstück und seine Anlagen über diesen Gegenstand weiter nichts enthalten.

Art. 35. Vor der Beglaubigung einer Unterschrift oder eines Handzeichens soll der Notar von dem Inhalte des Schriftstücks Kenntniß nehmen. Auf das Verfahren bei der Beglaubigung finden außer den Vorschriften des § 183 des Gesetzes über die Angelegenheiten der freiwilligen Gerichtsbarkeit die Vorschriften in den Artikeln 28, 30 dieses Gesetzes und im § 176 Abs. 3 des Gesetzes über die Angelegenheiten der freiwilligen Gerichtsbarkeit entsprechende Anwendung; der Notar braucht jedoch, wenn er denjenigen, dessen Unterschrift oder Handzeichen beglaubigt werden soll, kennt, dies im Beglaubigungsvermerke nicht ausdrücklich zu erwähnen.

Art. 36. Die Vorschriften über die äußere Form der notariellen Urkunden werden, soweit sie nicht in Reichsgesetzen und in diesem Gesetz enthalten sind, in der Geschäftsordnung getroffen.

Die Geschäftsordnung bestimmt insbesondere auch, wie die Aenderungen in den Urkunden vorzunehmen sind, wenn solche nothwendig werden, und welche mechanischen Mittel zur Herstellung und Vervielfältigung der Urkunden benutzt werden dürfen.

2. Vorschriften über die Verwahrung der Urschriften und die Ertheilung von Ausfertigungen.

Art. 37. Die Urschriften der notariellen Urkunden bleiben in der Urkundensammlung des Notariats.

Art. 38. Inwieweit einzelne Arten von Urschriften den Betheiligten ausgehändigt werden dürfen oder an andere Beamte oder Behörden abzugeben sind und inwieweit Urschriften vorübergehend anderen Beamten oder Behörden im dienstlichen Interesse zur Einsicht überlassen werden sollen, bestimmt das Staatsministerium der Justiz.

Art. 39. An Stelle der in der Urkundensammlung des Notariats verbleibenden Urschriften erhalten die Betheiligten auf Verlangen Ausfertigungen.

Die Ausfertigungen können nur von dem Notar ertheilt werden, der die Urschrift in seiner dauernden Verwahrung hat.

Art. 40. Die Ausfertigung besteht in einer mit dem Ausfertigungsvermerke versehenen Abschrift der Urschrift. Sie soll in der Ueberschrift und im Vermerk als Ausfertigung bezeichnet sein. Der Ausfertigungsvermerk soll den Ort und den Tag der Ausstellung angeben, den Betheiligten bezeichnen, dem die Ausfertigung ertheilt wird, und die Uebereinstimmung der Ausfertigung mit der Urschrift bestätigen. Er ist außer mit der Unterschrift des Notars mit dem Siegel oder dem Stempel des Notariats zu versehen.

Art. 41. Die Ausfertigung kann auf Antrag auch auszugsweise ertheilt werden. Die Vorschriften im Artikel 34 Abs. 2 finden entsprechende Anwendung.

Art. 42. Jeder Betheiligte erhält in der Regel nur eine Ausfertigung; im Falle des Bedürfnisses kann er mehrere Ausfertigungen erhalten.

Art. 43. Jede Ertheilung einer Ausfertigung soll auf der Urschrift vermerkt werden.

Art. 44. Weigert sich der Notar, einem Betheiligten eine Urschrift auszuhändigen oder eine Ausfertigung zu ertheilen, so entscheidet auf Antrag das Landgericht.

Ueber die Weigerung des Notars, einem anderen Beamten oder einer anderen Behörde eine Urschrift vorübergehend oder dauernd zu überlassen, entscheiden die Dienstaufsichtsbehörden.

Art. 45. Für die Vollstreckbarkeit der notariellen Urkunden und die Ertheilung vollstreckbarer Ausfertigungen sind die Bestimmungen der Civilprozeßordnung maßgebend.

Art. 46. Für die Fälle, in denen der Notar die Verwahrung einer Urschrift nach Artikel 38 aufgibt, bestimmt die Geschäftsordnung, inwieweit eine Ausfertigung in der Urkundensammlung des Notariats zurückbehalten werden soll. Die zurückbehaltene Ausfertigung vertritt die Stelle der Urschrift, bis diese zurückgelangt ist.

Art. 47. Ist eine Urschrift zu Verlust gegangen, so kann eine Ausfertigung bei dem Notar zu dem Zwecke hinterlegt werden, daß sie die Stelle der Urschrift vertritt. Der Notar hat über die Hinterlegung ein Protokoll aufzunehmen und diesem die hinterlegte Ausfertigung beizuheften.

Vierter Abschnitt.

Gebühren.

Art. 48. Der Notar bezieht keinen Gehalt aus der Staatskasse, sondern Gebühren.

Den Notaren, deren reines Diensteinkommen die Höhe der Bezüge eines Amtsrichters nicht erreicht, kann bis zu deren Höhe ein Zuschuß aus der Staatskasse bewilligt werden.

Art. 49. Die Notariatsgebühren sind von dem zu tragen, der die Thätigkeit des Notars in Anspruch genommen hat. Haben Mehrere die Thätigkeit des Notars zu einem und demselben Geschäft in Anspruch genommen, so haften sie dem Notar gegenüber als Gesammtschuldner. Vereinbarungen der Betheiligten über die Tragung der Gebühren sind nur für die Betheiligten wirksam.

Art. 50. Wird die Höhe der von dem Notar angesetzten Notariatsgebühren oder Auslagen von den Betheiligten beanstandet oder ist der Notar zur Beitreibung der Gebühren oder Auslagen veranlaßt, so hat er bei dem Landgerichte die Festsetzung zu beantragen. Als Auslagen gelten hiebei auch die Gebührenvorschüsse. Durch Klage kann der Anspruch nicht geltend gemacht werden. Mit der Einreichung des Antrags auf Festsetzung treten die Wirkungen der Erhebung der Klage ein.

Aus den rechtskräftigen Festsetzungsbeschlüssen findet die Zwangsvollstreckung nach Maßgabe der Bestimmungen der Civilprozeßordnung über die Zwangsvollstreckung aus Kostenfestsetzungsbeschlüssen statt.

Art. 51. Auch die von dem Notar in Anspruch Genommenen können die Festsetzung der Gebühren und Auslagen beantragen und zwar selbst dann, wenn sie schon bezahlt haben. Die Vorschriften des Artikel 50 finden entsprechende Anwendung.

Nach dem Eintritte der Rechtskraft des Festsetzungsbeschlusses kann der Notar im Wege der Dienstaufsicht zur Erstattung des zu viel Erhobenen angehalten werden.

Art. 52. Die Vorschriften des Artikel 50 und des Artikel 51 Abs. 1 finden auch Anwendung, wenn der Notar aus dem Amte geschieden oder gestorben ist. Der Amtsnachfolger hat auf Ersuchen für den aus dem Amte geschiedenen Notar oder für den Erben des gestorbenen Notars die Festsetzung zu betreiben. Diese selbst können an dem Verfahren nicht theilnehmen.

Ein versetzter Notar kann die Festsetzung selbst betreiben; auf sein Ersuchen hat der Amtsnachfolger ihn im Verfahren (Artikel 50, 51) zu vertreten.

Art. 53. Der Notar ist, soweit nicht besondere Vorschriften maßgebend sind, verpflichtet, die Amtsgeschäfte vorläufig unentgeltlich vorzunehmen, wenn die Betheiligten, die ihn um die Ausübung seines Amtes angehen, zur Bezahlung der Notariatsgebühren außer Stande sind.

Ueber die Verpflichtung des Notars, sein Amt vorläufig unentgeltlich auszuüben, entscheidet auf Antrag des Betheiligten das Landgericht.

Art. 54. Der Notar hat gegen den Staat keinen Anspruch auf Entschädigung wegen der im Falle des Artikel 53 ihm entgangenen Gebühren. Bei auswärtigen Dienstgeschäften werden ihm Tagegelder und Reisekosten aus der Staatskasse vergütet.

Art. 55. Der Notar kann bis zur Entrichtung der Gebühren und Erstattung der Auslagen die Aushändigung der Urschriften, Ausfertigungen und Abschriften an die Betheiligten und die Vorlegung der Urschriften, Ausfertigungen und Abschriften für die Betheiligten an Gerichte und andere Behörden verweigern, endlich die in seinen Händen befindlichen Urkunden, Gelder und Werthpapiere, soweit es erforderlich ist, zurückbehalten.

Ueber die Berechtigung der Verweigerung oder der Zurückbehaltung entscheidet auf Antrag das Landgericht. Eine Anfechtung der Entscheidung findet nicht statt.

Art. 56. Der Notar hat nach näherer Bestimmung der Geschäftsordnung über seine Gebühren und Auslagen Buch zu führen.

Fünfter Abschnitt.

Gerichtliche Entscheidung, Beschwerde.

Art. 57. Der Antrag auf Entscheidung des Landgerichts in den Fällen des Artikel 17, des Artikel 22 Abs. 1, des Artikel 44 Abs. 1, der Artikel 50 bis 53 und des Artikel 55 kann schriftlich oder zum Protokolle des Notars oder des Gerichtsschreibers des Landgerichts gestellt werden.

Art. 58. Für die Entscheidung ist dasjenige Landgericht zuständig, in dessen Bezirke das Notariat seinen Sitz hat.

Das Landgericht entscheidet in einer Civilkammer. Der Präsident des Landgerichts hat sich in diesen Fällen der Civilkammer anzuschließen.

Art. 59. Das Gericht hat von Amtswegen die zur Feststellung der Thatsachen erforderlichen Ermittelungen zu veranstalten und die geeignet erscheinenden Beweise aufzunehmen.

Die Entscheidung erfolgt in nicht öffentlicher Sitzung ohne mündliche Verhandlung. Sie ist dem Notar und dem Betheiligten von Amtswegen zuzustellen.

Art. 60. Gegen die Entscheidung des Landgerichts findet in den Fällen der Artikel 22, 44, 50 bis 53 das Rechtsmittel der Beschwerde statt. In den Fällen der Artikel 50 bis 53 steht die Beschwerde auch dem Notar zu.

Ueber die Beschwerde entscheidet das Oberste Landesgericht in einem Civilsenat in der Besetzung von fünf Mitgliedern mit Einschluß des Vorsitzenden.

Art. 61. Die Einlegung der Beschwerde erfolgt durch Einreichung einer Beschwerdeschrift oder durch Erklärung zum Protokolle des Gerichtsschreibers des Landgerichts oder des Obersten Landesgerichts. Der Unterzeichnung der Beschwerdeschrift durch einen Rechtsanwalt bedarf es nicht.

In den Fällen der Artikel 50 bis 52 ist die Beschwerde binnen einer Frist von zwei Wochen einzulegen. Die Frist beginnt mit dem Zeitpunkt, in welchem die Entscheidung des Landgerichts dem Beschwerdeführer zugestellt worden ist.

Auf das Verfahren des Obersten Landesgerichts finden die Vorschriften des Artikel 59 Anwendung.

Art. 62. Die Entscheidungen des Landgerichts erfolgen kostenfrei. Das Gleiche gilt von den Entscheidungen des Obersten Landesgerichts in den Fällen des Artikel 53. In den Fällen der Artikel 22, 44, 50 bis 52 sind die Kosten einer ohne Erfolg eingelegten Beschwerde dem Beschwerdeführer ganz oder theilweise aufzuerlegen.

Sechster Abschnitt.

Dienstaufsicht und Disziplin.

1. Dienstaufsicht.

Art. 63. Die Dienstaufsicht steht zu:

1. dem Präsidenten des Landgerichts über die Notare des Landgerichtsbezirks;
2. dem Präsidenten des Oberlandesgerichts über die Notare des Oberlandesgerichtsbezirks;
3. dem Staatsministerium der Justiz über alle Notare des Königreichs.

Der Präsident des Oberlandesgerichts und des Landgerichts kann sich mit Genehmigung des Staatsministeriums der Justiz bei der Erledigung einzelner Aufsichtsgeschäfte, die sich auf ein untergebenes Notariat beziehen, durch einen richterlichen Beamten des Gerichts, dessen Vorstand er ist, vertreten lassen.

Art. 64. In dem Rechte der Aufsicht liegt die Befugniß, die ordnungsgemäße Ausführung der Geschäfte und die standesgemäße Führung der Notare zu überwachen, innerhalb des Rahmens der Gesetze Weisungen zu erlassen, die Erledigung eines Amtsgeschäfts durch Zwangsstrafen herbeizuführen und erforderlichenfalls die Einschreitung im Dienststrafverfahren zu veranlassen.

Der Festsetzung der Zwangsstrafe muß eine schriftliche Androhung vorausgehen. Die einzelne Strafe darf den Betrag von fünfzig Mark nicht übersteigen; die Festsetzung der Strafe erfolgt schriftlich. Gegen die Strafverfügung des Präsidenten des Landgerichts und des Oberlandesgerichts ist Beschwerde im Dienstaufsichtswege zulässig.

Art. 65. Die Notare sind verpflichtet, den Beamten, denen die Dienstaufsicht zusteht, sowie den von diesen beauftragten Beamten die Einsicht ihrer Akten und Urkunden, Bücher und Register zu gestatten, dienstliche Aufschlüsse jeder Art zu geben und auf Verlangen die in ihrer amtlichen Verwahrung befindlichen Gelder und sonstigen Gegenstände vorzuzeigen. Testamente und Erbverträge, die noch nicht verkündet sind, dürfen nicht eingesehen werden.

Art. 66. Die Finanzbehörden sind jederzeit berechtigt, das Depositenwesen der Notare (Art. 4) sowie deren Thätigkeit bei Berechnung und Erhebung von Staats- oder Gemeindegebühren (Art. 5), insbesondere die gesammte hierauf bezügliche Buch- und Kassaführung durch beauftragte Beamte prüfen zu lassen.

Die Notare haben diesen Beamten gegenüber die gleichen Verpflichtungen, wie sie ihnen im Artikel 65 gegenüber den dienstaufsichtführenden Beamten auferlegt sind, und haben den wegen Erledigung ihrer finanziellen Geschäfte, insbesondere der Buch- und Kassaführung, ergehenden Weisungen der Finanzbehörden Folge zu leisten. Zur Erledigung der finanziellen Geschäfte sind die Notare auf Veranlassung der Finanzbehörden durch Zwangsstrafen anzuhalten; die Notare unterliegen bei Verletzung ihrer diesbezüglichen Dienstpflichten der Einschreitung im Dienststrafwege.

2. Dienststrafrecht.

Art. 67. Der Notar, der die ihm durch sein Amt auferlegten Pflichten schuldhaft verletzt oder durch sein Verhalten in oder außer dem Amte gegen die Ehre und Würde des Standes verstößt, macht sich eines Dienstvergehens schuldig.

Art. 68. Ein Verstoß gegen die Ehre und Würde des Standes ist immer anzunehmen, wenn ein Notar:

1. Börsenspekulationen, oder Spekulationen mit Grundstücken, Rechten, Forderungen und Erbschaftsmassen oder Mäklergeschäfte betreibt;
2. sich an Geschäften betheiligt, bei denen er amtlich mitwirkt;
3. unter seinem Namen fremde Geschäfte macht oder auf seinen Namen fremde Gelder anlegt, die ihm aus Anlaß seiner Amtsgeschäfte anvertraut worden sind;

4. sich unter was immer für einem Titel als Gewährsmann oder Bürge für Geschäfte verpflichtet, welche durch seine amtliche Vermittelung zu Stande gekommen sind oder bei denen er amtlich mitwirken soll.

Art. 69. Minder erhebliche Dienstvergehen sind mit Ordnungsstrafen zu ahnden, erheblichere mit Disziplinarstrafen.

Art. 70. Ordnungsstrafen sind:

1. Warnung,
2. Geldstrafe bis zu fünfzig Mark;

Disziplinarstrafen sind:

1. Verweis,
2. Geldstrafe von mehr als fünfzig bis zu dreitausend Mark,
3. Strafversetzung,
4. Dienstentlassung.

Die Art und das Maß der Strafe sind nach der Schwere des Dienstvergehens unter besonderer Rücksichtnahme auf das gesammte Verhalten des Notars zu bestimmen.

Beim Zusammentreffen mehrerer Dienstvergehen kann neben der Dienstentlassung auf eine andere Strafe nicht erkannt werden.

Art. 71. Auf Dienstentlassung ist zu erkennen, wenn ein Notar durch grobe Verletzung der Amtspflicht oder durch unsittliches oder die Achtung, welche der Beruf erfordert, entziehendes Handeln oder Verhalten sich eines Dienstvergehens von solcher Schwere schuldig macht, daß er ohne offenbaren Nachtheil für die Würde des Standes oder ohne schwere Gefährdung der Interessen der Rechtsuchenden nicht im Amte belassen werden kann.

Art. 72. Auf Dienstentlassung kann erkannt werden:

1. in den Fällen der Artikel 103 bis 106, 109 des Ausführungsgesetzes zur Strafprozeßordnung;
2. wenn in sonstigen Fällen ein Notar bereits dreimal eine Disziplinarbestrafung erlitten hat und neuerdings zur Verhängung einer Disziplinarstrafe Anlaß gibt.

Art. 73. Die Dienstentlassung hat den Verlust des Notartitels und des dem Notar als solchem verliehenen Ehrentitels von Rechtswegen zur Folge.

Art. 74. Auf Strafversetzung ist zu erkennen:

1. wenn ein Notar durch eine Handlung, die ein Dienstvergehen bildet, die Achtung oder das Vertrauen der Bevölkerung des Notariatsbezirks verloren hat, so daß er in diesem Bezirke nicht belassen werden kann;
2. wenn nach Lage des Falles die Verhängung einer Geldstrafe ungenügend und nicht die Verhängung der Dienstentlassung veranlaßt ist.

Art. 75. Die Strafverfolgung von Dienstvergehen verjährt in fünf Jahren.

Jede Handlung des Richters im Strafverfahren und im Dienststrafverfahren, welche wegen der begangenen That gegen den Thäter gerichtet ist, unterbricht die Verjährung. Nach der Unterbrechung beginnt eine neue Verjährung.

Art. 76. Ein vom Amte enthobener Notar kann wegen eines Dienstvergehens nur dann verfolgt werden, wenn auf Dienstentlassung zu erkennen wäre, falls er sich noch im Dienste befände. In diesem Falle ist statt auf Dienstentlassung auf Verlust des Titels und des Ehrentitels zu erkennen.

Hat der vom Amte enthobene Notar auf den Titel und den Ehrentitel verzichtet, so kann er wegen eines Dienstvergehens nicht mehr verfolgt werden.

Wird im Laufe des wegen eines Dienstvergehens eingeleiteten Verfahrens die Bestrafung des Notars durch die Enthebung vom Amte oder den Verzicht auf Titel und Ehrentitel unzulässig, so ist das Verfahren einzustellen.

Die Vorschriften des Artikel 106 des Ausführungsgesetzes zur Strafprozeßordnung bleiben unberührt.

Art. 77. Hat ein Notar während seines früheren Dienstverhältnisses als Staatsbeamter oder als öffentlicher Beamter ein Dienstvergehen begangen, so unterliegt er auch hiewegen den Vorschriften dieses Gesetzes.

Wegen einer Handlung, die ein Notar vor seiner Anstellung zu einer Zeit begangen hat, zu der er weder Staatsbeamter noch öffentlicher Beamter war, ist ein Einschreiten im Dienststrafverfahren nur dann zulässig, wenn jene Handlung die Strafversetzung oder die Dienstentlassung begründet.

Art. 78. Hat der Staatsanwalt in einem strafgerichtlichen Verfahren die öffentliche Klage erhoben, so darf gegen den Beschuldigten wegen der nämlichen Thatsachen vor Beendigung des strafrechtlichen Verfahrens das Dienststrafverfahren weder eingeleitet noch fortgesetzt werden.

Ist im strafgerichtlichen Verfahren wegen Abwesenheit des Beschuldigten die vorläufige Einstellung beschlossen, so kann das Dienststrafverfahren eingeleitet und fortgesetzt werden.

Art. 79. Wenn vom Strafgericht auf Freisprechung erkannt ist, so findet wegen derjenigen Thatsachen, welche im strafgerichtlichen Verfahren Gegenstand der Aburtheilung waren, ein Dienststrafverfahren nur noch insoferne statt, als jene Thatsachen an sich und ohne ihre Beziehung zu dem gesetzlichen Thatbestande der strafbaren Handlung, auf welche das Strafverfahren sich erstreckte, ein Dienstvergehen enthalten.

Die Freisprechung wegen Verjährung schließt die Einleitung oder Fortsetzung des Dienststrafverfahrens nicht aus, solange die Strafverfolgung noch nicht nach Artikel 75 ausgeschlossen ist.

Ist in einem strafgerichtlichen Verfahren eine Verurtheilung erfolgt, welche nicht den Verlust des Amtes zur Folge hat, so bleibt es dem Ermessen der Aufsichtsbehörden überlassen, zu entscheiden, ob die Einleitung des Dienststrafverfahrens zu veranlassen sei. Ist das Dienststrafverfahren schon eingeleitet, so bleibt die Entscheidung darüber, ob es fortzusetzen sei, dem Ermessen des Gerichts überlassen.

3. Dienststrafverfahren.

Art. 80. Die Ordnungsstrafen werden von der Civilkammer des Landgerichts verhängt, in dessen Bezirke der Notar zur Zeit der Einleitung des Verfahrens seinen Amtssitz hat. Der Präsident des Landgerichts hat sich in diesen Fällen der Civilkammer anzuschließen.

Das Landgericht soll, wenn es zur Aufklärung des Sachverhältnisses nöthig ist, den Notar hören, die erforderlichen Ermittelungen von Amtswegen vornehmen und den Staatsanwalt von der Einleitung des Verfahrens in Kenntniß setzen; der Staatsanwalt kann die Akten einsehen und sich mündlich oder schriftlich äußern.

Die Entscheidung erfolgt in nicht öffentlicher Sitzung ohne mündliche Verhandlung. Sie ist mit Gründen zu versehen, dem Verurtheilten von Amtswegen zuzustellen und dem

Staatsanwalte zur Einsicht vorzulegen; die Vorlegung gilt als Zustellung an den Staatsanwalt.

Art. 81. Gegen die Entscheidung des Landgerichts steht dem Staatsanwalt und dem Verurtheilten binnen einer Frist von zwei Wochen die Beschwerde zu. Die Frist beginnt mit dem Zeitpunkt, in dem die Entscheidung dem Beschwerdeführer zugestellt worden ist. Die Beschwerde ist bei dem Landgerichte durch Einreichung einer Beschwerdeschrift einzulegen. Eine Abschrift der Beschwerdeschrift ist dem Gegner des Beschwerdeführers von Amtswegen mitzutheilen. Ist die vom Staatsanwalt angefochtene Entscheidung nicht schon nach Artikel 80 Abs. 3 dem Notar zugestellt worden, so ist sie ihm mit der Beschwerdeschrift mitzutheilen.

Ueber die Beschwerde entscheidet die nach dem Disziplinargesetze für richterliche Beamte vom 26. März 1881 bei dem Oberlandesgericht errichtete Disziplinarkammer als Notariatsdisziplinarkammer auf Vortrag eines Berichterstatters in nicht öffentlicher Sitzung. Im Uebrigen finden auf das Verfahren die Vorschriften des Artikel 80 entsprechende Anwendung.

Das Beschwerdegericht kann die Beschwerde verwerfen, die Entscheidung des Landgerichts ändern oder die Einleitung des Disziplinarstrafverfahrens beschließen. Hat nur der Notar die Beschwerde eingelegt, so kann das Beschwerdegericht die Ordnungsstrafe nicht erhöhen.

Gegen die Entscheidung des Beschwerdegerichts findet ein Rechtsmittel nicht statt.

Art. 82. Der Vollzug der im Ordnungsstrafverfahren verhängten Warnung erfolgt durch den Präsidenten des Landgerichts. Die Vollstreckung der Geldstrafen geschieht nach den Vorschriften der Civilprozeßordnung. Der Staatsanwalt hat auf Grund einer von dem Gerichtsschreiber des Landgerichts ertheilten, mit der Bescheinigung der Vollstreckbarkeit versehenen Ausfertigung der Urtheilsformel die Beitreibung der Geldstrafe zu erwirken.

Art. 83. Für die Entscheidungen im Disziplinarstrafverfahren sind die nach dem Gesetze vom 26. März 1881 errichteten Disziplinargerichte zuständig. In erster Instanz entscheidet die Disziplinarkammer als Notariatsdisziplinarkammer, in zweiter Instanz der Disziplinarhof als Notariatsdisziplinarhof.

Art. 84. Die Vorschriften der Artikel 12 bis 50, des Artikel 52 Abs. 1, des Artikel 54 Abs. 2 bis 6, der Artikel 55, 56, 58 des Gesetzes vom 26. März 1881 finden auf das Disziplinarstrafverfahren entsprechende Anwendung.

Für die Einreichung der Schriftsätze zur Rechtfertigung und Beantwortung der Berufung bestehen keine Fristen. Die Akten werden alsbald nach Ablauf der Frist für die Anmeldung der Berufung an den Disziplinarhof eingesendet.

Ist die Berufung nicht auf bestimmte Beschwerdepunkte beschränkt, oder ist eine Rechtfertigung überhaupt nicht erfolgt, so gilt der ganze Inhalt des Urtheils als angefochten.

Art. 85. Findet die Disziplinarkammer oder der Disziplinarhof bei der Entscheidung über die Eröffnung des Hauptverfahrens, daß nur für die Annahme eines minder erheblichen Dienstvergehens hinreichende Anhaltspunkte vorliegen, so ist die Sache an das Landgericht zu verweisen. Gegen den Beschluß der Disziplinarkammer auf Verweisung an das Landgericht steht dem Staatsanwalte die Beschwerde an den Disziplinarhof zu. Das Landgericht hat nach Maßgabe des Artikel 80 zu verfahren und hiebei die Anschauung, daß kein erheblicheres Dienstvergehen vorliegt, seiner Entscheidung zu Grunde zu legen.

Findet die Disziplinarkammer oder der Disziplinarhof auf Grund der Hauptverhandlung, daß nicht eine Disziplinarstrafe, sondern nur eine Ordnungsstrafe zu verhängen ist, so ist durch Urtheil auf die Ordnungsstrafe zu erkennen. Die Verweisung an das Landgericht findet nicht statt. Das Urtheil steht in Ansehung der Rechtsmittel und des Vollzugs einem Urtheile gleich, durch das eine Disziplinarstrafe ausgesprochen ist.

4. Zwangsversetzung und Zwangsenthebung.

Art. 86. Ein Notar kann wider seinen Willen auf eine andere Stelle versetzt werden:

1. wenn ohne sein Verschulden Umstände eingetreten sind, durch die seine amtliche Wirksamkeit auf der bisherigen Stelle in einer nicht blos vorübergehenden Art erheblich gestört wird;

2. wenn solche Umstände zwar nicht ohne sein Verschulden eingetreten sind, die Verfolgung im Dienststrafverfahren aber wegen Verjährung nicht erfolgen kann.

Dem auf Grund dieser Vorschriften versetzten Notar sind die Umzugskosten aus der Staatskasse zu vergüten.

Art. 87. Soll ein Notar auf Grund des Artikel 86 versetzt werden, so wird ihm dies im Auftrage des Staatsministeriums der Justiz durch den Präsidenten des Oberlandesgerichts schriftlich unter Angabe der Gründe und mit der Aufforderung eröffnet, binnen einer Frist von zwei Wochen eine Erklärung abzugeben.

Willigt der Notar in die Versetzung, so kann diese ohne Weiteres erfolgen. Erhebt der Notar Einsprache und erachtet das Staatsministerium der Justiz die Einsprache für begründet, so erklärt es die Sache für beruhend und benachrichtigt davon den Notar.

Wird die Einsprache nicht für begründet erachtet oder gibt der Notar innerhalb der Frist eine Erklärung nicht ab, so entscheidet auf Veranlassung des Justizministeriums die Disziplinarkammer über die Zulässigkeit der Versetzung. Vor der Entscheidung hat der Präsident des Oberlandesgerichts oder ein von ihm beauftragter Richter die nöthigen Ermittelungen vorzunehmen. Dem Notar und dem Staatsanwalt ist Gelegenheit zu geben, sich über das Ergebniß der Ermittelungen zu äußern. Die Disziplinarkammer entscheidet in der für Disziplinarstrafsachen vorgeschriebenen Besetzung in nicht öffentlicher Sitzung auf Vortrag eines Berichterstatters. Die Entscheidung ist in beglaubigter Abschrift dem Notar zuzustellen. Eine Anfechtung der Entscheidung findet nicht statt.

Art. 88. Ein Notar kann wider seinen Willen vom Amte enthoben werden:

1. wenn er wegen eines körperlichen Gebrechens oder wegen Schwäche seiner körperlichen oder geistigen Kräfte zur Erfüllung seiner Amtspflichten unfähig ist;
2. wenn ohne sein Verschulden Umstände eingetreten sind, durch die seine amtliche Wirksamkeit auch auf einer anderen Stelle nicht blos vorübergehend gestört wäre;
3. wenn solche Umstände zwar nicht ohne sein Verschulden eingetreten sind, die Verurtheilung zur Dienstentlassung

aber wegen Verjährung oder aus anderen Gründen nicht erfolgen kann.

Art. 89. Auf das Verfahren bei der Enthebung eines Notars vom Amte nach Artikel 88 finden die Vorschriften des Artikel 87 entsprechende Anwendung.

Vor der Entscheidung sind durch einen beauftragten Richter die erforderlichen Zeugen und Sachverständigen zu vernehmen, sowie alle zur Ermittelung des Sachverhaltes dienenden Erhebungen zu pflegen. Ueber das Gesammtergebniß der Erhebungen muß der Notar schriftlich oder zu Protokoll vernommen werden, sofern nicht nach ärztlichem Gutachten sein körperlicher oder geistiger Zustand die Zulässigkeit der Vernehmung ausschließt.

Zum Zwecke der Abgabe seiner Erklärungen ist dem Notar die Einsicht der Akten zu gestatten.

Art. 90. Für das Dienststrafverfahren und das Verfahren nach den Artikeln 87, 89 werden nur baare Auslagen in Ansatz gebracht.

Wird der Angeschuldigte verurtheilt oder bleibt ein von ihm eingelegtes Rechtsmittel erfolglos, so hat er die im Verfahren erwachsenen Auslagen ganz oder teilweise zu erstatten.

Die Kosten des nach Artikel 76 Abs. 3 eingestellten Verfahrens trägt der Beschuldigte, die Kosten eines von einem Verurtheilten zurückgenommenen Rechtsmittels der Verurtheilte. Baare Auslagen, welche in dem in den Artikeln 87, 89 behandelten Verfahren für erfolglose, durch Schuld des Notars veranlaßte Ermittelungen erwachsen sind, sind von diesem zu erstatten.

Ueber die Pflicht zur Tragung der Kosten ist gleichzeitig mit der Entscheidung in der Hauptsache zu erkennen.

5. Suspension.

Art. 91. Die vorläufige Enthebung des Notars vom Dienste (Suspension) tritt entweder kraft des Gesetzes ein oder sie wird von dem Disziplinargericht oder dem Staatsministerium der Justiz verhängt.

Der suspendirte Notar hat sich der Vornahme von Amtshandlungen zu enthalten.

Amtshandlungen eines suspendirten Notars sind jedoch nicht deshalb unwirksam, weil sie der Vorschrift des Abs. 2 zuwider vorgenommen worden sind.

Art. 92. Die Suspension tritt kraft des Gesetzes ein:

1. wenn im gerichtlichen Strafverfahren gegen den Notar die Untersuchungshaft verhängt ist, für deren Dauer;
2. wenn gegen den Notar wegen eines Verbrechens oder wegen eines Vergehens, das den Verlust des Amtes nach sich ziehen kann, das Hauptverfahren eröffnet ist, für die Zeit bis zur Erledigung des Strafverfahrens;
3. wenn im Disziplinarstrafverfahren ein noch nicht rechtskräftiges Urtheil auf Dienstentlassung ergangen ist, für die Zeit bis zur Aufhebung oder zum Vollzuge des Urtheils;
4. mit dem Antritt einer Freiheitsstrafe für die Dauer der Vollstreckung;
5. mit der Eröffnung des Konkursverfahrens für dessen Dauer;
6. mit der Einleitung des Entmündigungsverfahrens für dessen Dauer, im Falle der Entmündigung auch für die Zeit bis zu deren Wiederaufhebung;
7. mit der Stellung unter vorläufige Vormundschaft für die Dauer der vorläufigen Vormundschaft.

Art. 93. Die Suspension kann von der Disziplinarkammer verhängt werden:

1. wenn gegen den Notar ein Disziplinarverfahren anhängig ist, bei dem die Verurtheilung zur Strafversetzung oder Dienstentlassung in Aussicht steht;
2. wenn außer dem Falle des Artikel 92 Nr. 2 gegen den Notar eine Voruntersuchung oder ein Hauptverfahren wegen eines Verbrechens oder Vergehens eröffnet ist;
3. wenn gegen den Notar ein Verfahren nach den Artikeln 88, 89 eingeleitet ist.

Die Entscheidung erfolgt von Amtswegen oder auf Antrag des Staatsanwalts. Sie ist mit Gründen zu versehen und dem Notar zuzustellen. Gegen die Entscheidung ist Beschwerde zum Disziplinarhofe zulässig. Die Beschwerde hat keine aufschiebende Wirkung.

Im Falle des Abs. 1 Nr. 1 kann die Suspension im Laufe des Berufungsverfahrens vom Disziplinarhof auch dann verhängt werden, wenn die Disziplinarkammer eine Entscheidung darüber nicht getroffen hat.

Art. 94. Die Suspension kann vom Staatsministerium der Justiz verhängt werden:

1. wenn der Notar sich ohne Urlaub von seinem Amtssitz entfernt, für die Dauer der Abwesenheit und der darauf folgenden zehn Tage;
2. wenn gegen den Notar die Zulässigkeit der Enthebung vom Amte nach Artikel 88 ausgesprochen ist, für die Zeit bis zur Enthebung;
3. wenn der Notar rechtskräftig zur Strafversetzung verurtheilt oder nach Artikel 86 für versetzbar erklärt ist, für die Zeit bis zur Versetzung. Die Suspension tritt mit dem Ablaufe von sechs Monaten außer Wirksamkeit, wenn die Versetzung bis dahin nicht erfolgt ist.

Siebenter Abschnitt.

Notariatsverweser.

Art. 95. Für die Dauer der Beurlaubung, der Suspension, der sonstigen Behinderung des Notars oder der vorübergehenden Erledigung eines Notariats soll die Wahrnehmung der Amtsgeschäfte einem Amtsverweser (Notariatsverweser) übertragen werden.

Ein Notariatsverweser soll ferner bestellt werden, wenn die Besetzung eines Notariats mit einem Notar wegen der Geringfügigkeit der Zahl der Amtsgeschäfte unthunlich ist.

Art. 96. Notariatsverweser kann nur werden, wer die Voraussetzungen für die Ernennung zum Notar erfüllt hat.

Von dem Erfordernisse der Ableistung eines Vorbereitungsdienstes bei einem Notariate kann für die Bestellung zum Notariatsverweser außer bei Personen, die das Richteramt bekleiden oder bekleidet haben, auch bei den zum Richteramte befähigten Gerichtsschreibern der Amtsgerichte abgesehen werden.

Ein Rechtsanwalt kann nicht zum Notariatsverweser bestellt werden.

Art. 97. Die Richter und die zum Richteramte befähigten Gerichtsschreiber der Amtsgerichte sind verpflichtet, sich am Sitze des Gerichts zum Notariatsverweser bestellen zu lassen.

Art. 98. Ein Notar oder Notariatsverweser soll zum Verweser eines anderen Notariats, das nicht am gleichen Orte seinen Sitz hat, nur ausnahmsweise bestellt werden.

Art. 99. Wird die Bestellung eines Notariatsverwesers wegen der Erledigung des Notariats oder wegen der Suspension des Notars nothwendig, so erfolgt sie von Amtswegen.

In allen übrigen Fällen hat zunächst der Notar auf dem Dienstwege die Aufstellung eines Notariatsverwesers zu beantragen und eine geeignete Person vorzuschlagen.

Art. 100. Die Bestellung zum Notariatsverweser erfolgt durch das Staatsministerium der Justiz; sie ist widerruflich.

In dringlichen Fällen kann der Landgerichtspräsident einen Notariatsverweser vorläufig bestellen.

Das Staatsministerium der Justiz kann die Befugniß zur Bestellung von Notariatsverwesern den Oberlandesgerichtspräsidenten oder den Landgerichtspräsidenten übertragen.

Art. 101. Die Amtsbefugniß des Notariatsverwesers beginnt mit der Uebernahme der Geschäfte des Notariats und endigt mit der Uebergabe der Geschäfte an den Notar oder einen anderen Notariatsverweser. Während dieser Zeit soll sich der Notar der Vornahme von Amtsgeschäften enthalten.

Art. 102. Ist ein Notar, für den wegen Erkrankung oder Abwesenheit ein Notariatsverweser für bestimmte Zeit bestellt ist, mit Ablauf dieser Zeit nicht dienstfähig geworden oder nicht zurückgekehrt, so hat der Notariatsverweser hievon Anzeige zu erstatten und die Geschäfte des Notariats bis auf Weiteres fortzuführen.

Das Gleiche gilt für den Fall, daß ein Notar, für den ein Notariatsverweser bestellt ist, während der Dauer der Geschäftsführung des Notariatsverwesers stirbt.

Art. 103. Ein Notar, für den wegen Beurlaubung oder Erkrankung für bestimmte Zeit ein Notariatsverweser bestellt ist, kann vor Ablauf dieser Zeit die Geschäfte wieder übernehmen.

Art. 104. Inwieweit die Bestellung der Notariatsverweser und die Wiederübernahme der Geschäfte durch den Notar öffentlich bekannt zu machen ist und wie die Bekanntmachung zu erfolgen hat, bestimmt das Staatsministerium der Justiz.

Art. 105. Der Notariatsverweser soll, sofern er nicht Richter an einem Amtsgericht ist, vor dem Amtsantritte den Amtseid der Notare leisten. Der Eid wird in der öffentlichen Sitzung des Landgerichts geleistet. Der Präsident des Landgerichts kann die Abnahme des Eides dem Amtsgericht übertragen, in dessen Bezirke das Notariat seinen Sitz hat; die Eidesleistung erfolgt in der öffentlichen Sitzung des Amtsgerichts.

Ein Notariatsverweser, der den Eid geleistet hat, braucht ihn als Verweser nicht noch einmal zu leisten.

Art. 106. Der für einen verhinderten Notar bestellte Notariatsverweser soll die Amtsgeschäfte in den Geschäftsräumen des Notars vornehmen.

Ist ein Notar oder ein Gerichtsbeamter für einen verhinderten Notar zum Notariatsverweser bestellt, so kann er die Geschäfte, soweit es nach den Umständen angeht, auch in seinen eigenen Amtsräumen vornehmen.

Art. 107. Gerichtsbeamte, die zu Notariatsverwesern bestellt sind, bedürfen zur Uebernahme des Amtes des Testamentsvollstreckers der Genehmigung der Dienstaufsichtsbehörde.

Art. 108. Ist ein Gerichtsbeamter zum Verweser eines unbesetzten Notariats bestellt, so kann das Staatsministerium der Justiz die Besorgung des gesammten Gebührenwesens dem rechnungsführenden Gerichtsschreiber des Amtsgerichts übertragen.

Art. 109. Der für einen verhinderten Notar bestellte Notariatsverweser hat die Gehilfen des Notars zum Dienste zu verwenden. Er kann nöthigenfalls Gehilfen aufnehmen und entlassen.

Art. 110. Der Notariatsverweser soll seiner Unterschrift seine amtliche Eigenschaft als Verweser beisetzen.

Art. 111. Der für einen verhinderten Notar bestellte Notariatsverweser führt die Geschäfte auf Rechnung des Notars.

Er kann von dem Notar eine angemessene Vergütung für seine Dienstleistung beanspruchen. Entsteht Streit über die Vergütung, so entscheidet das Staatsministerium der Justiz nach Anhörung der Notariatskammer. Der Rechtsweg ist ausgeschlossen.

Einem Richter oder Gerichtsschreiber darf von dem Notar eine Vergütung weder gewährt noch zugesagt werden. Das Staatsministerium der Justiz kann dem Richter oder Gerichtsschreiber bei längerer Dauer der Geschäftsführung für seine außerordentlichen Dienstleistungen eine angemessene Vergütung aus der Staatskasse bewilligen; es kann die Bestellung des Notariatsverwesers davon abhängig machen, daß der verhinderte Notar die Stellvertretungskosten dem Staate vergütet.

Art. 112. Der Verweser eines unbesetzten Notariats führt, wenn er nicht Gerichtsbeamter ist, die Geschäfte auf eigene Rechnung. Das Staatsministerium der Justiz kann bestimmen, daß die Geschäfte auf Rechnung des Staates geführt werden. In diesem Falle ist dem Notariatsverweser ein fester Bezug aus der Staatskasse zu bewilligen. Der Bezug soll in der Regel die Anfangsbezüge eines Amtsrichters nicht übersteigen.

Art. 113. Wird ein Gerichtsbeamter zum Verweser eines unbesetzten Notariats bestellt, so werden die Geschäfte auf Rechnung der Staatskasse geführt. Dem Verweser kann bei längerer Dauer der Geschäftsführung eine angemessene Vergütung bewilligt werden.

Art. 114. Der Notariatsverweser, der die Geschäfte auf fremde Rechnung führt, hat von den im Artikel 55 gegebenen Befugnissen Gebrauch zu machen. Unterläßt er dies, so haftet er für die Entrichtung der Gebühren und die Erstattung der Auslagen.

Art. 115. Hat ein auf den Vorschlag des Notars bestellter Notariatsverweser durch eine Amtshandlung einem Dritten Schaden zugefügt, so ist zum Ersatze des Schadens und der bei der Geltendmachung des Ersatzanspruchs erwachsenen Kosten auch der Notar verpflichtet. Der Notar und der Notariatsverweser haften dem Beschädigten als Gesammtschuldner; im Verhältniß zwischen ihnen ist der Notariatsverweser allein verpflichtet.

Art. 116. Notariatsverweser, die Gerichtsbeamte sind, unterliegen hinsichtlich der Dienstaufsicht und Disziplin den für sie als Gerichtsbeamte bestehenden Vorschriften auch bei der Führung der Notariatsgeschäfte.

Andere Notariatsverweser sind wie Notare zu behandeln, doch ist die Verhängung der Strafversetzung und der Dienstentlassung gegen Notariatsverweser, soferne sie nicht Notare sind, ausgeschlossen. Statt auf Dienstentlassung ist auf Ausschluß von der Verwendung als Notariatsverweser zu erkennen.

Art. 117. Wegen eines während der Dauer der Amtsführung begangenen Dienstvergehens kann der Notariatsverweser auch nach der Beendigung der Amtsführung verfolgt werden. Die Verfolgung des Notariatsverwesers, der nicht Gerichtsbeamter ist, ist ausgeschlossen, wenn er der Dienstaufsichtsbehörde gegenüber schriftlich auf die fernere Verwendung im Notariatsdienste verzichtet.

Wegen eines Dienstvergehens, das ein Notariatsverweser nach der Beendigung seiner Amtsführung begangen hat, kann er, abgesehen von dem Falle des Artikel 106 des Ausführungsgesetzes zur Strafprozeßordnung, nicht verfolgt werden.

Art. 118. Soweit nicht in diesem Abschnitt ein Anderes bestimmt ist, finden die in den vorhergehenden Abschnitten für die Notare gegebenen Vorschriften auf die Notariatsverweser entsprechende Anwendung. Die Vorschriften der Artikel 86 bis 89, 93, 94 finden auf die Notariatsverweser keine Anwendung.

Achter Abschnitt.

Sammelarchive.

Art. 119. Das Staatsministerium der Justiz kann bestimmen, daß die Urkunden, welche sich seit längerer Zeit — mindestens aber seit zwanzig Jahren — bei den Notaren in Verwahrung befinden, in Sammelarchive abgeliefert werden. Testamente und Erbverträge, die noch nicht verkündet sind, sind von der Ablieferung ausgeschlossen.

Die Ablieferung und die weitere Verwahrung erfolgt auf Staatskosten.

Die zur Verwaltung der Sammelarchive berufenen Beamten haben bezüglich der in die Archive abgelieferten Urkunden die gleichen Befugnisse und Pflichten, welche die Notare vor der Ablieferung hatten.

Neunter Abschnitt.

Notariatskammern.

Art. 120. In jedem Oberlandesgerichtsbezirke wird mindestens eine Notariatskammer gebildet.

Die zum Vollzuge dieser Vorschrift erforderlichen Bestimmungen werden durch Königliche Verordnungen getroffen.

Art. 121. Den Notariatskammern liegt ob:

1. über die Wahrung der Standesehre durch die Notare zu wachen;
2. Streitigkeiten unter den Notaren auf Antrag zu vermitteln;
3. Streitigkeiten zwischen Notaren und Parteien wegen der Amtsführung der Notare auf Antrag der streitenden Theile zu vermitteln.

Art. 122. Den Notariatskammern liegt ferner ob, auf Verlangen der Justizverwaltungsbehörden Berichte, Uebersichten und Gutachten zu erstatten. Sie sind befugt, Vorstellungen und Anträge, die das Interesse der Rechtspflege oder des Notariats betreffen, an das Staatsministerium der Justiz zu richten.

Art. 123. Die Notariatskammern haben ihre Geschäftsordnung festzustellen. Die Geschäftsordnung bedarf der Genehmigung des Staatsministeriums der Justiz.

Die Notariatskammern haben die Mittel zur Bestreitung des für die gemeinschaftlichen Angelegenheiten erforderlichen Aufwandes festzusetzen und die Beiträge der Mitglieder zu bestimmen.

Art. 124. Die Notariatskammern sind gleich den Justizverwaltungsbehörden befugt, von den Notaren Berichte und Gutachten zu verlangen, die das Interesse der Rechtspflege oder des Notariats betreffen.

Art. 125. Die Aufsicht über die Geschäftsführung der Notariatskammern steht dem Staatsministerium der Justiz zu.

Das Staatsministerium der Justiz kann die Auflösung einer Notariatskammer verfügen. Binnen sechs Wochen nach der Auflösung ist die Neubildung der Notariatskammer zu veranlassen.

Zehnter Abschnitt.

Haftung des Staates.

Art. 126. Für den Schaden, den ein Notar oder ein Notariatsverweser in Ausübung des ihm anvertrauten Amtes durch Verletzung der Amtspflicht einem Dritten zufügt, ist der Staat nach Maßgabe der Artikel 60, 61 des Ausführungsgesetzes zum Bürgerlichen Gesetzbuche verantwortlich.

Der Notar oder der Notariatsverweser hat dem Staate nach Maßgabe des Artikel 60 Abs. 4 des Ausführungsgesetzes zum Bürgerlichen Gesetzbuche den Schaden zu ersetzen, der dem Staate aus der Verletzung der Amtspflicht entsteht. Für den Schaden, den hienach ein Notariatsverweser dem Staate zu ersetzen hat, haftet dem Staate neben dem Notariatsverweser der Notar nach Maßgabe des Artikel 115.

Für den Schaden, den ein Notar oder ein Notariatsverweser in Ausübung des Amtes des Testamentsvollstreckers einem Dritten zufügt, haftet der Staat nicht.

Elfter Abschnitt.

Versorgung der Notare und Notariatsgehilfen und ihrer Hinterbliebenen.

Art. 127. Durch Königliche Verordnung kann bestimmt werden, daß die nach dem Tage der Verkündung dieses Gesetzes ernannten Notare Mitglieder der öffentlichen Vereine und Anstalten werden, welche die Versorgung der Notare und ihrer Hinterbliebenen zum Zwecke haben. Die Notare werden Mitglieder dieser Vereine und Anstalten mit ihrer Ernennung oder, wenn zu dieser Zeit die Vereine oder Anstalten noch nicht bestehen, mit deren Errichtung.

Art. 128. Durch Königliche Verordnung kann bestimmt werden, daß die Gelder, welche auf Grund der Verhängung von Zwangsstrafen, Ordnungsstrafen oder Disziplinarstrafen gegen Notare und Notariatsverweser eingehen, den im Artikel 127 genannten Vereinen oder Anstalten zuzuwenden sind.

Art. 129. Das Staatsministerium der Justiz kann Vorschriften über die Aufnahme und Entlassung der Notariatsgehilfen und über die Entlohnung der nichtrechtskundigen Notariatsgehilfen erlassen und insbesondere bestimmen, daß nichtrechtskundige Personen als Notariatsgehilfen nur verwendet werden dürfen, wenn sie den öffentlichen Vereinen und Anstalten angehören, welche für die Versorgung der Notariatsgehilfen und ihrer Hinterbliebenen bestimmt sind.

Zwölfter Abschnitt.

Schluß- und Uebergangsbestimmungen.

Art. 130. Aufgehoben sind:

1. das Gesetz vom 10. November 1861 über das Notariat in den Landestheilen rechts des Rheines;
2. das Gesetz vom 29. Juli 1876, die Abänderung einiger Bestimmungen des Notariatsgesetzes betreffend;
3. das pfälzische Notariatsgesetz vom 25. ventôse XI mit dem Beschlusse vom 2. nivôse XII über die Errichtung und Organisation der Notariatskammern und dem Dekrete vom 4. April 1806 über die Ernennung der Mitglieder der Notariatskammern;
4. das Gesetz vom 16. Mai 1868 über das Notariat in der Pfalz.

Art. 131. Dieses Gesetz tritt gleichzeitig mit dem Bürgerlichen Gesetzbuch in Kraft.

Art. 132. Die liegenschaftsrechtlichen und erbrechtlichen Vorschriften der durch den Artikel 130 aufgehobenen Gesetze bleiben insoweit in Kraft, als ihre Geltung in den Artikeln 189, 213 des Einführungsgesetzes zum Bürgerlichen Gesetzbuche vorbehalten ist.

Art. 133. Die Notare und Notariatsverweser, welche sich zur Zeit des Inkrafttretens dieses Gesetzes im Amte befinden, gelten als auf Grund dieses Gesetzes aufgestellt.

Soweit nach einer Vorschrift des bisherigen Landesrechts, deren Geltung im Artikel 189 des Einführungsgesetzes zum

Bürgerlichen Gesetzbuche vorbehalten ist, zur Vornahme gewisser Geschäfte nur die Notare der Landestheile rechts des Rheins oder nur die Notare der Pfalz berufen wären, haben künftig alle bayerischen Notare als berufen zu gelten.

Art. 134. Der Artikel 30 findet in den Landestheilen rechts des Rheins schon vor dem Zeitpunkt Anwendung, in welchem das Grundbuch als angelegt anzusehen ist. An die Stelle der Einsicht des Grundbuchs tritt die Einsicht des Hypothekenbuchs.

Art. 135. Für die zur Zeit des Inkrafttretens dieses Gesetzes anhängigen Ordnungsstrafsachen und Disziplinarstrafsachen verbleibt es in Ansehung des Verfahrens bei den bisherigen Vorschriften. Für die Entscheidung darüber, ob die Strafnormen des bisherigen Dienststrafrechts oder die Strafnormen dieses Gesetzes anzuwenden sind, ist der § 2 Abs. 2 des Strafgesetzbuchs maßgebend. Auf die Strafe der Suspension kann nicht mehr erkannt werden.

Art. 136. Die Vorschriften der Artikel 17, 22, 44, 55, 57 bis 62 finden auch auf diejenigen Angelegenheiten Anwendung, welche zur Zeit des Inkrafttretens dieses Gesetzes anhängig sind. Ist vor dem Inkrafttreten dieses Gesetzes schon eine Entscheidung ergangen, so finden auf das Beschwerdeverfahren die bisherigen Vorschriften Anwendung.

Art. 137. Ist vor dem Inkrafttreten dieses Gesetzes über die Festsetzung der Gebühren und Auslagen eines Notars schon eine richterliche Entscheidung erfolgt, oder der Anspruch auf Zahlung von Gebühren und Erstattung von Auslagen bei den ordentlichen Gerichten anhängig gemacht, so finden auf das weitere Verfahren die bisherigen Vorschriften Anwendung. Anderenfalls gelten auch für das Festsetzungsverfahren und die Beitreibung der vor dem Inkrafttreten dieses Gesetzes entstandenen Forderungen solcher Art die Vorschriften dieses Gesetzes.

Art. 138. Die auf Grund der Artikel 100, 102 des Notariatsgesetzes vom 10. November 1861, des Artikel 61 des pfälzischen Notariatsgesetzes vom 25. ventôse XI. und des Artikel 4 Abs. 1 des Gesetzes vom 16. Mai 1868, das Notariat in der Pfalz betreffend, erlassenen Anordnungen bleiben auch nach dem Inkrafttreten dieses Gesetzes in Wirksamkeit, bis ein Notar ernannt oder ein Notariatsverweser bestellt ist.

Art. 139. Die zur Ausführung dieses Gesetzes erforderlichen Vorschriften werden, soweit nicht in dem Gesetz ein Anderes bestimmt ist, einschließlich der Geschäftsordnung für die Notare, vom Staatsministerium der Justiz erlassen.

Gegeben zu München, den 9. Juni 1899.

Luitpold, Prinz von Bayern, des Königreichs Bayern Verweser.

Dr. **Frhr. v. Crailsheim.** Dr. **Frhr. v. Riedel.** **Frhr. v. Feilitzsch.**
Dr. **Frhr. v. Leonrod.** **Frhr. v. Asch.** Dr. **v. Landmann.**

Auf Allerhöchsten Befehl: Der Oberregierungsrath im k. Staatsministerium des Innern:
Dr. Proebst.

II.

Besondere Vorschriften.

2. Geschäftsordnung für die Notariate.

Bekanntmachung des K. Staatsministeriums der Justiz, die Geschäftsordnung für die Notariate betr., Nr. 41852. (Just.-M.-Bl. 1899 Nr. 20 Seite 591—731.)

Nachfolgend wird die zum Vollzuge des Artikel 139 des Notariatsgesetzes vom 9. Juni 1899 erlassene Geschäftsordnung für die Notariate zur Kenntnis der Justizbehörden gebracht.

Die vorhandenen Bestände an Geschäftsregistern, Testamentsregistern und Nachschlagregistern, welche den bisherigen Vorschriften entsprechen, können im Laufe des Jahres 1900 aufgebraucht werden; die Spalten sind jedoch so zu ändern, daß die Einträge nach den neuen Vorschriften gemacht werden können. Die nach den Formularen V, VI, VII, IX zu führenden Bücher und Register sind neu anzulegen.

Das den bisherigen Vorschriften entsprechende Papier zu Urschriften, Ausfertigungen und Abschriften kann im Jahre 1900 aufgebraucht werden.

Geschäftsordnung für die Notariate.

Erster Abschnitt.

Amtsübernahme.

§ 1. Der neuernannte Notar wird von dem Landgerichtspräsidenten unter Mitteilung einer Abschrift des Ernennungsdekrets zur Eidesleistung und zum Dienstantritte schriftlich einberufen.

Die Einberufung geschieht, wenn möglich, so frühzeitig, daß der Dienstantritt an dem Tage erfolgen kann, auf welchen der Notar ernannt ist.

Stehen dem rechtzeitigen Dienstantritte Hindernisse entgegen, so hat der Ernannte sofort dem Landgerichtspräsidenten Anzeige zu erstatten. Hat in solchem Falle der Ernannte von seiner Ernennung schon vor der Einberufung Kenntnis erhalten, so soll er die Anzeige über das Hindernis alsbald erstatten, ohne damit auf die Einberufung zu warten.

§ 2. Die Beeidigung des Notars ist in einer ordentlichen oder außerordentlichen Sitzung der nach Artikel 58 Abs. 2 des Notariatsgesetzes vom 9. Juni 1899 zusammengesetzten Civilkammer des Landgerichts vorzunehmen.

Der Notar hat den im Artikel 10 des Notariatsgesetzes vorgeschriebenen Diensteid zu leisten. Er hat außerdem den Eid auf die Verfassung und den Eid wegen der Nichtteilnahme an verbotenen Vereinen nach der Vorschrift des Tit. X § 3 der Verfassungsurkunde und der allerhöchsten Verordnung vom 15. März 1850 zu leisten, wenn er diese Eide nicht schon geleistet hat.

Die Eidesleistung ist in dem landgerichtlichen Register für Beeidigungen zu beurkunden und in den Personalakten des Notars zu vermerken.

§ 3. Der auf eine andere Stelle versetzte Notar wird von dem Präsidenten desjenigen Landgerichts, zu dessen Bezirk sein neuer Amtssitz gehört, unter Mitteilung einer Abschrift des Versetzungsdekrets zum Dienstantritte einberufen.

Eine Wiederholung der Eidesleistung oder eine Rückerinnerung an den geleisteten Eid findet auch dann nicht statt, wenn der Diensteid nach früheren Normen geleistet worden ist.

Der Präsident des Landgerichts kann den versetzten Notar vor oder unmittelbar nach dem Amtsantritte zur Besprechung dienstlicher Angelegenheiten und zur Entgegennahme von dienstlichen Weisungen an den Landgerichtssitz einberufen.

Die Vorschriften im § 1 Abs. 2 und 3 finden auch auf den Fall der Versetzung eines Notars entsprechende Anwendung.

§ 4. Die Ernennung oder Versetzung eines Notars wird durch das Justizministerialblatt öffentlich bekannt gemacht.

Der Landesgerichtspräsident hat von dem Wechsel in der Besetzung des Notariats der Kreisregierung, dem Rentamt und dem Amtsgerichte, zu deren Bezirk das Notariat gehört, Mitteilung zu machen.

Überdies soll der Notar selbst seinen Amtsantritt dem Amtsgericht und dem Rentamte mündlich oder schriftlich anzeigen.

§ 5. Der neuernannte oder versetzte Notar hat rechtzeitig von seinem Vorgänger, von dem etwa aufgestellten Amtsverweser oder von dem mit der vorläufigen Sicherung und Verwahrung der Amtsbestände betrauten Beamten das Amt zu übernehmen.

§ 6. Als Amtsbestände sind zu übernehmen:

1. Die Amtssiegel (Trockensiegel und Farbdrucksiegel);
2. die gesammelten Urkunden einschließlich ihrer Umhüllungen (Umschläge, Schachteln);
3. die amtlichen Akten, insbesondere die Generalakten, die amtlichen Korrespondenzen und Belege;
4. die amtlichen Register und Verzeichnisse;
5. die in amtlicher Verwahrung befindlichen Gelder, Wertpapiere und Kostbarkeiten;
6. die Gesetzblätter, Justizministerialblätter und Finanzministerialblätter vom Jahrgang 1900 ab, ferner diejenigen Bücher und Einrichtungsgegenstände, welche dem Notariat auf Rechnung des Staates mit der Bestimmung geliefert worden sind, daß sie dortselbst verbleiben sollen.

Für die Übernahme dieser Bestände ist keine Entschädigung oder Abfindung zu entrichten.

§ 7. Im übrigen ist die Übernahme und Ablösung der Geschäftsräume und ihrer Einrichtung, sowie der literarischen Hilfsmittel und der Bestände an Formularen und Schreibmaterialien der Vereinbarung der Beteiligten überlassen.

Wünschenswert ist aus dienstlichen Rücksichten die Übernahme der zur Verwahrung der Gelder, Wertpapiere und Kostbarkeiten und der Testamente dienenden Behältnisse, soferne ihr Zustand den dienstlichen Anforderungen entspricht und die Übernahme der Gesetzblätter und Ministerialblätter aus der Zeit vor dem 1. Januar 1900 unter der gleichen Voraussetzung.

§ 8. Die Amtsübernahme ist im Geschäftsregister unmittelbar nach dem letzten Geschäftseintrag des Vorgängers mit roter Tinte zu vermerken. Der Vermerk soll den Tag der Übernahme angeben und von dem Übergebenden und dem Übernehmenden unterzeichnet sein.

Findet sich im Geschäftsregister bei der Übergabe noch kein Eintrag, so ist der Vermerk an den Eingang zu setzen.

Findet eine Übergabe nicht statt, weil das Notariat neu errichtet ist, so bedarf es keines Vermerks.

§ 9. Über das Übernahmegeschäft ist ein Protokoll aufzunehmen. In dem Protokoll ist festzustellen, daß die nach § 6 zu übergebenden Bestände richtig übergeben worden sind. Die Register sind einzeln aufzuzählen, bezüglich der Akten und Urkunden genügt die Feststellung, daß die Akten und Urkunden, welche nach Ausweis der Register sich in der amtlichen Verwahrung befinden sollen, übergeben worden sind. Fehlen Urkunden oder Akten, so ist dies im einzelnen festzustellen. Ebenso sind im Übernahmsprotokoll etwa sonst sich zeigende wesentliche Mängel festzustellen.

Der Übergabe der amtlich verwahrten Gelder, Wertpapiere und Kostbarkeiten, des Zustandes der Verwahrungsbücher und Verwahrungsbelege ist nur im allgemeinen Erwähnung zu thun, wenn hierüber ein besonderes Protokoll aufgenommen wird.

Das Übernahmsprotokoll soll von dem Übergebenden und dem Übernehmenden unterzeichnet, mit dem Amtssiegel versehen und dem Landgerichtspräsidenten in Urschrift mit einer Abschrift in Vorlage gebracht werden. Der Landgerichtspräsident wird die Urschrift mit der veranlaßten Verfügung zurücksenden.

§ 10. Bei der Amtsübergabe hat der Übergebende den Übernehmenden von dem Stande der noch unerledigten Geschäfte zu unterrichten und ihm auch sonst die nötigen Aufschlüsse über die dienstlichen Angelegenheiten zu geben.

§ 11. Wegen der Übergabe der in der amtlichen Verwahrung befindlichen Gelder, Wertpapiere und Kostbarkeiten, der Prüfung und des Abschlusses der Verwahrungsbücher und insbesondere der Beteiligung der Beamten der Finanzverwaltung bei dieser Übergabe bleiben weitere Anordnungen vorbehalten.

Zweiter Abschnitt.

Allgemeine Vorschriften über die Amtsführung.

Allgemeine Amtspflicht.

§ 12. Der Notar soll bei Ausübung der Amtsgeschäfte die berechtigten Interessen der Beteiligten nach bestem Wissen wahrnehmen und keinen Teil bevorzugen.

Er soll den Willen der Beteiligten sorgfältig ermitteln und feststellen und ihnen — wo es nach den Umständen nötig ist — Aufklärung und Rat auch unaufgefordert erteilen.

§ 13. Der Notar nimmt Amtsgeschäfte nur auf Ansuchen von Beteiligten oder von Behörden vor, soweit nicht für einzelne Geschäfte anders bestimmt ist.

Hat der Notar auf Ansuchen innerhalb seiner Zuständigkeit ein Amtsgeschäft übernommen, so hat er von sich aus alles weitere zu thun, was zur ordnungsmäßigen Durchführung dieses Geschäfts gehört. Hiernach kann er veranlaßt sein, zu Nachtrags- und Ergänzungserklärungen aufzufordern und namens der Beteiligten sonst mit dritten oder mit anderen Behörden und Stellen zu verhandeln, wenn der Natur der Sache nach vermutet werden muß, daß das Ansuchen der Beteiligten sich auch auf die Vornahme dieser weiteren Handlungen erstreckt.

Zweifel über die Tragweite des Ansuchens sind durch Rückfrage bei den Beteiligten zu heben.

Der innere Dienst — insbesondere die Führung der Bücher, Verzeichnisse und Register — ist von den Anträgen der Beteiligten unabhängig.

Zeit und Ort der Amtsausübung.

§ 14. Die Notariate sollen zur ordentlichen Geschäftszeit den Beteiligten zugänglich sein.

Der Notar soll die persönlichen Verhandlungen mit den Beteiligten in der Regel in der ordentlichen Geschäftszeit vornehmen.

Außerhalb der ordentlichen Geschäftszeit Amtsgeschäfte vorzunehmen, ist der Notar gemäß Artikel 18 des Notariatsgesetzes nur in dringlichen Fällen verpflichtet.

Als ordentliche Geschäftszeit gilt für das Notariat mangels einer besonderen Vorschrift die für das Amtsgericht des gleichen Ortes vorgeschriebene Geschäftszeit.

§ 15. Zur Nachtzeit sowie an Sonntagen und an allgemeinen Feiertagen sollen Amtsgeschäfte mit den Beteiligten nicht vorgenommen werden, wenn es nicht durch besonders triftige Gründe gerechtfertigt wird.

Der Umstand, daß die Beteiligten, welche um die Vornahme eines Amtsgeschäftes nachsuchen, nicht am Sitze des Notariats wohnen oder bei Vornahme des Geschäfts zu anderer Zeit einen Verdienstentgang erleiden würden oder daß das beabsichtigte Geschäft unter den Beteiligten sich bei Aufschub zerschlagen könnte, rechtfertigt für sich allein die Ausnahme nicht.

Die Rechtfertigung der Ausnahme ist im Geschäftsregister zu bemerken. Bei der Aufnahme von letztwilligen Verfügungen kranker Personen bedarf es keiner weiteren Rechtfertigung der Ausnahme.

§ 16. Die Nachtzeit umfaßt die Stunden von 9 Uhr abends bis 6 Uhr morgens.

Als allgemeine Feiertage gelten die ohne Rücksicht auf die konfessionellen Verhältnisse des Ortes des Notariatssitzes gebotenen Feiertagen und außerdem an Orten, die nicht konfessionell gemischt sind, die gebotenen Feiertage der dort herrschenden Konfession.

Bei Zweifeln hat der Notar sich der Übung des Amtsgerichts anzuschließen.

Bei der Vornahme auswärtiger Amtsgeschäfte entscheiden die Verhältnisse des Ortes der Geschäftsvornahme.

§ 17. Der Notar hat, soweit möglich, dafür Sorge zu tragen, daß eine begonnene Verhandlung nicht sich in die Nachtzeit hinein fortsetzt.

War es nicht möglich, dies durch entsprechende Festsetzung des Beginns der Verhandlung zu verhüten und sprechen wichtige Gründe gegen eine Unterbrechung, so ist die Fortsetzung statthaft und unter Umständen geboten.

§ 18. Die Amtsräume der Notariate sollen so beschaffen sein, wie es der Würde des Amtes, den Anforderungen des Dienstes und insbesondere auch dem Gebote der Wahrung der Privatgeheimnisse entspricht.

§ 19. Verhandlungen außerhalb des Amtssitzes, welche nicht in der Wohnung eines Beteiligten vorgenommen werden können, sollen in Wirtshäusern nur dann vorgenommen werden, wenn ein anderer passender Raum dafür schlechterdings nicht zu beschaffen ist.

Die Sorge für die Beschaffung eines passenden Raumes obliegt bei solchen Verhandlungen, welche auf Ansuchen eines Beteiligten vorgenommen werden sollen, wie bei freiwilligen Versteigerungen, zunächst den Ansuchenden. Der Notar wird ihnen hiebei, soweit es erforderlich und angezeigt ist, behilflich sein. Bei Geschäften, die ohne Ansuchen eines Beteiligten vorzunehmen sind, obliegt die Sorge für die Beschaffung eines entsprechenden Raumes dem Notar.

Ist in dem Orte, wo das Geschäft vorgenommen wird, eine für amtliche Verhandlungen bestimmte Räumlichkeit (z. B. ein Verhandlungsraum im Rathause, Gemeindehause u. dgl., ein Versteigerungslokal) vorhanden und zu erlangen, so ist dieses zu benützen.

§ 20. Läßt sich die Vornahme der Versteigerung oder des sonstigen Amtsgeschäfts im Wirtshause nicht vermeiden, so soll zunächst ein Raum in diesem Hause zur Vornahme der Verhandlung gewählt werden, welcher von den Räumlichkeiten, in denen der Wirtschaftsbetrieb stattfindet, vollkommen getrennt ist.

Die Räumlichkeiten, in denen der Wirtschaftsbetrieb stattfindet, dürfen nur dann benützt werden, wenn während der ganzen Dauer der Verhandlung der Wirtschaftsbetrieb darin eingestellt wird. Zeigt sich die Durchführung der Betriebs-Einstellung im Laufe der Verhandlung als unmöglich, so hat der Notar die Fortsetzung des Amtsgeschäfts zu verweigern.

Zur Aufrechthaltung der Ruhe und Ordnung werden, wo es erforderlich ist, die Polizeibehörden dem Notar Unterstützung leisten.

Jede Vornahme eines Amtsgeschäfts in einem Wirtshause ist im Geschäftsregister zu vermerken.

§ 21. Die Abhaltung von Amtstagen wird künftig nicht mehr gestattet werden, wenn dafür zur Vornahme der Verhandlungen kein anderer passender Raum als ein Wirtshausraum zur Verfügung gestellt wird.

§ 22. Alle auswärtigen Amtsgeschäfte sind mit thunlichster Beschleunigung durchzuführen. Soweit möglich, sind auch außerhalb der Amtstage mehrere auswärtige Geschäfte bei einer Reise zu verbinden.

Dritter Abschnitt.

Registerführung.

Allgemeines.

§ 23. Die von den Notaren zu führenden Bücher und Register sollen vorschriftsgemäß, sauber und deutlich geführt werden.

§ 24. Ausschabungen sind unzulässig; auch Einschaltungen und Zwischenschreibungen sollen möglichst vermieden werden. Wo Verbesserungen nötig sind, sollen sie so vorgenommen werden, daß der ursprüngliche Text erkennbar bleibt. Sie sollen ferner durch eine von dem Notar unterschriebene Bemerkung erklärt und genehmigt werden.

§ 25. Der Notar hat zu führen:

1. ein Geschäftsregister,
2. ein Testamentsregister,
3. ein Wechselprotestregister,
4. ein Buch zum Eintrage von Privaturkunden zum Zwecke der Feststellung des Datums,
5. ein Verzeichnis über die bei ihm angefallenen Auseinandersetzungen von Nachlaß- und Gütergemeinschaftsmassen,
6. ein Verzeichnis über die angefallenen Zwangsversteigerungen,
7. ein Zustellungsregister,
8. ein Aufschreibbuch für Behändigung von Urkunden, Akten u. dergl.
9. ein Notariatsgebührenregister,
10. ein Vormerkungsbuch für Termine, Wiedervorlagen u. dgl.

Geschäftsregister.

§ 26. Das Geschäftsregister wird jahrgangsweise geführt. Für jedes Jahr ist ein gebundenes, mit fortlaufenden Seitenzahlen versehenes Buch in Gebrauch zu nehmen.

Bevor der erste Eintrag gemacht wird, soll der Notar auf dem Titelblatte des Geschäftsregisters unter Beifügung von Datum, Unterschrift und Siegel feststellen, wie viele Seiten der Band enthält.

§ 27. In das Geschäftsregister sollen aufgenommen werden

1. alle von dem Notar aufgenommenen Protokolle mit Ausnahme der Protokolle über Vorgänge des inneren Dienstes, wie Amtsübergabe, Depositensturz, Verpflichtung von Gehilfen;
2. die von dem Notar bewirkten Beglaubigungen von Unterschriften und Handzeichen;
3. die Beglaubigungen von Abschriften und Auszügen von Hauptschriften, welche sich nicht in der Verwahrung des Notariats befinden;
4. die Urkunden über Lebensbescheinigungen und die sonstigen Zeugnisse, welche nicht die Form von Protokollen haben.

Die Erteilung von Hinterlegungsscheinen über letztwillige Verfügungen (§ 2246 Abs. 2 B.GB.) ist nicht als eigenes Geschäft in das Geschäftsregister aufzunehmen.

§ 28. Ausgenommen von der Aufnahme in das Geschäftsregister sind

1. Wechselprotesturkunden,
2. Urkunden über die Feststellung des Datums von Privaturkunden,
3. Urkunden, welche Bestandteile eines bei dem Notar anhängigen Auseinandersetzungs- oder Zwangsversteigerungsverfahrens bilden.

§ 29. Die Erteilung von Abschriften und Ausfertigungen von Hauptschriften, die sich in der Verwahrung des Notariats befinden, ist als eigenes Geschäft in das Geschäftsregister auch dann nicht einzutragen, wenn sie nicht im unmittelbaren Anschluß an die Beurkundung, sondern erst späterhin auf besonderen Antrag erfolgt.

Dagegen ist die Erteilung der Abschrift oder Ausfertigung bei dem Geschäftsregistereintrag über die Hauptschrift zu vermerken (Vgl. § 40 Abs. 2).

Das Gleiche gilt für die Gestattung der Einsichtnahme.

§ 30. Nebengeschäfte, welche zu einem im Geschäftsregister aufzunehmenden Hauptgeschäfte gehören, wie Bekanntmachungen von Versteigerungen, Schreiben, mit welchen Urkunden übersendet werden, Vollzugs- und Genehmigungsanträge an Behörden und dergleichen sind im Geschäftsregister nicht als eigene Geschäfte einzutragen.

Dagegen sind sie bei dem Eintrag über das Hauptgeschäft zu vermerken (§ 40).

§ 31. Sind in einer notariellen Urkunde mehrere Geschäfte der Beteiligten zusammengefaßt, so hat doch der Eintrag im Geschäftsregister nur einmal und unter einer Nummer zu erfolgen.

§ 32. Kommt ein von einem Notar begonnenes Geschäft nicht am selben Tage zur Erledigung, sondern muß, nachdem es zum teil schon beurkundet ist, an einem späteren Tage fortgesetzt werden, so ist die Fortsetzung nicht als neues Geschäft im Geschäftsregister einzutragen.

Dagegen ist dem ersten Eintrag ein entsprechender Vermerk über die Fortsetzung des Geschäfts beizufügen (vgl. § 40).

§ 33. Die Geschäfte sind nach der Zeitfolge geordnet unter fortlaufenden Nummern in das Geschäftsregister aufzunehmen.

§ 34. Für die einzelnen Einträge im Geschäftsregister ist das anliegende Formular maßgebend. Formular I.

§ 35. Die erste Spalte des Formulars ist für die Nummer, die zweite für den Tag des Geschäfts bestimmt.

Es wird gestattet, daß in der für den Tag bestimmten Spalte auf jeder Seite die Monatsbezeichnung obenan geschrieben wird, damit sie nicht bei jedem Eintrage wiederholt werden muß. Doch ist zu beachten, daß nicht beim Beginn eines neuen Monats dessen Bezeichnung in der Spalte unterbleibt.

§ 36. Die dritte Spalte dient der Bezeichnung des Geschäfts; die Bezeichnung soll so kurz und doch so erschöpfend als möglich sein: Die Art des Geschäfts soll immer ersichtlich sein, der Gegenstand nur im allgemeinen und soweit es unbeschadet der Kürze zu erreichen ist. Es ist also insbesondere nicht erforderlich, die verkauften oder verpfändeten Gegenstände im Einzelnen zu bezeichnen, wenn deren eine Mehrzahl oder sogar eine große Zahl sein sollte. Die Notare werden sich im eigenen Interesse und im Interesse der Beteiligten bemühen, eine nach Lage des einzelnen Falles möglichst zweckmäßige Bezeichnung zu wählen.

§ 37. In der vierten Spalte sollen die am Geschäfte Beteiligten bezeichnet werden.

Sind dabei, wie bei Versteigerungen, die auf einer Seite Beteiligten zahlreich, so soll für sie eine zusammenfassende Bezeichnung, wie: „an 20 verschiedene Ansteigerer", genügen.

Bei denjenigen Geschäften, welche nach § 45 auch im Testamentsregister vorzutragen sind, ist in der vierten Spalte des Geschäftsregisters an Stelle der Bezeichnung der Beteiligten eine Verweisung auf die Nummer des Testamentsregisters zu setzen. Das Geschäftsregister darf die Namen der Beteiligten nicht ersehen lassen.

§ 38. In der fünften Spalte soll bei Protokollen angegeben werden, wohin sie allenfalls in Urschrift abgegeben worden sind. Ein Eintrag in diese Spalte hat jedoch nur dann zu erfolgen, wenn die Abgabe für immer, nicht wenn sie bloß vorübergehend, z. B. zur Einsichtnahme an eine Behörde erfolgt ist.

§ 39. In der sechsten Spalte ist auf die Eintragung des Geschäfts in den Gebührenregistern zu verweisen.

§ 40. Die letzte Spalte des Geschäftsregisters, welche möglichst viel Raum haben soll, ist bestimmt für die Aufnahme von Bemerkungen.

Hieher gehören Bemerkungen über vorübergehende Hinausgabe von Urschriften an Behörden und Stellen, über die nachträgliche Erteilung von Ausfertigungen und Abschriften und über Einsichtsgestattung, Verweisungen auf andere Geschäfte, Vermerke über Fortsetzung eines Geschäfts an einem anderen Tage, über die Vornahme von Nebengeschäften, welche nach § 30 keine eigene Nummer im Geschäftsregister erhalten, über die Vornahme eines Geschäfts in einem Wirtshause, über die Vornahme eines Geschäfts zur Nachtzeit und sonstige, den inneren Dienst betreffende Bemerkungen, zu denen Anlaß gegeben ist.

§ 41. Sofort nach Ablauf des Kalenderjahres ist das Geschäftsregister abzuschließen.

Der Abschluß geschieht in der Weise, daß unter den letzten Eintrag über die ganze Breite des Registers ein Abschlußstrich gezogen und darunter der Abschlußvermerk gesetzt wird:

„Hiemit wird das Geschäftsregister für das Jahr 19 . ., enthaltend . . . . Einträge, abgeschlossen.

N., den 1. Januar 19 . .

Siegel. X., K. Notar."

Gleichzeitig ist an den Präsidenten des Landgerichts zu berichten, wann und mit wieviel Einträgen abgeschlossen wurde.

§ 42. Zu dem Geschäftsregister hat der Notar ein alphabetisches Namensverzeichnis zu führen, welches das Auffinden der einzelnen Eintragung ermöglicht.

Das alphabetische Namensverzeichnis soll gebunden sein und eine Einrichtung besitzen, die das rasche Auffinden fördert (eingeschnittenes oder angeklebtes Alphabet). Es wird zweckmäßig auf eine längere Reihe von Jahren anzulegen sein und um so mehr Jahre umfassen können, je geringer die Zahl der bei dem Notariate jährlich anfallenden Geschäfte ist. Mehr als fünfzehn Jahrgänge sollen nicht zusammengefaßt werden.

Das Namensverzeichnis soll möglichst stetig mit dem Geschäftsregister auf dem Laufenden gehalten werden.

§ 43. In das Namensverzeichnis einzutragen sind die Namen der Beteiligten, wie sie sich aus dem Geschäftsregister ergeben. Doch ist nicht unbedingt erforderlich, daß stets die Namen aller Beteiligten aufgenommen werden. Sind mehrere Beteiligte vorhanden, so genügt es, wenn bei Veräußerungsgeschäften der Veräußernde, bei Schuldgeschäften der Schuldner, bei Eheverträgen der Bräutigam oder Ehemann eingetragen wird. Sind in einer Urkunde neben einem Hauptgeschäft noch Nebengeschäfte beurkundet, z. B. eine Bürgschaftsübernahme für eine Darlehensschuld, so genügt es, wenn bloß das Hauptgeschäft im Namensverzeichnis behandelt wird. Veräußert nach ein und derselben Urkunde eine Mehrzahl von Personen an ein und dieselbe Person, wie z. B. bei Grundabtretungen zu Eisenbahnbauten oder ähnlichen öffentlichen Zwecken, so genügt es, wenn der Name des erwerbenden Teiles eingetragen wird.

Im übrigen bleibt die Eintragung dem Ermessen des Notars überlassen.

§ 44. Das Namensverzeichnis ist nach dem anliegenden Formular zu führen. Formular II.

Bei den Eintragungen sind Abkürzungen jeder Art zulässig, soweit dadurch nicht die Verständlichkeit leidet.

Die Eintragungen brauchen nicht unmittelbar auf einander zu folgen. Es soll vielmehr bei der Auswahl des Platzes für die einzelne Eintragung, soweit thunlich, darauf Rücksicht genommen werden, daß spätere Eintragungen möglichst in der alphabetischen Folge geschehen können. Die Einfügung von Blättern sowie die Umlegung und Ersetzung einzelner unübersichtlich gewordener Teile des Verzeichnisses ist zulässig, hat jedoch so zu erfolgen, daß die Haltbarkeit und Brauchbarkeit des Verzeichnisses nicht beeinträchtigt wird.

Die Bezeichnung des Geschäfts in der ersten Spalte soll so kurz wie möglich gehalten sein; sie braucht weder den Gegenstand des Rechtsgeschäfts, noch den Wert des Gegenstandes ersehen zu lassen.

Die Worte „Kauf", „Tausch", „Darlehen", „Bürgschaft", „Beglaubigung", „Lebensbescheinigung" und dergleichen genügen.

In der zweiten Spalte kann nach dem Ermessen des Notars außer dem Jahrgang auch der Tag der Geschäftsvornahme angegeben werden.

Die vierte Spalte dient für Berichtigungen und Verweisungen.

Testamentsregister.

Formular III. **§ 45.** Neben dem Geschäftsregister hat der Notar ein Testamentsregister nach dem beiliegenden Formulare zu führen.

In dieses Testamentsregister sind, nach der Zeitfolge geordnet, alle Geschäfte aufzunehmen, welche die Errichtung von Testamenten und solchen Erbverträgen betreffen, welche in besondere amtliche Verwahrung zu nehmen sind (§ 2277 Abs. 1 B.GB.), ferner die Protokolle über Widerruf und Zurückgabe von solchen Testamenten und Erbverträgen, die Aufnahme übergebener oder übersendeter Testamente in die amtliche Verwahrung, endlich die Protokolle über die Gestattung der Einsicht in Testamente und Erbverträge, welche noch nicht eröffnet sind.

Die Protokolle über die Eröffnung von Testamenten werden im Testamentsregister nicht unter eigener Nummer aufgeführt, sondern lediglich bei dem Eintrag über die Errichtung oder Übergabe des Testaments vermerkt.

§ 46. Das Testamentsregister wird nicht für einzelne Geschäftsjahre geführt wie das Geschäftsregister, sondern fortlaufend für die Dauer.

In dem Register sind die Geschäfte nach der Zeitfolge unter fortlaufenden Nummern zu verzeichnen.

In der dritten Spalte ist das Geschäft lediglich nach seiner Art als „Testament", „Erbvertrag", „Testamentszurücknahme", „Übergabe eines eigenhändigen Testaments zur amtlichen Verwahrung", zu bezeichnen. Eine Erwähnung des Gegenstands, über den verfügt wird, und des Wertes des Gegenstandes findet nicht statt.

In die vierte Spalte sind Name, Stand und Wohnort aller Personen, die in dem Testament oder Erbvertrag letztwillig verfügt haben, einzeln aufzuführen; auch ist, soweit es sich um die Errichtung oder Verwahrung einer letztwilligen Verfügung oder eines Erbvertrages handelt, das Alter der Verfügenden nach deren eigener Angabe oder in Ermangelung einer solchen nach der Schätzung des Notars einzutragen.

In die für Bemerkungen bestimmte letzte Spalte ist zunächst die Verweisung auf das Geschäftsregister aufzunehmen, sodann die Verweisung auf frühere und spätere Vorträge des Testamentsregisters und insbesondere der Vermerk über die Anstellung von Ermittelungen darüber, ob der Verfügende noch lebt oder gestorben ist, und der Vermerk über deren Ergebnis, endlich der Vermerk über die Testamentseröffnung. Auch ist es hier zu vermerken, wenn die Verfügenden Angaben darüber gemacht haben, wo nötigenfalls über ihren Verbleib nachgeforscht werden kann.

§ 47. Zu dem Testamentsregister ist ein alphabetisches Namensverzeichnis nach demselben Formulare zu führen wie zu dem Geschäftsregister.

Die Vorschriften über die Führung des Namensverzeichnisses zu dem Geschäftsregister finden entsprechende Anwendung mit der Maßgabe, daß das Namensverzeichnis zum Testamentsregister nicht auf eine bestimmte Anzahl von Jahren beschränkt, sondern für die Dauer angelegt werden soll und daß in das Verzeichnis die Namen aller Personen ohne Ausnahme einzutragen sind, die in den Testamenten oder Erbverträgen verfügt, Testamente oder Erbverträge übergeben oder zurückgenommen haben.

Wechselprotestregister.

§ 48. Das von den Notaren zu führende Wechselprotestregister ist nicht für einen bestimmten Zeitraum anzulegen.

Es soll gebunden und mit fortlaufenden Seitenzahlen versehen sein. Auf dem Titelblatte hat der Notar vor der Ingebrauchnahme die Zahl der Seiten des Buches festzustellen; der Feststellungsvermerk soll mit Datum, Unterschrift und Siegel versehen sein.

§ 49. In das Wechselprotestregister hat der Notar die aufgenommenen Proteste Tag für Tag nach Ordnung des Datums einzutragen.

Die Eintragung soll eine wortgetreue Abschrift des Wechselprotestes und damit zugleich eine Abschrift des Wechsels enthalten. In der Abschrift des Wechsels sollen alle Zeichen und Striche wiedergegeben sein, die der Wechsel trägt; auch soll daraus ersichtlich sein, welche Stempelmarken auf dem Wechsel verwendet sind und wie sie angebracht und entwertet sind.

Buch zur Feststellung des Datums von Privaturkunden.

§ 50. Die Notare haben nach der Vorschrift der allerhöchsten Verordnung vom 8. September 1879 zum Eintrage von Privaturkunden zum Zwecke der Feststellung des Datums
Formular IV. ein Buch nach dem beiliegenden Formulare zu führen.

Die Einträge in das Buch haben sofort bei der Vorlegung der Urkunde durch den Notar zu erfolgen.

Der Inhalt der Einträge hat sich zunächst nach Artikel 33 des Gesetzes zur Ausführung der Reichs-Civilprozeßordnung und Konkursordnung in der Fassung der Bekanntmachung vom 26. Juni 1899 zu bemessen. Das Datum der Vorlegung der Urkunde ist stets mit Worten zu schreiben.

Am Schlusse jedes einzelnen Eintrags hat der Notar mit seinem Namen und mit Bezeichnung seiner Amtseigenschaft zu unterschreiben und das Siegel beizudrücken. Unterhalb dieser Fertigung ist jeder Eintrag mit einem Querstrich abzuschließen. Spätere Beisätze oder Abänderungen sind unzulässig.

Verzeichnis über Auseinandersetzungen.

§ 51. Jedes Verfahren zur Vermittelung der Auseinandersetzung eines Nachlasses oder einer ehelichen oder fortgesetzten Gütergemeinschaft, welches bei einem Notar anhängig wird, ist sogleich in ein nach der Zeitfolge geordnetes Verzeichnis einzutragen.

Formular V. Das Verzeichnis ist nach dem beiliegenden Formulare zu führen.

Die Numerierung erfolgt jahrgangsweise; die Einträge jedes Jahrgangs sind durch Querstriche abzuschließen.

In das Verzeichnis sind auch die Verlassenschaften einzutragen, deren Auseinandersetzung dem Notar nach den Normen des älteren Rechts übertragen wird.

Verzeichnis über Zwangsversteigerungen.

§ 52. Ebenso ist jedes Verfahren zur Versteigerung von Grundstücken im Wege der Zwangsvollstreckung, das bei einem Notar anhängig wird, alsbald in das zu diesem Zwecke nach dem beiliegenden Formulare zu haltende Verzeichnis einzutragen. Formular VI.

Hieher gehört insbesondere auch die Versteigerung von Grundstücken im Wege der Zwangsvollstreckung zum Zwecke der Teilung (§ 753 des Bürgerlichen Gesetzbuchs, Artikel 41 des Gesetzes, betreffend Übergangsvorschriften zum Bürgerlichen Gesetzbuche vom 9. Juni 1899).

Zustellungsregister.

§ 53. Über die Zustellungen, welche in den bei den Notariaten anhängigen Sachen nach dem Gesetz über die Angelegenheiten der freiwilligen Gerichtsbarkeit, dem Gesetze über die Zwangsversteigerung und die Zwangsverwaltung, der bisherigen bayerischen Subhastationsordnung und den zu diesen Gesetzen erlassenen Ausführungsbestimmungen von Amtswegen zu erfolgen haben, ist ein besonderes Zustellungsregister zu führen. In dieses Register können auch die sonst nach den Regeln der Civilprozeßordnung auszuführenden Zustellungen aufgenommen werden, deren Vermittelung dem Notar obliegt. Formular VII.

Für die Verzeichnung der Zustellung von Akten und Urkunden (Urschriften, Ausfertigungen, Abschriften), welche an Beteiligte oder an Behörden durch die Post mittels einfachen Briefs oder Einschreibebriefs oder durch Boten übersendet oder unmittelbar übergeben werden, genügt ein einfaches Aufschreibbuch. Hiezu kann ein nach beiliegendem Formular eingerichtetes Buch verwendet werden. Die Verwendung eines anderen Formulars ist nicht ausgeschlossen. Formular VIII.

Notariatsgebührenregister.

§ 54. Der Notar hat alle seine Gebühren und Auslagen in ein Register (Notariatsgebührenregister) nach dem beiliegenden Formular aufzunehmen. § 37 Abs. 3 findet entsprechende Anwendung. Formular IX.

Das Register ist der Zeitfolge nach jahrgangsweise mit fortlaufenden Nummern zu führen. Jeder Jahrgang ist für sich ordnungsmäßig abzuschließen. In ein und dasselbe Buch können mehrere Jahrgänge aufgenommen werden.

Die Staatsgebühren sind in dieses Register summarisch ebenfalls aufzunehmen, damit das Register zum Einzuge der Gesamtgebühren verwendet werden kann.

Die Notariatsgebühren sind nach der Anweisung des Formulars ausgeschieden einzutragen; sie sind seitenweise zusammen zu zählen. Die Summen sind von einer Seite auf die andere zu übertragen.

Die Auslagen, sowie die erfolgenden Zahlungen brauchen nicht zusammengezählt zu werden.

Für den Fall der Führung der Notariatsgeschäfte auf Rechnung des Staates werden über die Verzeichnung der Auslagen und der Notariatsgebühren besondere Vorschriften ergehen.

Terminkalender.

§ 55. Der Notar hat ein Buch oder Verzeichnis zu führen, worin die von ihm angesetzten Verhandlungstermine, die Termine für die Erstattung eingeforderter Berichte und für die Wiedervorlage von Urkunden und Akten zum Zwecke des Weiterbetriebs von Amtsgeschäften aufzunehmen sind.

Die Einrichtung dieses Verzeichnisses bleibt dem Ermessen des Notars überlassen. Es ist insbesondere gestattet, dazu einen passenden Kalender zu verwenden.

§ 56. Die Vorschriften über die Buch- und Registerführung in Hinterlegungssachen und bei der Erhebung und Verrechnung der dem Staate und den Gemeinden anfallenden Gebühren werden durch besondere Entschließung erlassen.

§ 57. Die Verzeichnisse, welche nach bisherigem Rechte über die gerichtlich entmündigten Personen und in den Landesteilen, in denen allgemeine Gütergemeinschaft gesetzlicher Güterstand der Ehen war, über die Gütergemeinschaftsausschlüsse geführt wurden, sind zwar zunächst beizubehalten, aber nicht weiter zu führen.

Vierter Abschnitt.

Vorschriften über die Sammlung, Ordnung und Verwahrung der Urkunden und Akten.

§ 58. Die bei den Notariaten anfallenden Urkunden und Akten sind ordnungsmäßig zu sammeln und zu verwahren.

Gleiches gilt für die Register und Verzeichnisse mit Ausnahme der Terminskalender.

§ 59. Die Verwahrung soll nicht nur Sicherheit gegen Beschädigungen und Entfremdungen, sondern auch gegen die Einsichtnahme durch Unbefugte bieten.

Die Verwahrungsräume dürfen weder feucht noch feuergefährlich sein. Sie müssen verschließbar sein und sollen zu anderen Zwecken als zu dienstlichen nicht benützt werden. Sie sollen endlich, soferne sie von den übrigen Amtsräumen getrennt sind, nicht allzu entlegen und für die dazu Berufenen leicht zugänglich sein.

§ 60. Die Akten, Urkunden, Register und Verzeichnisse brauchen im Verwahrungsraume nicht in verschlossenen Kästen oder Schränken untergebracht zu werden. Es genügt die Unterbringung in offenen Gestellen, sofern anderweit für die Sicherheit gegen Beschädigung durch Staub, Nässe und dergl. hinreichend Sorge getragen ist.

Testamente sind jedoch samt den zugehörigen Protokollen bis zu ihrer Eröffnung in besonderen Behältnissen, am besten in den feuer- und einbruchsicheren Kassen, unter Verschluß zu halten, ebenso die Protokolle über den Widerruf und die Zurücknahme von Testamenten. Das Gleiche gilt für Erbverträge, soweit sie nach den gesetzlichen Vorschriften in amtliche Verwahrung zu nehmen sind.

Die Testamentsregister und die Namensverzeichnisse dazu sind stets bei den uneröffneten Testamenten aufzubewahren, solange sie nicht amtlich gebraucht werden. Der Notar hat die Schlüssel zu den Behältnissen persönlich in Gewahrsam zu behalten und hat das erforderliche Öffnen und Schließen selbst zu besorgen. Die Duplikate der Schlüssel sollen in einem mit dem Amtssiegel verschlossenen und mit einer entsprechenden Aufschrift versehenen Umschlage bei dem Amtsgerichte hinterlegt werden.

§ 61. Die Urschriften derjenigen notariellen Urkunden, welche im Geschäftsregister verzeichnet sind (§§ 27, 28) und im Notariat verbleiben, sind in die allgemeine Urkundensammlung des Notariats aufzunehmen, soferne sie nicht nach § 60 Abs. 2 in die besondere amtliche Verwahrung zu nehmen sind.

§ 62. Die allgemeine Urkundensammlung ist nach den Jahrgängen und fortlaufenden Nummern des Geschäftsregisters zu ordnen.

Die Urkunden sind abteilungsweise in feste Umschläge oder in Schachteln einzulegen.

Jede Abteilung soll wenn möglich einen Jahrgang umfassen; wo dies wegen der großen Zahl der Urkunden nicht angeht, können für den Jahrgang auch mehrere Abteilungen gebildet werden. Ausnahmsweise kann eine Abteilung auch mehr als einen Jahrgang enthalten.

Auf dem Umschlag ist anzugeben, welchen Zeitraum und welche Geschäftsregisternummerreihen die Abteilung umfaßt, z. B.

„1. Januar bis 30. Juni 1900"
„Nr. 1—475."

§ 63. Damit stets sofort ersehen werden kann, welche einzelnen Urkunden in den Abteilungen fehlen, ist in jeder Abteilung vor der zu oberst liegenden Urkunde ein Blatt einzulegen, aus welchem zu ersehen ist

Formular X.

1. für welche Geschäftsregisternummern Urkunden in der allgemeinen Sammlung überhaupt nicht hinterliegen, weil die Urschriften den Beteiligten ausgehändigt oder an andere Beamte oder Behörden für die Dauer abgegeben worden sind (§§ 174 ff.);
2. für welche Nummern die Urkunden sich in der besonderen Verwahrung befinden (§ 60 Abs. 2);
3. für welche Nummern Urkunden zur Zeit nicht hinterliegen, weil sie zu vorübergehendem Gebrauch an andere Beamte oder Behörden abgegeben worden sind (§§ 197 ff.);
4. welche Urkunden aus besonderen Gründen nicht nach der Nummernfolge geordnet eingelegt sind und wo sich dieselben befinden (§ 64).

Diese Blätter sind stets auf dem Laufenden zu erhalten und nach Bedarf von Zeit zu Zeit umzulegen.

§ 64. Abweichungen von der durch den Lauf der Geschäftsregisternummern bedingten Ordnung sollen nur ausnahmsweise stattfinden in folgenden Fällen:

1. Urkunden, welche inhaltlich keine selbständige Bedeutung haben, sondern zur Ergänzung einer anderen in der allgemeinen Urkundensammlung befindlichen Urkunde gehören, z. B. Urkunden über Nachtrags-, Genehmigungs- und Zustimmungserklärungen, sollen im unmittelbaren Anschlusse an die Haupturkunde verwahrt werden;

2. Urkunden, welche zwar der selbständigen Bedeutung nicht entbehren, aber dem Gegenstande nach mit anderen Urkunden der Sammlung eine Gesamtheit bilden, so daß sie im Bedarfsfalle voraussichtlich meist zusammen gebraucht werden, dürfen beisammen verwahrt werden;
3. zur Verwahrung übergebene Urkunden (Art. 1 Abs. 1 des Notariatsgesetzes), welche sich ihres Umfangs halber nicht zur Unterbringung in der allgemeinen Urkundensammlung eignen, dürfen samt dem über die Übergabe errichteten Protokoll an einem anderen geeigneten Orte verwahrt werden.

In den Fällen der Ziffer 1 können die vereinigten Urkunden zusammengeheftet werden; geschieht dies nicht, so sind sie wenigstens durch ein äußerliches Bindemittel, Umschlag, Band oder Schnur rc.) zusammenzufassen. Letzteres soll auch in den Fällen der Ziffer 2 geschehen.

§ 65. Aktenstücke über Nebengeschäfte (§ 30), welche zu einer in der allgemeinen Urkundensammlung hinterliegenden Urkunde gehören, sollen dieser Urkunde in der Sammlung beigefügt werden, wenn sie sich dazu nach ihrem Umfang eignen.

Entwürfe von Schreiben, mit denen Urkunden versendet werden, können bis zum Zurückgelangen der Urkunden an deren Stelle eingelegt werden.

§ 66. Die Aktenstücke, welche die Vermittelung der Auseinandersetzung eines Nachlasses oder einer ehelichen oder fortgesetzten Gütergemeinschaft betreffen, sind bei den Notariaten in der gleichen Weise zu sammeln und zu behandeln, wie es für die Aktenstücke gleicher Art, die bei den Amtsgerichten erwachsen, vorgeschrieben ist.

Auf den Aktenumschlägen ist außer dem Betreff der Sachen der Jahrgang und die Nummer des Verzeichnisses anzugeben.

Die Akten über die noch nach bisherigem Rechte zu behandelnden Verlassenschaftsauseinandersetzungen sind nach denselben Regeln zu behandeln.

§ 67. Für die Behandlung der Zwangsversteigerungsakten sind, soweit nicht die Zwangsversteigerung nach den Vorschriften des Reichsgesetzes über die Zwangsversteigerung und die Zwangsverwaltung zu erfolgen hat, auch fernerhin die Vorschriften der bayerischen Subhastationsordnung anzuwenden.

Für die nach Reichsrecht zu erledigenden Fälle bleibt die Erlassung besonderer Vorschriften vorbehalten.

§ 68. Die nach § 66 und 67 zu bildenden Akten sind nach Gruppen gesondert und nach Jahrgängen und Verzeichnisnummern geordnet aufzubewahren.

§ 69. In jedem Notariate sind Generalakten zu führen. In diese Generalakten sind aufzunehmen:

1. Verweisungen auf die in Gesetz- und Amtsblättern enthaltenen Gesetze, Verordnungen und Dienstvorschriften, welche das Notariatswesen berühren oder die Einrichtung desjenigen Notariats betreffen, bei dem die Akten geführt werden;
2. die allgemeinen Dienstvorschriften, welche, ohne in den unter Nr. 1 genannten Blättern veröffentlicht zu sein, den Notariaten in besonderen Abdrücken zugegangen sind;
3. die allgemeinen Dienstweisungen und Visitationsbescheide der Aufsichtsbehörden, ferner die amtlichen Aktenstücke, welche den inneren Dienst des Notariats regeln, insbesondere auch die Aktenstücke über Amtsübergabe, Amtsverwesung und Verwendung von Gehilfen.

Es bleibt den Notaren überlassen, in die Generalakten auch Bemerkungen über prinzipiell wichtige Entscheidungen aufzunehmen, welche über Fragen, die das Notariat berühren, in einzelnen Fällen von den Gerichten oder Behörden getroffen worden sind. Auch Verweisungen auf einschlägige Literaturerscheinungen sollen nicht ausgeschlossen sein.

Wie die Generalakten im einzelnen zu ordnen sind, ob Übersichtsblätter dazu anzulegen, Abteilungen zu machen sind u. s. w., werden die Notare nach Maßgabe des vorhandenen Materials und nach vernünftigem Ermessen selbst bestimmen.

§ 70. Die Behandlung der in Hinterlegungs- und Gebühren-Sachen erwachsenden Akten wird durch besondere Entschließung geregelt werden.

§ 71. Soweit für Aktenstücke, deren Aufbewahrung im Notariat ihrer Bedeutung wegen angezeigt ist, in den vorstehenden Bestimmungen keine Vorschriften getroffen sind, bleibt die Art ihrer Ordnung und Aufbewahrung dem vernünftigen Ermessen des Notars vorbehalten.

§ 72. Die Erlassung besonderer Vorschriften für die Ausscheidung und Vernichtung von Akten bleibt vorbehalten.

§ 73. Jeder Notar hat, um stets von den seinen Dienst betreffenden amtlichen Bekanntmachungen rechtzeitig Kenntnis zu erhalten,

das Reichs-Gesetzblatt,
das Gesetz- und Verordnungsblatt für das Königreich Bayern,
die Amtsblätter der Staatsministerien der Justiz und der Finanzen

und dasjenige Blatt nummernweise zu beziehen, welches dem Amtsgericht, in dessen Bezirk das Notariat liegt, zu seinen amtlichen Bekanntmachungen dient.

Die Gesetzblätter und Ministerialamtsblätter sind zu sammeln und jahrgangsweise zu binden, damit sie dem Amtsnachfolger übergeben werden können.

Fünfter Abschnitt.

Vorschriften für das Verfahren bei der Beurkundung.

Allgemeines.

§ 74. Vor der Aufnahme jeder Urkunde soll der Notar sich über den festzustellenden Sachverhalt genau vergewissern (§ 12). Die Feststellung soll er in der Urkunde so vornehmen, daß für den, der sie liest, Irrtum oder Zweifel über den Sachverhalt ausgeschlossen ist.

Bei der Beurkundung von Rechtsgeschäften soll der Notar sich, soweit es ihm möglich ist, von deren Rechtswirksamkeit überzeugen und soll den Beteiligten zum Zwecke der Sicherstellung der Rechtswirksamkeit die nötigen Aufklärungen erteilen.

Feststellung der Identität der Beteiligten.

§ 75. Ein Hauptgewicht ist bei dem Beurkunden von Rechtsgeschäften und von sonstigen Erklärungen auf die Feststellung der Identität der Beteiligten (Erklärenden) zu legen.

Sofern der Notar nicht schon von früherer Begegnung her die Überzeugung gewonnen hat, daß der Beteiligte wirklich diejenige Person ist, welche in der Urkunde aufgeführt wird, soll er sich diese Überzeugung bei der Verhandlung über die Aufnahme der Urkunde zu verschaffen suchen.

Hiebei ist der Notar an gesetzliche Beweisregeln nicht gebunden. Er hat sich seine Überzeugung in freier und gewissenhafter Würdigung aller Verhältnisse zu bilden und ist für schuldhafte Unterlassung der nötigen Vorsicht verantwortlich. Er wird aber um so vorsichtiger verfahren müssen, je größer nach den Umständen die Möglichkeit und das Interesse einer absichtlichen Täuschung sein kann.

Werden Auskunftspersonen zur Feststellung der Identität beigezogen, so obliegt es dem Notar, deren Glaubwürdigkeit zu prüfen. Er wird dann besonders genau prüfen müssen, wenn einzelne Personen gewohnheitsmäßig Identitätsbestätigungen abgeben, ohne daß ersichtlich ist, wie sie dazu kommen, die vorgestellten Beteiligten zu kennen, oder wenn sich aus sonstigen Gründen ein Verdacht gegen die Zuverlässigkeit der Auskunft ergibt.

Andererseits wird unter Umständen die Bestätigung der Identität durch einen Gegenbeteiligten, die Vorzeigung unverdächtiger Legitimationspapiere oder sonstiger Beweisbehelfe, ja sogar eine im Gespräche bewiesene genaue Sachkenntnis zur Feststellung der Identität genügen können.

§ 76. In dem Protokoll über die Erklärung soll angegeben werden, ob der Notar die Beteiligten kennt (die Überzeugung von ihrer Identität von früherer Begegnung her hat), oder ob er sich die Gewißheit über ihre Persönlichkeit erst bei der Verhandlung über die Aufnahme des Protokolls verschafft hat. Im letzteren Falle soll im Protokoll auch angegeben werden, wie der Notar sich die Gewißheit verschafft hat; diese Angabe braucht nicht in einer ausführlichen Darlegung und Beschreibung der beigebrachten Beweismittel zu bestehen, sondern kann mit kurzen Worten gemacht werden. Dem Notar bleibt es überlassen, wenn er es zu seiner Deckung für angezeigt hält, sich über die näheren Umstände der Identitätsfeststellung im Geschäftsregister oder auf einem gesonderten Blatte Aufzeichnungen zu machen. Daß der Notar die Auskunftspersonen ihre Angaben im Protokoll unterzeichnen läßt, ist gesetzlich nicht erforderlich, aber rätlich und soll deshalb, da es bisher zu geschehen hatte, auch künftig die Regel bilden.

Der Wortlaut der Identitätsfeststellung ist dem Notar überlassen. Es ist z. B. nicht erforderlich, wenn auch gestattet, die bisher übliche Formel „mir nach Namen, Stand und Wohnort bekannt" zu gebrauchen; es genügt auch die Formel „mir persönlich bekannt" oder eine ähnliche Redewendung, welche keinen Zweifel übrig läßt.

§ 77. Kennt der Notar einen Beteiligten nicht und kann er sich auch bei der Verhandlung über die Aufnahme des Protokolls die Überzeugung von der Identität desselben nicht verschaffen, so kann darin ein genügender Anlaß zur Verweigerung der Vornahme des Amtsgeschäfts liegen.

Dies wird insbesondere dann der Fall sein, wenn nach den Umständen der Beteiligte wohl in der Lage wäre, das zur Feststellung der Identität Erforderliche beizubringen, sich dessen aber weigert, oder wenn ersichtlich ist, daß die Vornahme des Amtsgeschäfts ohne Feststellung der Identität von keinem Nutzen sein kann.

Nimmt der Notar auf Verlangen das Amtsgeschäft ohne Feststellung der Identität vor, so hat er in dem Protokolle deutlich anzugeben, daß er sich von der Persönlichkeit der Beteiligten keine Gewißheit hat verschaffen können. Er soll in diesem Falle den Sachverhalt und dasjenige, was zur Feststellung der Persönlichkeit beigebracht ist, in das Protokoll aufnehmen.

Prüfung der Geschäftsfähigkeit der Beteiligten.

§ 78. Ebenso soll der Notar sich von der Geschäftsfähigkeit der bei der Beurkundung von Rechtsgeschäften Beteiligten überzeugen.

§ 79. Die Volljährigkeit der Beteiligten wird in der Regel ohne weitere Nachforschung feststehen. Eine Angabe darüber wird im Protokolle gewöhnlich nicht veranlaßt sein. Wo sich Zweifel ergeben, werden sie durch Anfrage bei den Beteiligten behoben werden können.

Der Notar kann, wo es ihm veranlaßt erscheint, in dem Protokolle feststellen, daß der Beteiligte nach seiner Angabe und gegebenenfalls auch nach Angabe der übrigen Beteiligten volljährig ist oder welches Alter er erreicht hat.

Bei Rechtsgeschäften Minderjähriger soll in der Regel im Protokolle festgestellt werden, wie alt sie nach den vorgelegten Belegen oder nach ihren und der Mitbeteiligten Angaben sind.

Können die Beteiligten die erforderlichen Angaben nicht machen, oder scheinen die Angaben dem Notar aus besonderen Gründen nicht überzeugend, sind auch sonstige Beweisbehelfe nicht zur Hand, so daß Zweifel an dem zur Vornahme des Geschäfts erforderlichen Alter der Beteiligten übrig bleiben, so hat der Notar dies gemäß Artikel 28 Abs. 1 des Notariatsgesetzes im Protokolle festzustellen.

§ 80. Auch darüber, ob ein Beteiligter in einem die freie Willensbestimmung ausschließenden Zustande krankhafter Störung der Geistesthätigkeit sich befindet, ob er wegen Geisteskrankheit, Geistesschwäche, Verschwendung, Trunksucht entmündigt oder unter vorläufige Vormundschaft gestellt ist, braucht der Notar besondere Nachforschungen nicht anzustellen, wenn ihm nicht hierüber aus Anlaß von Beobachtungen bei der Verhandlung oder von früheren Wahrnehmungen Bedenken entstehen.

Entstehen ihm Bedenken, so soll er sich in zweckentsprechender Weise Aufklärung zu verschaffen versuchen. Er wird hiebei insbesondere das im Notariate noch aufliegende Verzeichnis der Entmündigten einzusehen haben.

Gelangt der Notar zu der Überzeugung, daß der Beteiligte überhaupt geschäftsunfähig oder zur Vornahme des zu beurkundenden Rechtsgeschäftes gesetzlich nicht zugelassen ist, so hat er die Beurkundung abzulehnen. Bleibt er im Zweifel, so hat er dies nach Artikel 28 Abs. 1 des Notariatsgesetzes im Protokolle festzustellen.

§ 81. Beurkundet der Notar Rechtsgeschäfte schwerkranker Personen (insbesondere letztwillige Verfügungen), so hat er auf die Ermittelung der Geschäftsfähigkeit besondere Sorgfalt zu verwenden. Ein Benehmen mit dem Arzte ist, wenn es thunlich erscheint, nicht ausgeschlossen.

Der Notar soll in solchen Fällen stets von dem Vorhandensein der Krankheit und von seinem Befund über die Geschäftsfähigkeit in dem Protokoll Erwähnung thun.

Prüfung der Vertretungsmacht.

§ 82. Sollen Willenserklärungen beurkundet werden, die jemand innerhalb der ihm zustehenden Vertretungsmacht im Namen des Vertretenen abgibt, so hat der Notar die Frage der Bevollmächtigung außer Zweifel zu stellen.

Ist die Vollmacht in einer von ihm errichteten Urkunde erteilt worden und die Urkunde noch in seiner Verwahrung, so soll er dies in dem Protokoll über die Vornahme des Geschäfts durch den Bevollmächtigten entsprechend feststellen, soferne nicht die Beifügung einer beglaubigten Abschrift der Vollmacht vorgezogen wird.

Wird dem Notar eine andere öffentliche Urkunde über die Erteilung der Vollmacht vorgelegt, so soll er diese oder eine beglaubigte Abschrift davon dem Protokolle beifügen oder unter genauer Bezeichnung der Urkunde deren Inhalt, soweit er sich auf die Vollmacht bezieht, im Protokoll angeben.

Im Falle die öffentliche Urkunde über die Vollmachtserteilung im Ausland errichtet worden ist, soll angegeben werden, ob sie die erforderlichen Legalisationsvermerke trägt.

Im Falle der Vorlage einer Privaturkunde über die Vollmacht ist ebenso zu verfahren, wie im Falle der Vorlage einer öffentlichen Urkunde, jedoch muß im Protokoll ausdrücklich festgestellt werden, ob die Vollmachtserklärung beglaubigt oder nicht beglaubigt ist und wann und durch wen die Beglaubigung stattgefunden hat.

Bei der Vorlage von Spezialvollmachten wird in der Regel die Beifügung der Urschrift zu erfolgen haben.

Zeigen sich an der vorgelegten Vollmacht Mängel, welche deren Glaubwürdigkeit zu beeinträchtigen geeignet sind, so ist dies im Protokolle zu erwähnen.

Kann oder will der Bevollmächtigte seine Vollmacht nicht durch Vorlegung einer Urkunde nachweisen, so ist dies im Protokolle festzustellen. Die Aufnahme des Protokolls wird hiedurch allein nicht gehindert.

§ 83. Wird bei der Errichtung einer notariellen Urkunde über die Vornahme eines Rechtsgeschäfts durch einen Vertreter die nachträgliche Beibringung einer Urkunde über die Erteilung der Vollmacht oder der Genehmigung vorbehalten und diese Urkunde späterhin übergeben, so ist sie der Haupturkunde mit einem Vermerk über die Übergabe beizuheften. Der Vermerk soll den Tag und den Ort der Übergabe und die Bezeichnung des Übergebenden enthalten und mit der Unterschrift des Notars und dem Amtssiegel versehen sein.

Wird die Urkunde über die Erteilung der Vollmacht oder der Genehmigung nachträglich nicht zur Beiheftung übergeben, sondern nur zur Feststellung ihres Inhalts vorgelegt, so ist über die Vorlegung ein Protokoll aufzunehmen, worin der Inhalt der Vollmacht oder der Genehmigung festzustellen ist. Dieses Protokoll soll der Haupturkunde beigeheftet werden.

In den Fällen des Abs. 1 und 2 soll auf der Haupturkunde am Rande der einschlägigen Stelle auf die beigeheftete Nachtragsurkunde verwiesen werden.

§ 84. Tritt für einen Beteiligten, der geschäftsunfähig oder in der Geschäftsfähigkeit beschränkt ist, ein gesetzlicher Vertreter auf, so ist dieses Verhältnis in der Urkunde festzustellen.

Eines Nachweises der gesetzlichen Vertretungsmacht bedarf es in der Regel nicht, es genügt die Feststellung der Angabe des Vertreters über seine Vertretungsmacht. Doch soll der Vormund zur Vorlage seiner Bestallung veranlaßt und, wenn die Vorlage erfolgt, eine entsprechende Bemerkung in die Urkunde aufgenommen werden.

§ 85. Bei der Beurkundung von rechtsgeschäftlichen Erklärungen juristischer Personen ist deren Rechtsfähigkeit und die Vertretungsmacht der für sie auftretenden Organe zu erheben und festzustellen. Ist beides amtsbekannt, so ist dies im Protokolle zu erwähnen.

Bei der Beteiligung juristischer Personen des öffentlichen Rechts bedarf es einer ausdrücklichen Feststellung über die Rechtsfähigkeit und Vertretungsmacht im Protokolle nicht, da sich diese aus dem Gesetz ergibt. Den Notaren wird jedoch insbesondere wegen der nicht seltenen irrigen Aufführung von Schulgemeinden, Steuergemeinden und dergl. als juristischer Personen genaueste Prüfung des Rechtsverhältnisses auch in diesen Punkten zur besonderen Pflicht gemacht.

Prüfung der Frage der Notwendigkeit einer Bestätigung, Genehmigung, Zustimmung.

§ 86. Ist zur Rechtswirksamkeit eines Geschäfts nach gesetzlicher Vorschrift eine Bestätigung, Genehmigung oder Zustimmung erforderlich, so soll der Notar die Beteiligten nötigenfalls darauf aufmerksam machen und zur Aufnahme eines entsprechenden Vorbehalts in ihre Erklärungen veranlassen; erkennen die Beteiligten das Erfordernis der Bestätigung, Genehmigung oder Zustimmung nicht als vorhanden an, so soll der Notar die Meinungsverschiedenheit im Protokolle feststellen, sofern er nicht zur Verweigerung der Vornahme des Geschäfts veranlaßt ist.

Die Notare werden hiebei auf die Bestimmungen des Bürgerlichen Gesetzbuchs über die Notwendigkeit der Genehmigung des Vormundschaftsgericht zu Verfügungen des Vormundes und des Pflegers,

auf die Vorschriften bezüglich der Verfügungen in Angelegenheiten der Gemeinden und gemeindlichen Stiftungen, insbesondere die Vorschriften in den Artikeln 112, 147, 153 Abs. 9, 159, 63, 66 und 69 der rechtsrheinischen, Art. 47, 50, 53, 91 der pfälzischen Gemeindeordnung,

wegen der Genehmigung von Stiftungen auf § 80 des Bürgerlichen Gesetzbuchs und wegen der erforderlichen Genehmigung zum Vermögenserwerb für juristische Personen auf die Artikel 7, 8, 9, 10 des Ausführungsgesetzes zum Bürgerlichen Gesetzbuche hingewiesen.

§ 87. Soll der Notar ein Rechtsgeschäft beurkunden, das der Genehmigung durch eine Behörde bedarf, so kann er, wenn die Beteiligten damit einverstanden sind, vor der Errichtung der Urkunde einen Entwurf der wesentlichen Bestimmungen des Geschäfts der Behörde mit dem Ersuchen um Bekanntgabe der etwa bestehenden Bedenken vorlegen oder vorlegen lassen.

Der Notar soll den Beteiligten dieses Verfahren in den Fällen nahelegen, in welchen es zweckmäßig scheint, insbesondere auch in den Fällen, wo die Genehmigung des Vormundschaftsgerichts erforderlich ist.

§ 88. Handelt es sich um die Beurkundung eines Geschäfts, wodurch ein in den Landesteilen rechts des Rheins auf den Gemeindeverband sich gründendes Recht von dem Hause oder Grundstück, auf dem es ruht, abgetrennt werden soll, so ist der Notar veranlaßt, die Beteiligten über die Notwendigkeit der Erholung der Genehmigung zur Abtrennung genau aufzuklären und hiebei darauf hinzuweisen, daß nach Art. 33 der rechtsrheinischen Gemeindeordnung (in der Fassung der Bekanntmachung vom 14. März 1890) diese Genehmigung nur ganz ausnahmsweise erteilt werden kann.

Bestehen die Beteiligten auch dann noch auf der Beurkundung, so soll der Notar seine Mitwirkung von der Einhaltung des im § 87 bezeichneten Weges der vorherigen Anfrage abhängig machen.

§ 89. Kommt bei Rechtsgeschäften, wenn sie von einer verheirateten Person vorgenommen werden, in Frage, ob der Erschienene zu einer Verfügung der Zustimmung oder der Einwilligung des anderen Ehegatten bedarf, so soll der Notar vor der Beurkundung über die maßgebenden Verhältnisse, also über den Familienstand und über den nach Gesetz oder Vertrag bestehenden ehelichen Güterstand sich Aufklärung verschaffen. Hiezu wird in der Regel die Anfrage bei den Beteiligten genügen; wo es nach den Umständen erforderlich und angängig ist, sollen weitere Nachforschungen, insbesondere durch Einsichtnahme von den Ehevertragsurkunden und Güterrechtsregistereinträgen erfolgen.

Ergibt sich hienach die Notwendigkeit der Zustimmung oder der Einwilligung des nichterschienenen Ehegatten, so hat der Notar nach § 86 Abs. 1 zu verfahren.

Wo irgend ein Zweifel bestehen kann, empfiehlt es sich, die Angaben oder den Befund über den Familienstand und den ehelichen Güterstand im Protokolle festzustellen.

Die Vorschriften in Abs. 1 bis 3 finden entsprechende Anwendung für den Fall der Fortsetzung der Gütergemeinschaft zwischen dem überlebenden Ehegatten und den gemeinschaftlichen Abkömmlingen.

Verpflichtung zur Einsicht des Hypothekenbuchs und des Grundbuchs.

§ 90. Der Notar soll nach Artikel 30 des Notariatsgesetzes vor der Beurkundung von Erklärungen, welche betreffen:

1. Die Übertragung des Eigentums an einem Grundstücke,
2. die Belastung eines Grundstücks mit einem Rechte,
3. die Übertragung oder Belastung eines auf einem Grundstücke lastenden Rechtes,
4. die Änderung eines auf einem Grundstücke lastenden Rechtes nach Inhalt oder Rang,

zur Verhütung von Irrtümern über die Wirksamkeit des Geschäfts sich über den Stand des Grundbuchs, und, solange dieses noch nicht angelegt ist, in den Landesteilen rechts des

Rheins über den Stand des Hypothekenbuchs in vorgeschriebener Weise Gewißheit verschaffen und zwar ohne Unterschied, ob die Erklärung unmittelbar die Übertragung des Eigentums, die Bestellung, Übertragung, Belastung oder Änderung des Rechts bewirken oder nur eine vertragsmäßige Verpflichtung zur Vornahme der Übertragung, Bestellung, Belastung oder Änderung schaffen soll.

Was von Grundstücken gilt, soll nach Artikel 30 Abs. 2 des Notariatsgesetzes auch von solchen Rechten gelten, die den Grundstücken gleichstehen.

§ 91. Die Verpflichtung zur Einsicht des Hypothekenbuchs und des Grundbuchs ist nach Artikel 30 des Notariatsgesetzes nicht erstreckt auf die Fälle der Beurkundung solcher Erklärungen, welche die Aufgabe des Eigentums an einem Grundstücke (§ 928 B.GB.) und die Aufgabe eines Rechts betreffen, mit dem ein Grundstück belastet ist. Sie erstreckt sich insbesondere nicht auf die Löschungserklärungen. Die Einsicht ist übrigens auch in diesen Fällen zu pflegen, wenn die Beteiligten es wünschen oder wenn ein besonderer Anlaß dazu besteht.

Die Verpflichtung erstreckt sich ferner der Natur der Sache nach bei der Beurkundung von Erklärungen über die Übertragung von Hypotheken, Grundschulden oder Rentenschulden, für welche ein Hypothekenbrief, Grundschuldbrief oder Rentenschuldbrief ausgestellt ist, nicht weiter als auf die Einsicht des Briefs.

§ 92. In der Verpflichtung zur Einsicht des Grundbuchs und des Hypothekenbuchs liegt auch die Verpflichtung zur Einsicht derjenigen Beilagen, auf welche zur Ergänzung des Inhalts einer Eintragung im Buche Bezug genommen ist, sowie die Verpflichtung zur Einsicht der noch nicht erledigten Eintragungsanträge.

Der Notar wird daher bei der Einsicht des Buchs sich zu vergewissern haben, ob unerledigte Eintragungsanträge vorliegen, welche die in Frage stehenden Grundstücke oder Rechte betreffen.

§ 93. Der Notar soll das Grundbuch oder Hypothekenbuch womöglich persönlich einsehen. Ist ihm dies nach den Umständen anderer Geschäfte halber oder wegen sonstiger Verhinderung nicht möglich, so kann er — ohne Minderung seiner Verantwortlichkeit — die Einsichtnahme durch einen in seinem Notariate beschäftigten geprüften Rechtspraktikanten und unter bestimmten Voraussetzungen auch durch einen in seinen Diensten stehenden nichtrechtskundigen Notariatsgehilfen bewirken lassen.

Nichtrechtskundige Notariatsgehilfen, welche zur Einsicht des Grundbuchs verwendet werden sollen, müssen das achtzehnte Lebensjahr überschritten haben und mindestens ein Jahr in einem Notariate verwendet gewesen sein.

Will der Notar einen geprüften Rechtspraktikanten oder einen nichtrechtskundigen Notariatsgehilfen ein für allemal zur Vornahme der Buchseinsicht an seiner statt ermächtigen, so hat er dies dem Landgerichtspräsidenten und dem beteiligten Amtsgerichte anzuzeigen und für die Vorstellung dieses seines Stellvertreters bei dem Hypothekenbeamten Sorge zu tragen. Überträgt er die Buchseinsicht nur im einzelnen Falle, so hat er eine entsprechende Sondervollmacht auszustellen.

Dem Präsidenten des Landgerichts ist es vorbehalten, wenn er gegen die Verwendung einer Person zur Buchseinsicht Bedenken trägt, diese Verwendung von Dienstaufsichtswegen zu untersagen. Der Hypothekenbeamte oder Grundbuchbeamte kann, wenn er Anhaltspunkte für die Annahme eines Mißbrauchs hat — vorbehaltlich des Rechts des Notars zur Beschwerde an den Landgerichtspräsidenten — den vom Notar mit der Buchseinsicht Betrauten vorläufig zurückweisen.

Das Staatsministerium der Justiz behält sich vor, wenn ein Notariat sich nicht am Sitze eines Amtsgerichts befindet, in einzelnen Ausnahmefällen zu gestatten, daß der Notar zur Bewirkung der Buchseinsicht und Übermittelung der Ergebnisse der Einsicht sich der Hilfe eines im Hypotheken- oder Grundbuchamte verwendeten Kanzleigehilfen bedient.

§ 94. Die Einsicht eines Auszugs an Stelle der Einsicht des Buches selbst ist mit der Beschränkung gestattet, daß der Auszug in jüngster Zeit ausgestellt oder berichtigt sein muß.

Eine Bestimmung des Begriffs jüngste Zeit ist im Gesetze nicht gegeben. Der Notar hat also nach pflichtmäßigem Ermessen zu verfahren. Er wird annehmen können, daß der Auszug noch gebraucht werden kann, wenn nach den Umständen das Dazwischenkommen einer Änderung in der seit der Ausstellung oder Richtigstellung verflossenen Zeit als unwahrscheinlich betrachtet werden muß. Je nach Lage der Verhältnisse kann hiernach ein vor einer größeren Zahl von Tagen ausgestellter oder berichtigter Auszug noch als in jüngster Zeit ausgestellt betrachtet werden. Immer aber wird der Auszug als in jüngster Zeit ausgestellt oder berichtigt zu gelten haben, wenn seit seiner Ausstellung oder Berichtigung nicht mehr Zeit verflossen ist, als dem ordentlichen Verlaufe nach zur Übermittelung an die Beteiligten und von diesen an das Notariat nötig war.

Zur Erfüllung des Erfordernisses der Richtigstellung des Auszuges bedarf es nicht unbedingt einer förmlichen Bestätigung des Hypothekenamts oder Grundbuchamts auf dem Auszuge selbst. Es kann auch eine auf telegraphischem oder telephonischem Wege erholte Auskunft darüber, ob seit der Ausstellung oder Richtigstellung Änderungen vorgekommen sind, genügen. Anfragen dieser Art sollen jedoch nur dann gestellt werden, wenn es durch die Dringlichkeit und Wichtigkeit der Sache gerechtfertigt wird.

§ 95. Der Notar soll in der Urkunde feststellen, daß er das Grundbuch oder Hypothekenbuch oder einen Auszug daraus eingesehen hat und im letzteren Falle auch angeben, wann die Ausstellung oder die letzte Richtigstellung dieses Auszugs stattgefunden hat. Hat er die Einsicht unterlassen, was nur im Notfalle geschehen darf, so soll er die Unterlassung und deren Grund feststellen.

Zeigt sich bei der Einsichtnahme ein Widerspruch zwischen dem Buchinhalt und dem beabsichtigten Geschäft und bestehen die Beteiligten trotz der Mitteilung hievon auf der Vornahme der Beurkundung, so soll der Notar, wenn er nicht Grund zur Verweigerung seines Dienstes zu haben glaubt, den Widerspruch, die Mitteilung davon an die Beteiligten und deren Beharren auf der Vornahme in der Urkunde feststellen.

Die Feststellungen sollen unbeschadet ihrer Deutlichkeit so kurz wie möglich und so gefaßt sein, daß sie im Texte der Urkunde nicht störend wirken.

Amtssprache, Dolmetscher. Verhandlungen mit Personen, die körperlich behindert sind.

§ 96. Die notariellen Urkunden sollen in deutscher Sprache errichtet werden.

Eine Ausnahme hievon darf nur im Falle des § 2245 des Bürgerlichen Gesetzbuchs bei der Errichtung von Testamenten stattfinden.

(Notariatsgesetz Art. 25 Abs. 1 Satz 2, Gesetz über die Angelegenheiten der freiwilligen Gerichtsbarkeit § 175).

§ 97. Sollen abgesehen von dem Falle des § 2245 B.GB. — rechtsgeschäftliche oder andere — Erklärungen einer Person beurkundet werden, die angibt, der deutschen Sprache nicht mächtig zu sein, so soll der Notar diese Angabe im Protokoll feststellen und, wenn er nicht selbst die fremde Sprache beherrscht, einen beeidigten Dolmetscher beiziehen.

Die Beeidigung des Dolmetschers erfolgt, wenn derselbe nicht für Übertragungen der betreffenden Art im allgemeinen beeidigt ist, in welchem Falle er lediglich unter Berufung auf den geleisteten Eid überträgt, und wenn auch nicht von den Beteiligten auf seine Beeidigung verzichtet wird

(§ 191 des Gerichtsverfassungsgesetzes, § 179 des Gesetzes über die Angelegenheiten der freiwilligen Gerichtsbarkeit, Notariatsgesetz Art. 31)

auf Ersuchen des Notars durch das Amtsgericht.

Das Protokoll ist dem der deutschen Sprache nicht mächtigen Beteiligten durch den Dolmetscher, oder, wenn ein Dolmetscher nicht zugezogen worden ist, durch den Notar in der fremden Sprache vorzutragen und hat die Feststellung zu enthalten, daß dies geschehen ist.

§ 98. Nehmen die Beteiligten im Falle des § 97 auf eine in der fremden Sprache abgefaßte Schrift in ihrer Erklärung Bezug, so soll diese Schrift samt einer von dem Dolmetscher, oder wenn ein solcher nicht beigezogen ist, von dem Notar gefertigten deutschen Übersetzung dem Protokoll als Anlage beigefügt werden. Im Protokoll soll die Beifügung der Schrift und der Uebersetzung festgestellt werden.

§ 99. Ist ein bei der Beurkundung einer Erklärung Beteiligter stumm oder sonst am Sprechen verhindert und auch zu einer schriftlichen Verständigung nicht im stande, was im Protokoll festzustellen ist, so hat der Notar stets einen vereideten Dolmetscher beizuziehen.

Die Beiziehung des Dolmetschers darf auch dann nicht unterbleiben, wenn der Notar glauben würde, selbst sich durch Zeichensprache mit dem Beteiligten verständigen zu können.

Auf die Beeidigung des Dolmetschers, für welche im übrigen § 97 Abs. 2 maßgebend ist, kann nicht verzichtet werden.

(§ 178 des Gesetzes über die Angelegenheiten der freiwilligen Gerichtsbarkeit, Notariatsgesetz Art. 31.)

§ 100. Als Dolmetscher dürfen, wenn es sich um die Beurkundung von Rechtsgeschäften handelt, solche Personen nicht beigezogen werden, welche als Geschäftszeugen nicht beigezogen werden sollen.

(Gesetz über die Angelegenheiten der freiwilligen Gerichtsbarkeit § 180, Bürgerliches Gesetzbuch § 2244 Abs. 1.)

§ 101. Ist ein bei der Beurkundung einer Erklärung Beteiligter stumm oder sonst am Sprechen behindert, schriftliche Verständigung mit ihm jedoch möglich, so hat der Notar zu dem Geschäft einen zweiten Notar oder zwei Zeugen zuzuziehen.

Das Gleiche gilt für den Fall, daß ein Beteiligter taub ist. Dem tauben Beteiligten soll das Protokoll zur Durchsicht vorgelegt werden, auch wenn er es nicht verlangt. Im Protokolle soll festgestellt werden, daß die Vorlegung geschehen ist.

(Gesetz über die Angelegenheiten der freiwilligen Gerichtsbarkeit § 169, Notariatsgesetz Art. 29 Abs. 1, Art. 31.)

§ 102. Ist ein bei der Beurkundung einer Erklärung Beteiligter taub und außerdem nicht im stande, Geschriebenes zu lesen, so soll — unbeschadet der Notwendigkeit der Zuziehung eines zweiten Notars oder zweier Zeugen — zur Verständigung mit ihm eine Vertrauensperson zugezogen werden. Als Vertrauensperson kann auch der zugezogene zweite Notar oder einer der zugezogenen Zeugen oder ein etwa aus sonstigen Gründen zugezogener Dolmetscher dienen.

Die Auswahl der Vertrauensperson ist dem pflichtmäßigen Ermessen des Notars überlassen. Die für Zeugen und Sachverständige erforderlichen Eigenschaften braucht die Vertrauensperson nicht zu besitzen.

Im Protokolle soll festgestellt werden, daß der Beteiligte nach der Ueberzeugung des Notars die Vertrauensperson verstanden hat.

(Gesetz über die Angelegenheiten der freiwilligen Gerichtsbarkeit § 169, Notariatsgesetz Art. 29 Abs. 2, Art. 31.)

§ 103. Ist ein bei der Beurkundung einer Erklärung Beteiligter taubstumm, so ist, je nachdem eine schriftliche Verständigung mit ihm möglich ist oder nicht, nach § 99 oder nach § 101 zu verfahren.

§ 104. Ist ein bei der Beurkundung einer Erklärung Beteiligter blind, so hat der Notar einen zweiten Notar oder zwei Zeugen beizuziehen.

(Gesetz über die Angelegenheiten der freiwilligen Gerichtsbarkeit § 169, Notariatsgesetz Art. 31.)

§ 105. Ist ein bei der Beurkundung einer Erklärung Beteiligter des Lesens und Schreibens unkundig, so bedarf es deshalb allein zur Beurkundung keiner anderen als der gewöhnlichen Form. Erklärt der Beteiligte, daß er auch seinen Namen zum Zwecke der Beisetzung der Unterschrift nicht schreiben könne, so ist, wenn es sich um die Beurkundung von Rechtsgeschäften handelt, diese Erklärung im Protokolle festzustellen, und es ist bei der Vorlesung und Genehmigung ein Zeuge zuzuziehen, wenn nicht schon gemäß § 169 des Gesetzes über die Angelegenheiten der freiwilligen Gerichtsbarkeit ein zweiter Notar oder zwei Zeugen zugezogen sind.

(Gesetz über die Angelegenheiten der freiwilligen Gerichtsbarkeit § 177.)

Bei der Beurkundung von nichtrechtsgeschäftlichen Erklärungen bedarf es dieser Formen nicht. Dem Notar bleibt es jedoch überlassen, wenn es ihm der Wichtigkeit der Sache angemessen erscheint, mit Zustimmung der Beteiligten die gleichen Formen einzuhalten wie bei der Beurkundung von Rechtsgeschäften.

Geschäftszeugen.

§ 106. Abgesehen von den Fällen der §§ 101, 102, 103, 104, 105 ist die Zuziehung zweier Geschäftszeugen oder eines zweiten Notars unbedingt erforderlich

nach § 2233 des Bürgerlichen Gesetzbuchs für die Beurkundung der Testamentserrichtung und nach § 2276 des Bürgerlichen Gesetzbuchs für die Beurkundung eines Erbvertrags, wenn dieser nicht zwischen Ehegatten oder zwischen Verlobten geschlossen und mit einem Ehevertrag in derselben Urkunde verbunden wird.

§ 107. Als Geschäftszeuge darf nicht beigezogen werden, wer minderjährig, wer nicht im Besitze der bürgerlichen Ehrenrechte, wer nach den Bestimmungen der Strafgesetze unfähig ist, als Zeuge eidlich vernommen zu werden.

(Gesetz über die Angelegenheiten der freiwilligen Gerichtsbarkeit § 173 Nr. 1, 2, 3, Notariatsgesetz Artikel 31, Bürgerliches Gesetzbuch § 2237 Nr. 1, 2, 3.)

§ 108. Als Geschäftszeuge darf ferner nicht beigezogen werden:

bei der Beurkundung von Rechtsgeschäften:

1. wer bei der Errichtung einer Urkunde als Beteiligter selbst auftritt oder durch einen andern vertreten ist, sowie derjenige, zu dessen Gunsten in der Urkunde eine Verfügung getroffen wird;
2. wer mit einer der nach Nr. 1 ausgeschlossenen Personen oder mit dem Notar verheiratet ist oder verheiratet war;

wer mit einer der nach Nr. 1 ausgeschlossenen Personen oder mit dem Notar in gerader Linie oder im zweiten Grade der Seitenlinie verwandt oder verschwägert ist,

bei der Beurkundung von Erklärungen überhaupt:

wer als Gesinde oder Gehilfe im Dienste des Notars steht. (Gesetz über die Angelegenheiten der freiwilligen Gerichtsbarkeit § 170, 171, 172, 173 Nr. 4, Notariatsgesetz Art. 31, Bürgerliches Gesetzbuch §§ 2234, 2235, 2236, 2237 Nr. 4.)

§ 109. Als Zeugen dürfen endlich solche Personen nicht beigezogen werden, welche zur Wahrnehmung der Vorgänge wegen körperlicher oder geistiger Gebrechen unfähig sind, sowie solche Personen, welche das Protokoll zu unterschreiben nicht im stande sind.

Personen, welche der deutschen Sprache nicht mächtig sind, können als Geschäftszeugen beigezogen werden; der Notar soll ihnen die Verhandlungen und die Erklärungen der Beteiligten in ihrer Sprache vortragen oder durch den Dolmetscher vortragen lassen. Ist dies nicht möglich, so soll von ihrer Zuziehung als Geschäftszeugen abgesehen werden.

§ 110. Frauen und Ausländer, denen keiner der in den §§ 107, 108, 109 genannten Hinderungsgründe entgegensteht, können als Geschäftszeugen zugezogen werden.

§ 111. Die Sorge für die Beischaffung der zuzuziehenden Zeugen obliegt zunächst den Beteiligten. Der Notar soll ihnen dabei behilflich sein und nötigenfalls die Beischaffung der Zeugen selbst bewirken.

Ein Zwang zum Erscheinen als Geschäftszeuge ist ausgeschlossen, eine förmliche Ladung nicht erforderlich.

§ 112. Der Notar hat zu prüfen, ob die zuzuziehenden Zeugen die vom Gesetze verlangten und vorausgesetzten Eigenschaften besitzen. Unter den mehreren als Zeugen sich darbietenden Personen hat er eine geeignete Auswahl zu treffen.

Hiezu ist erforderlich, daß der Notar die Zuzuziehenden entweder kennt oder doch sich von ihrer Persönlichkeit zuverlässig überzeugt. Eine ausdrückliche Identitätsfeststellung ist gesetzlich nicht vorgeschrieben, jedoch rätlich.

§ 113. Ob die zuzuziehenden Zeugen zu den Beteiligten in einer nach § 108 ihre Mitwirkung hindernden Beziehung stehen, wird der Notar durch Nachfrage bei den Zeugen und Beteiligten ermitteln können; das Gleiche gilt vom Alter der Zeugen und den in § 109 geforderten Eigenschaften, sofern hierüber nach dem Augenschein ein Zweifel sein kann.

Anfragen über den Besitz der bürgerlichen Ehrenrechte und die Eidesfähigkeit zu stellen, wird der Notar soviel wie möglich vermeiden müssen. Es wird seine Sache sein, möglichst solche Zeugen zu wählen, bei denen eine solche Anfrage nicht nötig ist.

Einer ausdrücklichen Feststellung des Vorhandenseins der erforderlichen Zeugeneigenschaften im Protokolle bedarf es nach dem Gesetze nicht.

§ 114. Bei der Auswahl unter den nach dem Gesetze tauglichen Zeugen soll der Notar mit wohlbemessener Rücksicht auf die Wichtigkeit des Geschäfts und die Verhältnisse der Beteiligten verfahren.

Er soll insbesondere nicht unterschiedslos und gewohnheitsmäßig stets die gleichen Personen als Geschäftszeugen zuziehen.

§ 115. Wollen in einem Falle, wo das Gesetz die Zuziehung von Zeugen nicht vorschreibt, die Beteiligten freiwillig solche zuziehen und überlassen sie deren Auswahl dem Notar, so soll dieser hiebei in gleicher Weise wie bei der Auswahl gesetzlich erforderlicher Zeugen verfahren.

Wollen jedoch in solchem Falle die Beteiligten bestimmte Personen als Zeugen zuziehen, so können diese auch ohne Rücksicht auf das Vorhandensein der gesetzlichen Eigenschaften zugelassen werden.

§ 116. Als zweiter Notar darf bei der Beurkundung von Rechtsgeschäften nicht zugezogen werden:

1. Wer bei der Errichtung der Urkunde als Beteiligter selbst auftritt oder durch einen anderen vertreten ist;
2. der Ehegatte einer bei der Errichtung der Urkunden Beteiligten oder Vertretenen, auch wenn die Ehe nicht mehr besteht;
3. wer mit einem bei der Errichtung der Urkunde Beteiligten oder Vertretenen oder mit dem beurkundenden Notar in gerader Linie oder im zweiten Grade der Seitenlinie verwandt oder verschwägert ist;
4. derjenige, zu dessen Gunsten in der Urkunde eine Verfügung getroffen wird;
5. derjenige, welcher mit einer Person, zu deren Gunsten in der Urkunde eine Verfügung getroffen wird, verheiratet oder in gerader Linie oder im zweiten Grade der Seitenlinie verwandt oder verschwägert ist.

(Gesetz über die Angelegenheiten der freiwilligen Gerichtsbarkeit § 170, 171, 172, Bürgerliches Gesetzbuch §§ 2234, 2235, 2236.)

§ 117. Auf den Fall der freiwilligen Zuziehung eines zweiten Notars finden die Vorschriften des § 115 entsprechende Anwendung.

Äußere Form der Urkunden.

§ 118. Der Notar soll zu seinen Urkunden und Akten nur ganz haltbares weißes Papier von dem vorgeschriebenen Formate (33 Zentimeter Höhe und 21 Zentimeter Breite des halben Bogens) verwenden.

Das Gleiche gilt für die von ihm ausgehenden Mitteilungen, Anzeigen, Anträge an andere Behörden und für seine Berichte an die vorgesetzte Stelle.

Das Format des Papiers für die gewöhnliche amtliche Korrespondenz mit den Beteiligten ist dem Ermessen des Notars freigegeben. Das Gleiche gilt bis auf weiteres für das Format der Bücher und Register, welche der Notar zu führen hat.

§ 119. Neben dem Texte der Urkunden soll ein etwa 7 Zentimeter breiter Rand für Berichtigungen und Verweisungen frei bleiben.

Der Rand soll stets nach der Mitte des Bogens hin frei gelassen werden, so daß er sich auf den ersten, dritten, fünften und den weiteren ungeraden Seiten links, auf den übrigen Seiten rechts vom Texte befindet.

Auf den Rand darf keine weitere Urkunde gesetzt werden.

§ 120. Die notariellen Urkunden sollen in der Regel handschriftlich mit haltbarer schwarzer Tinte hergestellt werden.

Die Benützung der Schreibmaschine ist untersagt, ebenso die Verwendung von Stempeln zum Aufdrucken von Beglaubigungsvermerken.

§ 121. Zur Herstellung von Abschriften und Ausfertigungen ist die Verwendung des Buchdrucks, der Autographie und der Lithographie unter der Voraussetzung der vollständigen Lesbarkeit und Haltbarkeit gestattet.

§ 122. Es ist gestattet, den Text einer notariellen Urkunde vor der Verhandlung so vorzubereiten, daß er in der Verhandlung nur mehr der handschriftlichen Ergänzung in einzelnen Punkten und der Unterfertigung bedarf.

Kann der Text einer bestimmten Urkunde schon vor der Verhandlung so genau festgestellt und vorbereitet werden, daß es in der Verhandlung nur mehr der Beifügung des Datums, der Unterschriften und des Siegels bedarf, so ist für den Fall des Bedürfnisses die Verwendung des Buchdrucks, der Autographie und der Lithographie auch für die Herstellung der Urschrift gestattet.

§ 123. Zu den Urschriften einzelner Arten von notariellen Urkunden, welche häufig vorkommen und mit geringen Abweichungen stets denselben Inhalt haben, wie Vollmachten, Wechselproteste, Urkunden über Darlehen von Banken und Sparkassen, dürfen geschriebene, gedruckte, autographierte und lithographierte Formulare, letztere soferne sie ebenso gut lesbar und haltbar sind wie die handschriftlich hergestellten, verwendet werden.

Formulare, worin eine Unzahl von Klauseln, welche nur in einzelnen Fällen zutreffen, zu dem Zwecke aufgenommen ist, um die Verwendung in allen möglichen Fällen zu gestatten, sollen nicht benützt werden.

Den Dienstaufsichtsbehörden bleibt es jederzeit vorbehalten, die Weiterverwendung unzweckmäßiger Formulare zu untersagen.

§ 124. Es ist allgemein zulässig, zu den Urschriften, Ausfertigungen und Abschriften, geschriebene, gedruckte, autographierte oder lithographierte Formulare zu verwenden, in denen lediglich der Eingang der Urkunde und auf dem Rande die vorgeschriebenen Vermerke über die Einträge in die Register, die Erteilung von Ausfertigungen und dergl. vorgesehen sind (Kopfbögen).

§ 125. Bei der Verwendung von vorbereiteten Entwürfen und von Formularen haben die Notare strengstens darauf zu achten, daß nicht zu Gunsten der Aufrechterhaltung des Entwurfs oder der Verwendbarkeit des Formulars der Wille der Beteiligten irgendwie beeinflußt wird.

§ 126. Im inneren Dienste und zur Korrespondenz mit anderen Beamten und Behörden oder mit Privaten ist die Verwendung mechanischer Mittel zur Herstellung des Textes und die Verwendung von Formularen unter der Voraussetzung der Lesbarkeit und Haltbarkeit ohne weitere Beschränkung gestattet.

§ 127. Die Verwendung von Formularen und Entwürfen ist in allen Fällen zu unterlassen, wo die notwendigen Änderungen und Zusätze eine unziemliche Verunstaltung der Urkunde oder des Schriftstücks zur Folge haben würden.

§ 128. Lücken sollen im Texte der Notariatsurkunden nicht willkürlich, sondern nur da gelassen werden, wo es der Übersichtlichkeit wegen, z. B. zur Bildung von Absätzen, erforderlich ist oder wo es sich wegen der Benützung von Formularen nicht umgehen läßt.

§ 129. Die in den notariellen Urschriften, Ausfertigungen, beglaubigten Abschriften gelassenen Lücken, sollen durch Füllstriche gegen nachträgliche Einschaltungen gesichert werden.

Wo nach den Umständen auch ohne Anbringung von Füllstrichen jede nachträgliche Einschaltung sofort als solche auffallen müßte, kann die Anbringung unterlassen werden.

§ 130. Die Füllstriche müssen nicht stets wagrecht laufen, sondern können, insbesondere bei größeren Lücken, auch senkrecht oder schräg gezogen werden, wenn sie nur so eingerichtet sind, daß nachträgliche Einschaltungen nicht erfolgen können, ohne als solche aufzufallen.

Berichtigungen.

§ 131. Werden bei der Errichtung von Urkunden Berichtigungen des Textes notwendig, so sollen sie so vollzogen werden, daß deutlich ersichtlich ist wie der Text vor der Änderung gelautet hat und wie er richtig lauten soll. Es darf deshalb nichts ausgeschabt oder sonst unleserlich gemacht und nichts so ausgestrichen werden, daß der ursprüngliche Text nicht mehr erkannt werden kann. Verboten ist ferner das Einschalten durch Schreiben über einer Zeile oder zwischen den Zeilen, das Überschreiben von Buchstaben und Worten in der Zeile und das Einschieben in zufällige Lücken.

§ 132. Bei der Berichtigung des Textes soll unzweideutig ersichtlich sein, daß die Personen, welche die Urkunde zu genehmigen hatten, auch mit der Anbringung der Berichtigung einverstanden gewesen sind.

Wird im Verlaufe der Urkunde eine Berichtigung in der Art angebracht, daß ein falsches Wort oder eine falsche Zahl unmittelbar darauf unter Beifügung eines erklärenden Zwischenwortes durch das Richtige ersetzt wird

z. B. „vierzehn", lies „fünfzehn"

so gilt diese Änderung als durch die am Schlusse der Urkunde sich findende Billigung der ganzen Urkunde mitgenehmigt und bedarf deshalb keiner besonderen Genehmigung. Wird in dieser Weise eine Mehrzahl von Worten berichtigt, so empfiehlt es sich, die ersetzten Worte samt dem Erklärungsworte der Deutlichkeit halber einzuklammern. Eine größere Zahl von Worten, ein ganzer Satz oder Abschnitt soll nicht in dieser Weise, sondern eher durch Ausstreichen berichtigt werden.

§ 133. Werden im Texte der Urkunde Worte ausgestrichen, so soll dies daneben am Rande der Urkunde oder am Schluß der Urkunde im Texte selbst genehmigt werden.

Der Wortlaut der Genehmigung muß genau ersehen lassen, was als ungiltig ausgestrichen ist.

Es soll deshalb angegeben werden, wie viele Worte oder wie viele ganze Zeilen oder wie viel Zeilen und Worte gestrichen sind.

Wenn die Genehmigung der Streichung am Schlusse der Urkunde erfolgt, soll dabei außerdem angegeben sein, auf welche Seite und in welcher Zeile die Streichung stattgefunden hat; am Rande neben der Streichung soll auf die am Schlusse befindliche Genehmigung verwiesen werden, z. B.

„Genehmigung der Streichung siehe am Schlusse."

Die gestrichenen Worte brauchen, sofern nicht ein besonderer Anlaß dafür besteht, bei der Genehmigung nicht wiederholt zu werden.

Erfolgt die Genehmigung der Streichung am Rande, so ist die Genehmigungsbemerkung von denjenigen Personen zu unterschreiben, welche die Urkunde selbst zu unterschreiben haben.

§ 134. Sollen ausgelassene Worte in den Text der Urkunde eingesetzt werden, so kann dies unter Anbringung von Auslassungszeichen neben dem Texte am Rande oder unter einer entsprechenden Verweisung am Rande auch am Schlusse der Urkunde vor den Unterschriften geschehen.

Geschieht die Beisetzung am Rande, so soll unmittelbar darauf die Genehmigungsbemerkung folgen, in welcher anzugeben ist, wie viele Worte dem Texte zugesetzt werden. Die Genehmigungsbemerkung ist ebenso zu unterschreiben wie bei der Streichung.

§ 135. Ist eine Änderung offenbar unwesentlich und geringfügig, z. B. Durchstreichung eines Wortes, das aus Versehen zweimal hintereinander geschrieben wurde (und und), Ersetzung eines nach den Regeln der Rechtschreibung falschen Buchstabens durch einen anderen und dergleichen, so bedarf es keiner besonderen Genehmigung der Änderung.

§ 136. Zeigt sich die Notwendigkeit der Berichtigung des Textes eines Protokolls erst nach Schluß der Verhandlung und nach Abschluß des Protokolls, so ist über die Berichtigung eine Nachtragsurkunde aufzunehmen, welche im unmittelbaren Anschlusse an die Haupturkunde geschrieben werden soll und nicht in Form eines Protokolls errichtet zu werden braucht.

Diese nachträgliche Berichtigung ist von denselben Personen zu unterschreiben, wie die Haupturkunde und soll mit Datum, Unterschrift des Notars und Amtssiegel versehen sein.

Die Vorschrift des Abs. 1 findet keine Anwendung auf die Fälle, in denen es sich nicht um die Berichtigung eines Versehens im Protokolle, sondern um eine nachträgliche Änderung des Willens der Beteiligten handelt.

In diesen Fällen sind besondere Protokolle aufzunehmen.

§ 137. Ist in einem Protokolle von dem Notar versehentlich die Identitätsfeststellung unterlassen worden, so kann diese in einem Nachtrage zum Protokolle nachgeholt werden. Dieser Nachtrag bedarf der Unterschrift der Beteiligten nicht, ist aber von dem Notar mit dem Datum, Siegel und Unterschrift zu versehen.

Abkürzungen.

§ 138. In notariellen Urkunden sind nur solche Abkürzungen zulässig, welche im täglichen Verkehr üblich und weder im allgemeinen noch nach den Umständen des gegebenen Falles einem Mißverständnisse ausgesetzt sind, wie z. B.

K., Kgl., Königl. für königlich, K. B. für Königlich Bayerisch, Nr. für Nummer, Pl.Nr. für Plannummer u. dergl.

Akürzungen sollen ferner nur in den Fällen angewendet werden, wo sie auch im täglichen Leben regelmäßig gebraucht werden.

Soweit für die Bezeichnung von Münzen, Maßen und Gewichten bestimmte Abkürzungen vorgeschrieben sind, sollen diese gebraucht werden. Vgl. Ges. u. V.Bl. 1877 S. 527, 1897 S. 243, Just. M.Bl. 1874 S. 275, 1884 S. 35.

Zahlen.

§ 139. Zahlen sollen in den notariellen Urkunden mit Ziffern geschrieben werden, soweit dies im allgemeinen Verkehr üblich ist.

Besonders wichtige Zahlen sollen außer mit Ziffern auch mit Buchstaben geschrieben und, wo es nach den Umständen angeht, noch dadurch hervorgehoben werden, daß sie in ihrer Bezeichnung mit Ziffern und mit Buchstaben je in eine eigene, sonst freie Zeile gesetzt werden.

§ 140. Der Übersichtlichkeit der Urkunden wegen dürfen trotz ihrer Wichtigkeit ausschließlich mit Ziffern geschrieben werden:

1. Die Haus- und Katasternummern, Plannummern und Flächenangaben bei der Bezeichnung und Beschreibung von Grundstücken;
2. die Einzelaufzählungen und Einzelansätze (nicht die Gesamtergebnisse) bei Vermögens- und Massenverzeichnissen, Rechnungen und Berechnungen, Schätzungen, Teilungen, Liquidationen, dann die Meistgebote bei der Versteigerung von beweglichen Gegenständen;
3. Zahlenangaben, welche in ein und derselben Urkunde sich wiederholen, wenn sie bei ihrer erstmaligen Aufführung mit Ziffern und Buchstaben geschrieben worden sind.

§ 141. Als besonders wichtige Zahlen sollen immer gelten:

1. Die Zahlen des Datums der Urkunde;
2. die Schuldsummen in Schuldurkunden, die Kaufsummen in Kaufurkunden, und in anderen Urkunden die Summen, welche für diese dieselbe Bedeutung haben, wie die Kaufsummen und Schuldsummen für die Kauf- und Schuldurkunden;
3. die Zahlen, welche die Zeit der Fälligkeit einer Verbindlichkeit bezeichnen (Kündigungstermine, Zahlungstermine).

§ 142. Die Zahlen, welche zur Bezeichnung von in Bezug genommenen Gesetzen, Verordnungen, Entschließungen, öffentlichen und sonstigen Büchern, öffentlichen und sonstigen Urkunden oder von Stellen in solchen dienen, dürfen ausschließlich mit Ziffern geschrieben werden.

§ 143. Wird das Datum der Errichtung einer Urkunde nicht, wie bei Protokollen im Text aufgeführt, sondern, wie bei Beglaubigungen an den Schluß der Urkunde gesetzt, so genügt es, wenn dasselbe nur mit Buchstaben geschrieben wird.

§ 144. Es bleibt den Notaren überlassen, in Fällen, wo nach den vorstehenden Vorschriften Zahlen ausschließlich mit Ziffern geschrieben werden dürfen, aus besonderen Gründen die Zahlenangabe in Buchstaben an die Stelle der Angabe in Ziffern oder neben dieselbe zu setzen.

Leserlichkeit, Verständlichkeit, Übersichtlichkeit.

§ 145. Die notariellen Urkunden sollen deutlich und leserlich geschrieben sein.

Dies gilt insbesondere auch von der Unterschrift des Notars. Der Notar soll in der Art, wie er seine Unterschrift gibt, nicht willkürlich wechseln, damit nicht Zweifel an der Echtheit der Unterschrift entstehen.

§ 146. Die notariellen Urkunden sollen mit deutschen Buchstaben geschrieben werden. Fremdwörter, welche üblicher Weise nicht mit deutschen Buchstaben geschrieben werden, Familiennamen und Anführungen aus fremden Sprachen können auch in Notariatsurkunden mit lateinischen Buchstaben wiedergegeben werden. Auch können lateinische Buchstaben und römische Ziffern zur Bezeichnung von Abschnitten und Absätzen verwendet werden.

Notarielle Urkunden, die zum Gebrauch außerhalb des deutschen Sprachgebiets bestimmt sind, sollen mit lateinischen Buchstaben geschrieben werden, wenn dies von den Beteiligten gewünscht wird. Der Notar soll, wo es nach den Umständen des Falles veranlaßt ist, die Beteiligten hierüber befragen.

§ 147. Bei der Beurkundung von Angaben oder Verfügungen über Geldsummen hat der Notar die über die Währung geltenden Vorschriften zu beachten.

Es sind daher die Geldbeträge in Reichswährung auszudrücken, auch wenn sie von den Beteiligten dem Notar in einer älteren, nun abgeschafften Währung angegeben werden.

Handelt es sich um eine schon früher unter alter Währung begründete Schuld, so ist nach Maßgabe des Artikel 14 § 4 des Münzgesetzes vom 9. Juli 1873 zu verfahren.

Wird die Zahlung einer Schuld in ausländischer Währung vereinbart, so hat der Notar zu ermitteln, ob der Wille der Beteiligten mit den Regeln des § 244 des Bürgerlichen Gesetzbuchs übereinstimmt und andernfalls den abweichenden Willen in der Urkunde festzustellen.

§ 148. Bei der Anführung von Maßen und Gewichten hat der Notar die in den Gesetzen und Verordnungen vorgeschriebenen Bezeichnungen zu gebrauchen und, wenn ihm von den Beteiligten ältere — abgeschaffte — Maße und Gewichte angegeben werden, die für die Angabe einer abgeschafften Währung gegebenen Grundsätze entsprechend anzuwenden.

§ 149. In jeder Urkunde, welche Grundstücke betrifft oder Rechte, welche den Grundstücken gleichstehen, soll die Haus- und Plannummer und, soweit möglich, der Steuerdistrikt und das Katasterfolium angeführt werden.

Ebenso sind nach der Anlegung des Grundbuchs die einschlägigen Stellen des Grundbuchs und in den Landesteilen rechts des Rheins bis dahin die einschlägigen Stellen des Hypothekenbuchs anzuführen.

Es ist darauf zu achten, daß die Bezeichnung und Beschreibung in diesen Büchern übereinstimmt.

§ 150. Jede notarielle Urkunde (Urschrift, Ausfertigung oder Abschrift) soll, wenn sie mehr als einen Bogen umfaßt, mit fortlaufenden Seitenzahlen bezeichnet werden. Die Seitenzahlen sind in der Mitte des oberen Randes anzubringen.

Jede notarielle Urkunde, welche mehr als einen Bogen umfaßt, ist zu heften. Der Heftfaden ist mit dem Siegel, welches die Urkunde abschließt, verlässig anzusiegeln.

In der gleichen Weise sind Vollmachten und andere Beilagen mit der Urkunde zu verbinden.

§ 151. Die Darstellung in den notariellen Urkunden soll deutlich und verständlich, übersichtlich, kurz und bündig sein.

Fremdwörter, die sich nicht auch im Volke eingebürgert haben, und technische Ausdrücke, die nur dem Fachmanne verständlich sind, endlich übermäßig lange Sätze und verwickelte Satzgefüge sollen vermieden werden.

Bei größeren Urkunden ist es nicht nur gestattet, sondern geboten, den Stoff zweckentsprechend in Absätze zu gliedern, den Absätzen Überschriften, Nummern oder Paragraphenbezeichnungen zu geben, besonders Wichtiges durch eigenartige Stellung, stärkere Schrift oder Unterstreichen hervorzuheben, kurz nach bestem Ermessen alles zu thun, was dazu dienen kann, daß der Leser sich in der Urkunde rasch und sicher zurechtfindet. Es ist ferner gestattet, zu gleichem Zwecke am Rande der Urkunde Vermerke und Verweisungen anzubringen.

Bestätigungen und Protokolle.

§ 152. Die notariellen Urkunden haben die Form einfacher Bestätigungen über amtlich wahrgenommene Begebenheiten und Thatsachen, oder die Form von Protokollen d. h. solchen Urkunden, welche bei einer amtlichen Verhandlung über deren Verlauf aufgenommen werden.

Gemeinsame Erfordernisse für alle Arten von notariellen Urkunden.

§ 153. Gemeinsame Erfordernisse für beide Arten von notariellen Urkunden sind: die Bezeichnung des Ortes, die Angabe der Zeit der Errichtung, die Unterschrift des Notars und das Amtssiegel. (Notariatsgesetz Art. 25, vgl. auch Gesetz über die Angelegenheiten der freiwilligen Gerichtsbarkeit § 177 Abs. 3, § 183 Abs. 2).

§ 154. Die Bezeichnung der Zeit und des Ortes der Errichtung der Urkunde soll bei Protokollen in den Eingang, sonst an den Schluß der Urkunde gesetzt werden.

Zur Ortsbezeichnung genügt bei Urkunden, die nicht in Protokollform errichtet werden, in der Regel der Ortsname; bei Protokollen soll noch ersichtlich gemacht werden, ob sie an der Amtsstelle oder sonst innerhalb des genannten Ortes aufgenommen worden sind.

Die Zeit der Errichtung der Urkunde soll nach Tag, Monat und Jahr bezeichnet werden.

§ 155. Die Unterschrift des Notars und das Siegel sollen stets am Schlusse der Urkunde nach den Unterschriften der Beteiligten und der sonst Mitwirkenden beigefügt werden.

Das Unterschreiben mit dem Familiennamen allein genügt für die Unterschrift des Notars. Die Beifügung von Vornamen ist gestattet. Der Notar soll auch in dieser Beziehung bei der Anbringung seiner Unterschrift stets gleichmäßig verfahren. Zur Unterschrift soll in allen Fällen zur Bezeichnung der Amtseigenschaft der Zusatz

„K. Notar"

gemacht werden (Notariatsgesetz Art. 25 Abs. 2).

Das Siegel soll möglichst neben oder unter die Unterschrift des Notars gesetzt werden. Ob das Trockensiegel (Lacksiegel, Oblatensiegel) oder das Farbdrucksiegel (Schwarzdrucksiegel) angewendet werden soll, richtet sich nach dem Bedürfnisse des einzelnen Falles. Wo das Siegel zur Sicherung eines Verschlusses oder zum Festhalten von Schnur und Faden und dergl. benützt werden soll, wird das Trockensiegel zu benützen sein, im übrigen wird das Farbdrucksiegel verwendet werden können. Die Anbringung des Farbdrucks beim Ansiegeln mittels Oblate ist nicht ausgeschlossen.

Andere als die amtlich gelieferten Siegel zur Fertigung von Urkunden zu verwenden, ist dem Notar verboten. Privatsiegel oder Stempel dürfen nicht zur Verwendung kommen.

§ 156. Allen notariellen Urkunden mit Ausnahme der Beglaubigung von Unterschriften und Handzeichen und der Beglaubigungen unter vorgelegten Abschriften sollen Überschriften gegeben werden, die den Gegenstand kurz bezeichnen, wie „Kaufvertrag", „Pachtvertrag", „Testament", „Versteigerung", „Schuldbekenntnis", „Hypothekbestellung", „Hinterlegungsschein".

Umständliche Überschriften sollen ebenso vermieden werden, wie zu allgemeine (nicht: Vertrag, Verhandlung, Protokoll). Bei Abschriften lautet die Überschrift: „Abschrift" oder „Beglaubigte Abschrift", bei Ausfertigungen: „Ausfertigung" oder „Vollstreckbare Ausfertigung".

§ 157. Allen Urkunden, die im Geschäftsregister vorgetragen werden, ist die Geschäftsregisternummer voranzustellen.

Sie soll bei den Urkunden, welche eine Überschrift haben, oberhalb der Überschrift, bei den übrigen Urkunden vor dem Beginne des Textes angebracht werden. Es genügt das abgekürzte Nummerzeichen, z. B. „Nr. 10" oder Gesch. R. Nr. 10".

§ 158. Bei jeder Urschrift und Ausfertigung einer notariellen Urkunde sind die Kosten, ausgeschieden nach Gebühren und Auslagen des Notars, Gebühren des Staates und Besitzveränderungsabgabe der Gemeinde zu vermerken. Der Vermerk soll auch eine Verweisung auf die Gebührenregister enthalten. Er bedarf keiner Unterzeichnung und keiner Siegelung.

Der Vermerk soll bei der Beglaubigung von Unterschriften, Handzeichen und vorgelegten Abschriften seitwärts oder unterhalb der Beglaubigung, bei allen anderen notariellen Urkunden aber auf dem freien Rande der ersten Seite links neben dem Texte angebracht werden.

Bei der Erteilung von Abschriften notarieller Urkunden genügt die Anführung der auf die Abschrift erwachsenen Kosten, bei Ausfertigungen sind die sämtlichen Kosten, also auch die auf die Beurkundung selbst erwachsenen, aufzuführen.

§ 159. Es wird dem Notar empfohlen, zum Zwecke der Erleichterung des Auffindens der Urschriften in der Sammlung auf dem Rande der ersten Seite links oben die Zeit der Errichtung kurz zu vermerken und allenfalls auch die Registernummer dort beizufügen.

Besondere Vorschriften für die Protokolle.

§ 160. Die Protokollform ist für notarielle Urkunden die *regelmäßige* Form.

Sie ist insbesondere *unerläßlich* für die Beurkundung von Rechtsgeschäften. (Notariatsgesetz Art. 26 Abs. 1; Gesetz über die Angelegenheiten der freiwilligen Gerichtsbarkeit § 175.)

Die Protokollform ist *ausgeschlossen* für die Beglaubigung von Unterschriften und Handzeichen und von Abschriften. (Gesetz über die Angelegenheiten der freiwilligen Gerichtsbarkeit § 183, Notariatsgesetz Art. 34.)

Die Protokollform ist nicht *erforderlich* für die Beurkundung von Zustellungen, die Ausstellung von Lebensbescheinigungen und ähnlichen einfachen Zeugnissen.

Hieher gehören insbesondere auch Bestätigungen über den Inhalt von Urkunden und Akten, Verlassenschaftszeugnisse des älteren Rechts, soweit sie von den Notaren auszustellen sind, Hinterlegungsscheine u. dgl. (Notariatsgesetz Art. 33).

§ 161. Die *Protokolle* sollen außer den für alle Urkunden erforderlichen Angaben über Zeit und Ort der Errichtung und Siegel und Unterschrift des Notars enthalten:

1. Die Bezeichnung der Personen, deren Erklärungen beurkundet werden — der Beteiligten — und die Feststellung ihrer Identität;
2. die Bezeichnung der Personen, die bei der Beurkundung mitwirken, also die Bezeichnung des Notars, des zugezogenen zweiten Notars, der zugezogenen Zeugen, des zugezogenen Dolmetschers;
3. die Darstellung des zu beurkundenden Vorganges, also insbesondere die Erklärungen der Beteiligten;
4. die Feststellung darüber, daß der Protokollinhalt vorgelesen, durchgelesen, von den Beteiligten und gegebenenfalls auch vom Dolmetscher genehmigt und unterschrieben ist;
5. die Unterschriften der Beteiligten;

6. die Unterschriften der außer dem Notar mitwirkenden Personen.

(Notariatsgesetz Artikel 26 Abs. 2, Artikel 31, Gesetz über die Angelegenheiten der freiwilligen Gerichtsbarkeit §§ 176, 177, Bürgerliches Gesetzbuch §§ 2241, 2242, 2244.)

§ 162. Die bisher bei der Abfassung notarieller Urkunden übliche Reihenfolge:

1. Bezeichnung der Zeit der Errichtung, des Notars und des Orts der Errichtung;
2. Bezeichnung der Beteiligten;
3. Bezeichnung der Zeugen, Dolmetscher unter Angabe des Grundes ihrer Zuziehung;
4. Darstellung des Vorgangs, der Erklärungen;
5. Feststellung der Verlesung, Genehmigung der Unterzeichnung;
6. Unterschriften der Beteiligten, dann der Zeugen, Dolmetscher rc.;
7. Unterschrift des Notars;
8. Siegel

kann als für die Regel zweckentsprechend auch künftig beibehalten werden.

Ist nach der Beschaffenheit des Falles eine Abweichung hievon veranlaßt, so bleibt es dem Notar unbenommen, die Anordnung des Stoffes den besonderen Verhältnissen anzupassen und insbesondere die Beteiligten und Mitwirkenden anderweit an entsprechender Stelle aufzuführen.

Unterschrift und Siegel des Notars ist stets am Schlusse beizusetzen (§ 155 Abs. 1).

§ 163. Die Bezeichnung des Notars soll nach Vor- und Zunamen, Amtseigenschaft und Amtssitz erfolgen, die Bezeichnung der sonst bei der Beurkundung Mitwirkenden und der Beteiligten so genau, daß möglichst jeder Zweifel und jede Verwechselung ausgeschlossen ist. Es soll also jedenfalls Vor- und Zuname — bei mehreren Vornamen mindestens der Rufname —, Stand oder Gewerbe und der Wohnort angegeben, und wo wegen häufigen Vorkommens gleicher Namen an einem Orte ein besonders kennzeichnender Beiname vorhanden ist, auch dieser aufgeführt werden. Die genauere Bezeichnung durch

Beifügung der Hausnummer und dergl. ist, wo sie in der Bevölkerung üblich ist, nicht nur gestattet, sondern kann den Umständen nach geboten sein.

Ehefrauen sind mit dem Familiennamen ihres Mannes zu bezeichnen; die Beifügung des Mädchennamens mit einem entsprechenden Beiworte (geborene, geb.) ist gestattet und unter Umständen angezeigt.

§ 164. Die Feststellung der Identität soll im Protokoll in der Regel bei der erstmaligen Bezeichnung der Beteiligten erfolgen. Ist dies wegen des Umfanges der Feststellungsbemerkung unzweckmäßig oder ist es aus sonst einer Ursache nicht geschehen, so kann die Feststellung auch an einer anderen passenden Stelle des Protokolls, insbesondere am Schlusse nachgeholt werden.

Der Notar soll aber davon am Rande neben der Stelle, wo die Beteiligten erstmals aufgeführt sind, auf die spätere Feststellung durch einen kurzen Vermerk verweisen. Die Verweisung bedarf keiner Genehmigung oder Unterzeichnung.

Die Vorschriften in Abs. 1 und 2 finden auf die Feststellung der Identität von Mitwirkenden, wenn solche im Protokoll erfolgt, entsprechende Anwendung.

§ 165. Die Feststellung über die Genehmigung und Unterzeichnung kann wie bisher an den Schluß des Textes und **vor** die Unterschriften der Beteiligten gesetzt werden.

Die bisher übliche kurze Formel

„Vorgelesen, genehmigt und unterschrieben“

ist mit Rücksicht auf den Wortlaut des § 177 des Gesetzes über die Angelegenheiten der freiwilligen Gerichtsbarkeit und des Artikel 26 Abs. 3 des Notariatsgesetzes zu ergänzen durch Aufnahme einer Bemerkung über die Genehmigung durch die Beteiligten und gegebenenfalls durch den Dolmetscher, über die Eigenhändigkeit ihrer Unterschrift, endlich darüber, ob der Notar die Urkunde selbst vorgelesen, oder doch durchgelesen hat. Sie wird also etwa zu lauten haben:

„Vorgelesen vom Notar, von den Beteiligten genehmigt und eigenhändig unterschrieben“

oder

„Vorgelesen, vom Notar durchgelesen, von den Beteiligten genehmigt und eigenhändig unterschrieben“.

§ 166. Die Unterschriften der Beteiligten sollen unmittelbar unter der sie ankündigenden Unterschriftsklausel und über den Unterschriften der Mitwirkenden und dem Siegel stehen.

Der Beteiligte hat stets seinen eigenen, persönlichen Namen zu unterschreiben. Es soll nicht zugelassen werden, daß der Vertreter den Namen des Vertretenen, der Kaufmann den von seinem persönlichen Namen verschiedenen Firmennamen unterschreibt.

Die Beteiligten sollen veranlaßt werden, mit Vor- und Zunamen zu unterschreiben. Der Notar soll darauf sehen, daß kein Widerspruch zwischen der Bezeichnung der Beteiligten im Protokoll und ihrer Unterschrift besteht, und soll gegebenenfalls für die Berichtigung des Protokolls Sorge tragen.

Geben Vertreter von Gesellschaften, Vereinen, juristischen Personen an, ihrer Unterschrift nach den Satzungen den Stempel der Gesellschaft beifügen zu müssen, so kann dies, wenn es die Urkunde nicht verunstaltet, gestattet werden. Ebenso ist ein handschriftlicher Zusatz über Vertretungs- und Firmenverhältnis gestattet.

§ 167. Erklärt ein Beteiligter, daß er nicht schreiben könne, so muß bei der Beurkundung von Rechtsgeschäften diese Erklärung im Protokolle festgestellt werden und — falls nicht schon aus anderem Grunde die Zuziehung zweier Zeugen oder eines zweiten Notars erfolgt ist — bei der Vorlesung und Genehmigung ein Zeuge beigezogen werden.

Handelt es sich nicht um die Beurkundung eines Rechtsgeschäfts, so bedarf es nach dem Gesetze weder der Feststellung im Protokolle noch der Beiziehung eines Zeugen. Der Notar soll indessen, wo es ihm rätlich erscheint, auch in solchen Fällen eine entsprechende Feststellung im Protokolle vornehmen.

Daß Personen, die des Schreibens unfähig sind, durch Beifügung von Kreuzen unterzeichnen, ist im Gesetze nicht vorgesehen. Es ist jedoch — unbeschadet der gesetzlichen Pflicht zur Feststellung der Unfähigkeit des Beteiligten zu schreiben — gestattet, diese Zeichen unter einer entsprechenden Bemerkung beifügen zu lassen. Den Notaren wird anheimgegeben, von dieser Ermächtigung insbesondere dort, wo bisher das Unterkreuzen allgemein üblich war, im Interesse der Beteiligten

Gebrauch zu machen. Ein Zwang zur Beifügung der Kreuze darf nicht stattfinden.

§ 168. Die neben dem Notar Mitwirkenden sollen womöglich unterhalb der Unterschriften der Beteiligten mit Vor- und Zunamen unterschreiben. Den Unterschriften beizusetzen „als Zeuge“, „als zweiter Notar“, „als Dolmetscher“ ist gestattet.

§ 169. Der Notar hat bei der Verhandlung sowohl wie bei dem Verlesen des Protokolls und bei dem Unterschreiben durch die Beteiligten und Mitwirkenden anwesend zu sein, der zugezogene Dolmetscher bei der Beurkundung, der Vorlesung, der Genehmigung und der Unterzeichnung des Geschäfts, zu dessen Beurkundung er zugezogen ist; die Zeugen und der zweite Notar haben — abgesehen von der Testamentserrichtung und vom Erbvertrag, wo sie der ganzen Verhandlung anzuwohnen haben — jedenfalls bei der Vorlesung, Genehmigung und Unterzeichnung des Geschäfts, zu dem sie zugezogen sind, anwesend zu sein.

(Gesetz über die Angelegenheiten der freiwilligen Gerichtsbarkeit § 174, Notariatsgesetz Artikel 31, Bürgerliches Gesetzbuch § 2239.)

§ 170. Daß die Beteiligten bei der Beurkundung ihrer Erklärungen und der Verlesung des Beurkundeten anwesend zu sein haben, ergibt sich aus der Natur der Sache.

In wie weit sie bei der Beurkundung der Erklärungen solcher Personen, die an dem Geschäfte mit oder neben ihnen beteiligt sind, anwesend sein müssen, ist nach der Art der einzelnen Geschäfte zu beantworten.

Es wird darauf hingewiesen, daß für den Adoptionsvertrag, für den Ehevertrag, den Erbvertrag und das Auflassungsgeschäft im Bürgerlichen Gesetzbuche (§§ 925, 1015, 1434, 1750, 2276, 2290) gleichzeitige Anwesenheit beider Teile verlangt, im übrigen aber für die Verträge, welche notarieller Beurkundung bedürfen, die gesonderte Aufnahme der beiderseitigen Erklärungen gestattet ist (§ 128 B.GB.). Wegen der Auflassung bei Versteigerungen vgl. Art. 82 des Ausführungsgesetzes zum B.GB.

§ 171. Werden in einem Protokolle verschiedene Rechtsgeschäfte nacheinander beurkundet, so kann das Vorlesen, Genehmigen und Unterschreiben für die einzelnen Rechtsgeschäfte gesondert stattfinden.

Dies gilt namentlich für Versteigerungen, wenn nicht sämtliche Ansteigerer bis zum Schlusse der ganzen Versteigerung beisammen bleiben, sondern diejenigen Meistbietenden, welche früher zum Zuge gekommene Gegenstände ersteigert haben, sich an der Versteigerung nicht weiter beteiligen wollen. Es besteht kein Bedenken dagegen, daß ein solcher Beteiligter sofort nach der Beurkundung seines Meistgebots unterschreibt und sich entfernt, während die Unterschrift des Versteigerers und Siegel und Unterschrift des Notars erst nach der Beurkundung der ganzen Verhandlung mit Wirksamkeit für alle Einzelakte am Schlusse der Urkunde beigesetzt wird.

Das gleiche Verfahren kann auch bei anderen ähnlich gelagerten Fällen z. B. bei der Zusammenfassung einer Mehrzahl von Grundabtretungen zu öffentlichen Zwecken sich als zweckmäßig erweisen.

§ 172. Kann eine Verhandlung nicht in ununterbrochenem Fortlauf am nämlichen Tage vollendet werden, so ist es Sache des Notars, nach Lage des einzelnen Falles zu bemessen, ob bei der Vertagung der Verhandlung das Protokoll von den Beteiligten und Mitwirkenden zu unterschreiben und förmlich abzuschließen und im nächsten Termin über die Fortsetzung der Verhandlung ein neues selbständiges Protokoll aufzunehmen ist, oder ob das Protokoll ohne förmlichen Abschluß im nächsten Termine einfach fortzusetzen ist.

Wird das letztere Verfahren eingehalten, so ist dies im Protokolle unter Bezeichnung des Tages der Fortsetzung genau festzustellen.

Ist bei der Vertagung zur Fortsetzung der Verhandlung ungewiß, wann der nächste Termin stattfinden kann, oder kann dieser nicht in nächster Zeit stattfinden, so soll stets das Protokoll über den ersten Teil der Verhandlung abgeschlossen und über die Fortsetzung ein neues Protokoll aufgenommen werden.

Abgabe von Urschriften, Erteilung von Ausfertigungen.

§ 173. Die Urschriften der notariellen Protokolle bleiben — soweit nicht in besonderen Vorschriften anderes bestimmt ist — in der Verwahrung des Notariats.

Die Urschriften der notariellen Urkunden, welche nicht die Form von Protokollen, sondern die Form einfacher Bestätigungen haben — Beglaubigung von Abschriften, Unterschriften und Handzeichen, Zustellungsurkunden, Lebensbescheinigungen und ähnliche einfache Zeugnisse (Art. 33 des Notariatsgesetzes) — sind den Beteiligten auszufolgen.

Wird für eine Urkunde freiwillig die vom Gesetze nicht verlangte Protokollform gewählt, so kann den Beteiligten ebenso die Urschrift ausgefolgt werden, wie wenn die Form einer einfachen Bestätigung gewählt wäre.

§ 174. Wechselproteste sind stets in Urschrift auszufolgen.

§ 175. Die Protokolle über Vollmachten, über Zurücknahme von Vollmachten, über Empfangsbescheinigungen (Quittungen), über Mahnungen und Kündigungen sind den Beteiligten auf Verlangen in Urschrift hinauszugeben.

§ 176. Werden Erklärungen, welche von den Beteiligten einer Behörde gegenüber abzugeben sind, nicht unmittelbar vor dieser mündlich gemacht, sondern zu notariellem Protokoll abgegeben, um alsdann an die Behörde übermittelt zu werden, so ist auf Verlangen das Protokoll in Urschrift den Beteiligten auszuhändigen oder in deren Namen der Behörde vorzulegen.

Dies gilt insbesondere für Anzeigen, Ersuchen und Anträge jeder Art, für Anmeldungen bei den Registerbehörden und für Beschwerden, Protestationen, Gesuchen um Vormerkung, Eintragungs- und Löschungsbewilligungen, aber auch für die nach den §§ 1342, 1491 Abs. 1, 1492 Abs. 1, 1577 Abs. 2, 1597 Abs. 1, 1662, 1706, 1945, 2198 des Bürgerlichen Gesetzbuchs abzugebenden Erklärungen.

§ 177. Ist zum Zwecke der Benützung einer Urkunde im Auslande die Urschrift erforderlich, so ist sie dem Beteiligten auf Ersuchen auch dann auszufolgen, wenn sie nach den sonst geltenden Regeln in der Urkundensammlung des Notariats zu verbleiben hätte. Es ist jedoch in diesem Falle stets auf Kosten des Beteiligten, der die Urschrift erhält, eine Ausfertigung in der Urkundensammlung des Notariats zurückzubehalten.

Zum Nachweise des Bedürfnisses wird in der Regel die glaubhafte Versicherung der Beteiligten genügen.

§ 178. Urkunden, welche inhaltlich keine selbständige Bedeutung haben, sondern zur Ergänzung einer anderen, bei einem anderen bayerischen Notariate aufgenommenen und in dessen Urkundensammlung verwahrten Urkunde gehören z. B. Urkunden über Nachtrags-, Genehmigungs- und Zustimmungserklärungen, sollen auf Antrag der Beteiligten in Urschrift an das andere Notariat abgegeben werden, damit sie dort im unmittelbaren Anschlusse an die Haupturkunde verwahrt (§ 64 Nr. 1) und zugleich mit der Haupturkunde ausgefertigt werden können.

Der Notar soll, wo dieses Verfahren zweckmäßig erscheint, den Beteiligten die Benützung dieser Vorschrift nahe legen. Die Beteiligten können verlangen, daß auf ihre Kosten eine beglaubigte Abschrift zurückbehalten wird.

§ 179. An Stelle der Urschriften, welche in der Urkundensammlung der Notariate verbleiben, erhalten die Beteiligten auf Verlangen Ausfertigungen. (Art. 39 des Notariatsgesetzes.)

§ 180. Die Ausfertigungen beginnen mit der Überschrift „Ausfertigung";
unmittelbar darauf folgt eine genaue Abschrift der Urschrift, und den Schluß bildet der Ausfertigungsvermerk:

„Vorstehende, mit der Urschrift übereinstimmende Ausfertigung wird hiemit dem . . . . (Bezeichnung des Beteiligten) als Beteiligten (oder als dem Erben rc. des Beteiligten N. N.) auf Ansuchen erteilt."

A., den . . . . .

Z.

(Siegel.) K. Notar.

§ 181. Wenn einer Urschrift behördliche Beschlüsse oder Genehmigungs- oder Vollzugsbestätigungen, z. B. hypothekenamtliche Bestätigungen über erfolgte Einträge im Hypothekenbuche beigesetzt sind, so soll in der Ausfertigung die Abschrift dieser Beschlüsse und Bestätigungen unmittelbar an die Abschrift der Haupturkunde angereiht und der Ausfertigungsvermerk an den Schluß des Ganzen gesetzt werden.

Gehören Beilagen zu einer auszufertigenden Urschrift, so soll in gleicher Weise verfahren, oder es sollen die Beilagen im Ausfertigungsvermerk ausdrücklich und einzeln aufgeführt und als mitausgefertigt bezeichnet und unter besonderer Beglaubigung beigeheftet werden.

z. B. am Schlusse der Haupturkunde

„Vorstehende . . . . . . erteilt (wie im § 180)"

„Mit ausgefertigt sind die angehefteten Beilagen, nämlich:

1) . . . .
2) . . . .
3) . . . .

A., den . . . . .

Z.

(Siegel.) K. Notar.

und am Schlusse der Beilagen:

„Die Übereinstimmung der vorstehenden Abschriften mit der der Urkunde vom . . . . . . Nr. . . . . als Beilage beigefügten Hauptschrift wird hiemit bezeugt"

A, den . . . . .

Z.

(Siegel.) K. Notar.

§ 182. Wird die Ausfertigung dem Rechtsnachfolger eines Beteiligten erteilt, so ist im Ausfertigungsvermerke die Thatsache und die Art der Rechtsnachfolge ersichtlich zu machen. (Vgl. das Beispiel zu § 180.)

§ 183. Hat eine Urkunde durch eine spätere Urkunde Abänderungen oder Zusätze erhalten, so darf von der älteren, später abgeänderten Urkunde allein keine Ausfertigung mehr erteilt werden, sondern es ist in die Ausfertigung stets auch die Urkunde über die Abänderungen oder Zusätze mit aufzunehmen.

§ 184. Die Ausfertigungen von notariellen Urkunden über die Übertragung einer Hypothekforderung können auf die Ausfertigung der Hypothekurkunde geschrieben oder dieser beigeheftet werden.

Für die Zeit nach der Anlegung des Grundbuchs bleiben hierüber besondere Vorschriften vorbehalten.

§ 185. Die Ausfertigungen können nur von dem Notar erteilt werden, der die Urschriften in seiner dauernden Verwahrung hat. (Art. 39 Abs. 2 des Notariatsgesetzes.)

Ob der Notar, welcher die Ausfertigung erteilt, die Urkunde selbst errichtet oder von einem anderen Notar, einem Vorgänger oder Amtsverweser übernommen hat, ist ohne Belang. Eine Bemerkung hierüber im Ausfertigungsvermerk ist nicht erforderlich.

§ 186. Für die Vollstreckbarkeit der notariellen Urkunden und die Erteilung vollstreckbarer Ausfertigungen sind in erster Reihe die Bestimmungen der Civilprozeßordnung (C.P.O. §§ 794, 724 bis 793, 795, 797 bis 800), außerdem in den Landesteilen rechts des Rheins die Artikel 127 bis 134, 136 bis 139, in der Pfalz die Artikel 220, 221 des Ausführungsgesetzes zur Civilprozeßordnung in Verbindung mit Artikel 166 Nr. XVI des Ausführungsgesetzes zum Bürgerlichen Gesetzbuche maßgebend (Art. 45 des Notariatsgesetzes).

Daneben sind die Bestimmungen in den §§ 179 bis 185 dieser Geschäftsordnung entsprechend anzuwenden.

Die Überschrift der vollstreckbaren Ausfertigungen von notariellen Urkunden soll

„Vollstreckbare Ausfertigung"

heißen, der Ausfertigungsvermerk soll lauten:

„Vorstehende, mit der Urschrift übereinstimmende Ausfertigung wird dem u. s. w. (Bezeichnung des Beteiligten) zum Zwecke der Zwangsvollstreckung erteilt."

§ 187. Jede Erteilung einer Ausfertigung ist auf der Urschrift zu vermerken.

Der Vermerk soll auf der ersten Seite der Urschrift seitwärts am Rande, womöglich in der unteren Hälfte des Randes, angebracht werden und soll ersehen lassen, ob eine vollstreckbare oder eine einfache Ausfertigung erteilt worden ist, wann sie erteilt worden ist und wem sie erteilt worden ist. Einer Unterzeichnung bedarf der Vermerk nicht. Können die Vermerke nicht auf der vorgeschriebenen Stelle angebracht werden, so soll dort auf die Stelle verwiesen werden, wo sie sich finden.

Legalisation.

§ 188. Notarielle Urkunden, welche zum Zwecke der Benutzung im Auslande der gerichtlichen Beglaubigung (Vertrag mit Österreich-Ungarn vom 25. Februar 1880 und 13. Juni 1881 RGBl. 1881 S. 4 und 253) oder der gerichtlichen und ministeriellen Beglaubigung bedürfen, sind auf Antrag der Beteiligten vom Notar dem Präsidenten des Landgerichts mit der Bitte um Bewirkung der Beglaubigung und um Rückleitung oder Vorlage an das Staatsministerium der Justiz einzureichen (Artikel 31 des Ausführungsgesetzes zum Gerichtsverfassungsgesetze).

Der Notar soll die Beteiligten, soweit es veranlaßt ist, auf die Notwendigkeit der Beglaubigung aufmerksam machen.

Ist nach den Vorschriften des anzuwendenden ausländischen Rechts der Konsul oder der Gesandte ermächtigt, die Beglaubigung ohne Zwischenbeglaubigung seitens der Gerichte und Ministerien unmittelbar selbst vorzunehmen, und ist die Beglaubigung auf diesem Wege nach den Umständen leichter zu erlangen als auf dem Wege der Vermittelung durch den Landgerichtspräsidenten und die Ministerien, so ist die Erwirkung der unmittelbaren Beglaubigung gestattet und angezeigt.

Die Notare werden für die Fälle der Legalisation auf die in den besonderen Bekanntmachungen des Staatsministeriums der Justiz enthaltenen Mitteilungen über die Notwendigkeit der Beifügung von Abschriften und die Legalisationsgebühren bei den einzelnen fremden Staaten aufmerksam gemacht.

Gestattung der Einsicht, Erteilung von Abschriften.

§ 189. Die Einsicht der Urkunden und Akten ist den Beteiligten, deren Erben und Rechtsnachfolgern und den Bevollmächtigten dieser Personen — soweit ihre Beteiligung reicht — ohne weitere Voraussetzungen, anderen Personen nur dann zu gestatten, wenn sie ein berechtigtes Interesse glaubhaft machen oder die Zustimmung der Beteiligten beibringen.

Die Entscheidung über die Gestattung der Einsicht hat zunächst der Notar zu treffen. Eine vorherige Anfrage bei den Dienstaufsichtstellen findet nicht statt.

§ 190. Den mit der Ausübung der Dienstaufsicht betrauten Justizbeamten und den mit der Überwachung und Prüfung des Hinterlegungs- und Gebührenwesens der Notariate beauftragten Finanzbeamten ist die Einsicht nach Maßgabe der Artikel 65, 66 des Notariatsgesetzes, den Steuerbehörden nach Maßgabe der Steuergesetze, den Staatsanwälten, Untersuchungsrichtern und Gerichten einschließlich der Verwaltungsgerichte und Disziplinargerichte nach Maßgabe der bestehenden Prozeßgesetze zu gestatten.

§ 191. Auch den zur Wahrnehmung der Angelegenheiten der freiwilligen Gerichtsbarkeit — einschließlich des Grundbuchwesens und Hypothekenwesens — berufenen Behörden sowie den übrigen Staatsbehörden soll auf Ersuchen im dienstlichen Interesse die Einsicht der Urkunden und Akten, Bücher und Register gestattet werden.

Sollte jedoch aus der Einsichtnahme nach der Anschauung des Notars eine Gefährdung der berechtigten Interessen der Beteiligten oder eine erhebliche Störung des notariellen Dienstes zu besorgen sein, so ist hierüber vorerst im Dienstaufsichtswege zu berichten.

§ 192. Der Notar hat bei der Gestattung der Einsichtnahme die zur Sicherung der Urkunden und Akten nötigen Maßregeln zu treffen.

Die Abgabe von Urkunden und Akten in die Wohnung der einsichtsberechtigten Privaten zum Zweck der Einsichtsnahme ist nicht gestattet.

§ 193. Für die Versendung von Büchern und Registern, Urkunden und Akten zum Zwecke der Einsichtsnahme durch Einsichtsberechtigte gelten die besonderen Vorschriften der §§ 194—198.

§ 194. Die von den Notaren zu führenden Bücher und Register sollen außer dem Falle der nach dem Gesetze durch gerichtlichen Beschluß erfolgten Anordnung der Vorlage in Strafsachen oder in Bürgerlichen Rechtsstreitigkeiten nur den Dienstaufsichts- und den Disziplinarbehörden der Notare auf deren Anordnung übersendet werden.

§ 195. Die Versendung von Verlassenschaftsakten und Zwangsversteigerungsakten soll unter den gleichen Voraussetzungen erfolgen, wie bei den Gerichten.

§ 196. Die Versendung von Urschriften aus der allgemeinen Urkundensammlung hat zu erfolgen:

a) Wenn zur Rechtswirksamkeit des beurkundeten Geschäfts eine Bestätigung, Genehmigung oder Zustimmung erforderlich ist und die Beteiligten die Versendung der Urschrift zum Zwecke der Beibringung dieser Bestätigung, Genehmigung oder Zustimmung beantragen; der Notar soll nötigenfalls die Beteiligten zur Äußerung über die

Versendung und darüber veranlassen, ob sie die Zurückhaltung einer Abschrift oder Ausfertigung in der Urkundensammlung auf ihre Kosten beantragen;

b) wo nach den bis zur Anlegung des Grundbuchs fortgeltenden Regeln des bisherigen Liegenschaftsrechts die Vorlage von Urschriften an die Hypothekenämter oder nach den für die Grundbuchanlegung erlassenen Bestimmungen die Vorlage von Urschriften an die mit der Anlegung des Grundbuchs betrauten Beamten oder Behörden vorgeschrieben ist;

c) in den Fällen, in welchen die Notare nach § 190 die Einsicht zu gestatten haben, wenn die Vorlegung der Urschrift als erforderlich bezeichnet wird.

Soweit die Anordnung zur Vorlage von den Aufsichts- und Disziplinarbehörden ausgeht, bestimmen diese selbst, ob der Notar eine Ausfertigung zurückbehalten soll, im Falle der Einholung von Urschriften durch die Finanzbehörden bestimmt es auf Anfrage des Notars der Landgerichtspräsident, in den übrigen Fällen bestimmt es der Notar selbst.

Der Notar soll von der Zurückbehaltung einer Ausfertigung nur dann absehen, wenn eine Verlustgefahr nach den Umständen unwahrscheinlich ist und das alsbaldige Zurückgelangen der Urkunde in sicherer Aussicht steht. Zweifel hierüber können durch Anfrage bei den ersuchenden Behörden behoben werden.

Die Versendung von Urschriften aus der allgemeinen Urkundensammlung kann auch im Falle § 191 erfolgen, wenn sie nach den Umständen zweckmäßig und nach dem Ermessen des Notars unbedenklich erscheint. Die Zurückbehaltung einer Ausfertigung findet nicht statt. Ist der Fall so gelagert, daß der Sicherheit wegen bei Versendung der Urschrift eine Ausfertigung zurückbehalten werden müßte, so soll nicht die Urschrift versendet, sondern der ersuchenden Behörde anheimgestellt werden, eine Abschrift zu verlangen.

§ 197. Die Versendung darf niemals an Private, sondern immer nur an Behörden (Gerichte, Notariate und sonstige Staatsbehörden) geschehen, welche um die Übermittelung ersucht haben oder zur Vermittelung der Einsichtsgestattung bereit sind.

§ 198. Bei der Versendung hat der Notar sorgfältigst die nach Lage der Sache veranlaßten Sicherungs- und Kontrollmaßregeln zu treffen.

§ 199. Die in der besonderen Verwahrung der Notare befindlichen Urkunden (Testamente, Erbverträge) dürfen anderen Personen als denjenigen, deren Verfügungen darin enthalten sind oder die von diesen zur Einsichtnahme ermächtigt sind, nicht vorgezeigt werden. Die Einsichtnahme wie die Ermächtigung soll in Gegenwart des Notars geschehen. Die Versendung ist ausgeschlossen.

§ 200. Die Befugnis zur Einsichtnahme umfaßt auch den Anspruch auf Erteilung einer beglaubigten Abschrift. Im Falle des § 199 soll die beglaubigte Abschrift dem Einsichtsberechtigten persönlich ausgehändigt werden.

Zustellung von Urkunden.

§ 201. Wird der Notar nach der Beurkundung einer Willenserklärung, die einem anderen gegenüber abzugeben ist, z. B. einer Aufforderung oder Kündigung, eines Widerrufs oder Verzichts um die Vermittelung der Zustellung der Erklärung ersucht, so soll er gemäß § 132 des Bürgerlichen Gesetzbuchs einen Gerichtsvollzieher um die Bewirkung der Zustellung angehen, oder beim Vorliegen der Voraussetzungen das zuständige Amtsgericht um die Bewilligung der öffentlichen Zustellung ersuchen.

Erscheint es nach den Verhältnissen zweckmäßig und der Sache angemessen, so kann die Erklärung auf Ersuchen des Beteiligten dem Gegenbeteiligten bei Amt oder an anderem geeignetem Orte vom Notar persönlich übergeben oder eröffnet und hierüber eine Urkunde aufgenommen werden.

§ 202. Soll die Zustellung einer im Ausland ergangenen Erklärung, Eröffnung oder Verfügung nach dem maßgebenden ausländischen Rechte durch einen Notar erfolgen, so kann diese Zustellung innerhalb Bayerns durch einen bayerischen Notar vorgenommen werden. Sie soll jedoch von dem Notar nur dann übernommen werden, wenn sie innerhalb des Amtsgerichtsbezirkes, in welchem das Notariat seinen Sitz hat, ausgeführt werden kann.

Die Zustellung soll in der Weise ausgeführt werden, daß der Notar derjenigen Person, welcher zugestellt werden soll, das zuzustellende Schriftstück bei Amt, oder wenn dies nicht geschehen kann, in ihrer Wohnung persönlich übergibt und hierüber eine Urkunde errichtet.

§ 203. Bei dem Zwangsversteigerungsverfahren, der Vermittelung der Auseinandersetzung in Ansehung eines Nachlasses oder des Gesamtguts einer ehelichen oder fortgesetzten Gütergemeinschaft und dem amtlichen Verfahren über die Eröffnung von Testamenten und Erbverträgen sind die erforderlichen Zustellungen von Amtswegen zu bewirken.

Die Ausführung der Zustellungen richtet sich nach den Vorschriften der Bekanntmachung vom 16. Dezember 1899 (JMBl. S. 475).

Dem Notar obliegen dabei die Verrichtungen des Gerichtsschreibers.

Der Notar beauftragt, wo die Zustellung durch den Gerichtsdiener veranlaßt ist, den Gerichtsdiener desjenigen Amtsgerichts, in dessen Bezirke das Notariat liegt, mit der Ausführung der Zustellung. Sind mehrere Gerichtsdiener vorhanden, so erläßt der Gerichtsvorstand die nötigen Anordnungen wegen der Verteilung der Geschäfte.

Bei der Zustellung durch die Post soll der Notar die Aushändigung an die Post persönlich oder durch seinen Gehilfen bethätigen; er kann auch das von ihm ausgehende Schreiben mit der Postzustellungsurkunde dem Postboten zur Aufgabe bei der Postanstalt mitgeben, wenn der Postbote auf seinem regelmäßigen Zustellungsgange sich auf dem Notariat einfindet. Die Zustellung durch Aufgabe zur Post hat der Notar stets persönlich zu erledigen.

Die Zustellungen sind in das Zustellungsregister des Notariats (§ 53 Abs. 1) einzutragen.

§ 204. Für die Übermittelung der notariellen Urkunden (Urschriften, Ausfertigungen, Abschriften) und sonstigen amtlichen Schriftstücken an die Beteiligten in den Fällen, welche nicht durch die §§ 200 bis 202 geregelt sind, bedarf es keiner förmlichen Zustellung.

Die Übermittelung kann, soferne die Beteiligten nicht persönlich bei dem Notar zur Entgegennahme erscheinen, durch die Gehilfen des Notars, durch sonstige verlässige Personen oder durch die Post erfolgen. Der Notar hat jedoch je nach der Wichtigkeit der zu übermittelnden Schriftstücke alle ihm zu Gebote stehenden Mittel zur Sicherung der Sendungen gewissenhaft zu benützen.

Sechster Abschnitt.

Besondere Vorschriften für einzelne Geschäfte.

1. Unterschriftsbeglaubigung.

§ 205. Der Notar darf eine Unterschrift nur dann beglaubigen, wenn sie in seiner Gegenwart vollzogen oder anerkannt wird.

Die Anerkennung muß persönlich vor dem Notar erfolgen. Schriftliche Anerkennung, Anerkennung durch einen Vertreter oder Anerkennung gegenüber einem Vertreter des Notars genügt selbst dann nicht, wenn der Notar daraus die Überzeugung von der Echtheit der Unterschrift gewonnen haben sollte. (§ 183 Abs. 1 des Gesetzes über die Angelegenheiten der freiwilligen Gerichtsbarkeit.)

§ 206. Von der Identität der Person, welche die zu beglaubigende Unterschrift in der Gegenwart des Notars vollzieht oder anerkennt, soll sich der Notar in derselben Weise Gewißheit verschaffen, wie es für die Beurkundung von Rechtsgeschäften vorgeschrieben ist. Die Bestimmungen des § 75 finden entsprechende Anwendung. (Artikel 35 des Notariatsgesetzes, § 176 Abs. 3 des Gesetzes über die Angelegenheiten der freiwilligen Gerichtsbarkeit.)

Für die Feststellung der Identität im Beglaubigungsvermerke besteht die Erleichterung, daß der Notar, wenn er den Beteiligten von früher her kennt, dies nicht ausdrücklich anzugeben braucht, so daß beim Mangel einer Angabe angenommen werden muß, daß der Notar den Beteiligten bei dem Vollzug oder der Anerkennung der Unterschrift schon gekannt hat. Hat der Notar dagegen erst bei dieser Gelegenheit sich die Gewißheit von der Persönlichkeit des Beteiligten verschafft, so muß dies und die Art der Legitimierung aus dem Vermerk ersichtlich sein.

Kann der Notar sich von der Identität des Beteiligten nicht überzeugen, so wird er in der Regel veranlaßt sein, die

Beglaubigung als nutzlos abzulehnen; nimmt er die Beglaubigung aus besonderen Gründen doch vor, so muß aus dem Vermerk ersichtlich sein, was zur Feststellung der Persönlichkeit beigebracht ist und daß der Notar sich von der Identität des Beteiligten nicht hat überzeugen können.

§ 207. Die besonderen Vorschriften, welche für den Fall der Beurkundung der Erklärungen von Personen gelten, welche blind, taub, stumm, am Sprechen sonst behindert, der deutschen Sprache nicht mächtig oder des Lesens und Schreibens unkundig sind, finden auf den Fall der Beglaubigung von Unterschriften und Handzeichen keine Anwendung. Dem Notar ist es überlassen, in diesen Fällen nach pflichtmäßigem Ermessen diejenigen Vorkehrungen zu treffen, welche ihm geeignet erscheinen, Zweifel und Täuschung auszuschließen.

§ 208. Der Notar soll vor der Beglaubigung einer Unterschrift von dem Inhalte des Schriftstücks, zu dem die Unterschrift gehört, Kenntnis nehmen (Artikel 35 Satz 1 des Notariatsgesetzes).

Weigern sich die Beteiligten, dies zu gestatten, so ist der Notar zur Ablehnung der Vornahme der Beglaubigung veranlaßt.

Handelt es sich um die Beglaubigung der Unterschrift eines Schriftstückes, das in einer fremden, dem Notar nicht geläufigen Sprache, oder in fremden, dem Notar unbekannten Schriftzeichen abgefaßt ist, so braucht der Notar sich zum Zwecke der Kenntnisnahme nicht eines Dolmetschers zu bedienen, es ist ihm vielmehr jeder nach Lage der Sache gebotene Weg zur Vergewisserung über den Inhalt gestattet. Insbesondere kann der Notar sich, wenn kein Grund zum Mißtrauen besteht, die nötige Auskunft von den Beteiligten selbst erholen.

§ 209. Macht der Notar bei der Kenntnisnahme von dem Inhalte des Schriftstückes die Wahrnehmung, daß das Schriftstück ein Geschäft enthält, welches gegen ein Strafgesetz verstößt oder nur zum Schein oder zum Scherz vorgenommen werden soll, so hat er nach Artikel 16 des Notariatsgesetzes die Vornahme der Beglaubigung zu verweigern. Zweifelt der Notar an der Giltigkeit des Geschäfts, so soll er davon dem Beteiligten Mitteilung machen und, wenn der Zweifel nicht beseitigt werden kann, im Anschluß an den Beglaubigungsvermerk vor der Beisetzung seiner Unterschrift eine entsprechende

Feststellung machen. (Art. 28 Abs. 2, Art. 35 des Notariatsgesetzes). Gleiche Feststellung soll der Notar dann machen, wenn das Schriftstück ein Rechtsgeschäft enthält und der Notar an der Rechtsfähigkeit des Beteiligten zweifelt. (Art. 28 Abs. 1, Art. 35 des Notariatsgesetzes).

§ 210. Vor der Beglaubigung von Unterschriften unter Erklärungen und Verträgen über Grundstücke, über Rechte an solchen, und über Rechte, die den Grundstücken gleichstehen, hat der Notar das Grundbuch und das Hypothekenbuch ebenso einzusehen, wie er es vor der Beurkundung solcher Erklärungen und Verträge zu thun hätte. Die Bestimmungen der §§ 90 bis 95 finden entsprechende Anwendung. (Artikel 35, 30 des Notariatsgesetzes).

§ 211. Der Beglaubigungsvermerk muß die Bestätigung enthalten, daß die Unterschrift „echt ist", d. h. von der im Vermerke bezeichneten Person herrührt. Die Person ist im Vermerk ebenso genau zu bezeichnen, wie sie in einem notariellen Protokolle zu bezeichnen wäre (§ 163). Eine Feststellung im Vermerk, ob die Beglaubigung auf Grund der Anerkennung der Unterschrift oder der Vollziehung der Unterschrift in Gegenwart des Notars erfolgt, ist vom Gesetze nicht vorgeschrieben; sie ist indessen gestattet und im Falle der Anerkennung ratsam.

Der Vermerk muß den Ort und den Tag der Ausstellung angeben und mit der Unterschrift des Notars und dem Siegel versehen sein. (§ 183 Abs. 2 des Gesetzes über die Angelegenheiten der freiwilligen Gerichtsbarkeit.)

§ 212. Der Beglaubigungsvermerk darf unbeschadet seiner Vollständigkeit und Deutlichkeit so kurz wie möglich sein.

Beispiele:

„Nr. 890. Die Echtheit vorstehender Unterschrift des Kaufmanns N. N. zu X wird hiemit beglaubigt.

München, den zehnten Oktober Neunzehnhundert.

(Siegel) X,

K. Notar."

„Nr. 727.

Vorstehende Unterschrift wird als die des Bäckermeisters Adam Gebhard in Altheim, wohnhaft Bennostraße 27, hiemit auf grund der Anerkennung beglaubigt.

Datum, Fertigung."

§ 213. Der Beglaubigungsvermerk ist auf die Urkunde, auf welcher sich die zu beglaubigende Unterschrift befindet, und zwar unmittelbar unter die Unterschrift zu setzen. Fehlt es in der Urkunde selbst an Raum, so soll der Vermerk wenigstens auf derselben unmittelbar unter der Unterschrift begonnen und auf einem beizufügenden Blatte fortgesetzt werden; das zur Fortsetzung des Vermerks beizufügende Blatt ist der Urkunde anzuheften. Der Heftfaden ist mit dem Siegel verlässig zu befestigen. Ist die Anheftung unthunlich, so kann das beizufügende Blatt angeklebt werden. In diesem Falle ist das Farbdrucksiegel auf der Verbindungsstelle so anzubringen, daß es zum Teil auf der Urkunde, zum Teil auf dem angeklebten Blatte steht.

§ 214. Für die Beglaubigung von Handzeichen gelten dieselben Vorschriften wie für die Beglaubigung von Unterschriften. (§ 183 Abs. 3 des Gesetzes über die Angelegenheiten der freiwilligen Gerichtsbarkeit.)

§ 215. Wird vom Notar eine Bestätigung darüber verlangt, daß jemand seinen Namen oder sein Handzeichen auf ein sonst unbeschriebenes Blatt gesetzt hat, so kann eine solche Bestätigung zwar erteilt werden, sie soll aber zur Verhinderung einer Verwechselung mit der Unterschriftsbeglaubigung ersehen lassen, daß eine Schrift, welcher der Name oder das Handzeichen als Unterschrift oder Unterzeichnung gedient hätte, bei der Bestätigung nicht vorhanden war.

2. Beglaubigung von Abschriften.

§ 216. Bei der Herstellung von beglaubigten Abschriften von **notariellen** Urkunden brauchen solche Berichtigungen, welche in der vorgeschriebenen Form ausgeführt und ordnungsmäßig genehmigt sind, nicht ersichtlich gemacht zu werden, da sie nicht als Mängel im Sinne des Art. 34 Abs. 1 des Notariatsgesetzes gelten können. Bei der Anfertigung der Abschrift kann vielmehr der Text so, wie er nach der ordnungsmäßigen Berichtigung lautet, wiedergegeben werden, soferne nicht von demjenigen, der die Abschrift verlangt, ein Anderes gewünscht wird oder sonst die Umstände eine förmliche Nachbildung der Urschrift angezeigt erscheinen lassen. Das Gleiche gilt bei notariellen Urkunden für solche Änderungen, welche keiner Form bedürfen. (Geschäftsordnung § 135.)

Die Wiedergabe in der berichtigten Form (glatte Abschrift) soll dann vermieden werden, wenn sie voraussetzen würde, daß der Notar selbst den Text, sei es auch nur in geringfügiger Weise, ändert.

§ 217. Bei der Herstellung beglaubigter Abschriften von anderen als notariellen Urkunden sollen Änderungen stets ersichtlich gemacht werden, wenn sie nicht im Sinne des § 135 der Geschäftsordnung offenbar unwesentlich und geringfügig sind.

§ 218. Werden Berichtigungen, Änderungen u. dgl., die sich auf der abzuschreibenden Hauptschrift finden, in die Abschrift übernommen, so soll ersichtlich gemacht werden, daß sie sich schon auf der Hauptschrift befunden haben.

Ebenso soll, wenn beim Abschreiben ein Versehen unterläuft und die Abschrift deshalb nach der Hauptschrift berichtigt werden muß, dieses Verhältnis bei der Berichtigung ersichtlich gemacht werden.

§ 219. Der Vorschrift des Artikel 34 des Notariatsgesetzes vom 9. Juni 1899, daß Durchstreichungen, Änderungen, Ausschabungen oder andere Mängel der Hauptschrift in dem Beglaubigungsvermerk angegeben werden sollen, kann auch dadurch Genüge geleistet werden, daß der Mangel in der Abschrift an den betreffenden Stellen des Textes, wo sie sich finden, oder am Rande daneben beschrieben und im Beglaubigungsvermerk auf diese Feststellung Bezug genommen wird.

Dieses Verfahren wird aus Zweckmäßigkeitsgründen stets dann einzuhalten sein, wenn die Mängel zahlreich sind oder ihre Beschreibung umständlich ist.

§ 220. Bei Auszügen, welche von dem Notar beglaubigt werden, soll durch Striche angedeutet sein, wo Stellen der Urkunde, aus welcher der Auszug entnommen ist, weggeblieben sind.

§ 221. Da dem Notar kein Urteil darüber zusteht, ob die Privaturkunde, von welcher die Abschrift entnommen ist, von demjenigen, welcher als deren Urheber angegeben wird, wirklich herrührt, so kann der Notar nicht die Übereinstimmung der Abschrift mit der Urschrift (dem Original), sondern nur deren Übereinstimmung mit der vorgelegten Schrift bestätigen; der Notar soll daher in diesen Fällen im Beglaubigungsvermerk nur bemerken, daß die vorgelegte Schrift ihm bei der Vorlage als Urschrift bezeichnet worden ist.

Bei Abschriften öffentlicher Urkunden, welche von inländischen Gerichten oder Behörden herrühren, kann der Notar die Übereinstimmung der Abschrift mit der Urschrift bestätigen.

§ 222. Bei der Beglaubigung von Abschriften aus Handelsbüchern und anderen dergleichen Urkunden ist es dem Notar unverwehrt, das Aussehen und die Beschaffenheit des Buchs, dessen Spalteneinteilung, ob es mit Seitenzahlen versehen, ob es von Ausschabungen frei und andere Thatsachen dieser Art festzustellen.

3. Versteigerungen.

§ 223. Für die notarielle Beurkundung von Versteigerungen gelten die Vorschriften für die Beurkundung von Rechtsgeschäften mit den folgenden besonderen Ausnahmen bezüglich der Bieter:

1. Bieter, welche an ihr Gebot nicht gebunden sind (z. B. überbotene Bieter), sollen nach § 181 des Gesetzes über die Angelegenheiten der freiwilligen Gerichtsbarkeit nicht als Beteiligte behandelt werden. Es ist darum weder die Aufführung und Identitätsfeststellung im Protokoll, noch die Unterschrift dieser Bieter nötig. Auch bildet ihr Mitbieten, wenn sie mit dem Notar in gerader Linie verwandt oder verschwägert sind, für den Notar kein Hindernis, die Versteigerung zu beurkunden. Da jedoch dieses Hindernis sofort eintreten würde, wenn sie meistbietend bleiben und den Zuschlag erhalten sollten, und ein Mitbieten in der Voraussicht, den Zuschlag nicht erhalten zu können, zwecklos ist, so wird der Notar seine Mitwirkung bei der Beurkundung von vorneherein davon abhängig zu machen haben, daß solche Personen nicht mitbieten, deren Beziehungen zu ihm ihn im Falle des Meistgebots an der Ausübung des Amts gesetzlich hindern würden.
2. Auch diejenigen Bieter, welche an ihr Gebot gebunden bleiben, brauchen das Protokoll nicht unter allen Umständen zu unterschreiben. Entfernt sich ein solcher Bieter vor dem Schlusse der Verhandlung, so genügt nach § 181 des Gesetzes über die Angelegenheiten der freiwilligen Gerichtsbarkeit an Stelle seiner Unterschrift die Angabe des Grundes, aus welchem sie unterblieben ist.

Wegen der Zwischenunterschriften vgl. den § 171 der Geschäftsordnung.

§ 224. Handelt es sich bei der Beurkundung einer öffentlichen Versteigerung nicht um die Feststellung der einzelnen Rechtsgeschäfte, sondern nur um die Feststellung des Versteigerungsverfahrens und der Erlöse, wie in der Regel dann, wenn bei Versteigerung von beweglichen Gegenständen der Erlös der versteigerten Sachen sofort gegen deren Aushändigung baar zu zahlen ist, so bedarf es weder einer Unterzeichnung durch die Meistbietenden, noch ihrer Aufführung im Protokoll.

§ 225. Für die Fälle der freiwilligen Versteigerung von Liegenschaften wird darauf aufmerksam gemacht, daß, wie bisher, so auch künftig das ganze Geschäft entweder in e i n e m Zuge stattfinden kann, wenn der Veräußernde bei der Versteigerung selbst anwesend oder vertreten ist und die erforderlichen Erklärungen abgibt oder abgeben läßt, oder aber in zwei getrennten Verhandlungen derart, daß im Versteigerungstermine nur die Erklärungen der Bieter abgegeben und festgestellt werden, während die Erklärung des Veräußerers für später vorbehalten wird. Beide Geschäfte können selbständig beurkundet werden. Bei der Versteigerung von Liegenschaften ist die nachträglich abgegebene Erklärung des Veräußerers sowohl gemäß § 313 des Bürgerlichen Gesetzbuchs wie nach dem bisherigen Landesrechte, soweit dieses noch anwendbar bleibt, notariell zu beurkunden. Der Notar soll auf Ersuchen die Schlußerklärung denjenigen Beteiligten, welche bei ihrer Beurkundung nicht zugegen gewesen sind, mitteilen. Das Protokoll über die Schlußerklärung ist bei der Verwahrung, Vorlegung und Ausfertigung als Ergänzungsurkunde zum Versteigerungsprotokolle zu behandeln.

§ 226. Mit Rücksicht auf die Vorschrift des § 156 des Bürgerlichen Gesetzbuchs sind die Notare veranlaßt, bei der Beurkundung von Versteigerungen darauf hinzuwirken, daß in den Versteigerungsbedingungen ausdrücklich gesagt wird, ob die Bieter an ihre Gebote auch im Falle des Übergebots oder des Schlusses der Verhandlung ohne Erteilung des Zuschlags gebunden bleiben sollen.

§ 227. Soweit die Notare im Zwangsversteigerungsverfahren zur Mitwirkung berufen sind, haben sie die dafür erlassenen besonderen gesetzlichen Vorschriften und Dienstanweisungen zu beobachten.

Maßgebend ist hienach insbesondere bei der Zwangsversteigerung von Grundstücken und von Rechten, die den Grundstücken gleichstehen, bis zu dem Zeitpunkte, in welchem das Grundbuch als angelegt zu betrachten ist, die bisherige bayerische Subhastationsordnung; für die Zwangsversteigerung eines im Schiffsregister eingetragenen Schiffes ist vom 1. Januar 1900 ab und für die Zwangsversteigerung von Grundstücken nach der Anlegung des Grundbuchs das Reichgesetz über die Zwangsversteigerung und die Zwangsverwaltung und das dazu erlassene bayerische Ausführungsgesetz anzuwenden.

Es wird hiebei darauf aufmerksam gemacht, daß in allen Fällen das Versteigerungsprotokoll nach Beendigung der dem Notar obliegenden Thätigkeit in Urschrift an das Vollstreckungsgericht abzugeben ist, ohne daß eine Ausfertigung zurückzubehalten wäre.

4. Beurkundung und Eröffnung letztwilliger Verfügungen.

§ 228. Bei der Mitwirkung zur Errichtung von Testamenten hat der Notar zunächst die in den §§ 2229 bis 2246 des Bürgerlichen Gesetzbuchs enthaltenen Vorschriften und hiernach die weiteren ergänzenden Vorschriften des Notariatsgesetzes und der Geschäftsordnung über die Beurkundung von Rechtsgeschäften und von letztwilligen Verfügungen insbesondere einzuhalten.

§ 229. Die Errichtung des Testaments vor dem Notar hat nach § 2064 des BGB. stets persönlich durch den Erblasser zu erfolgen.

Bezüglich der Feststellung der Identität und der Geschäftsfähigkeit des Erblassers ist bei der Beurkundung von Testamenten besondere Vorsicht angezeigt. Es empfiehlt sich in solchen Fällen die Feststellung im Protokoll noch genauer zu fassen als sonst und insbesondere bei kranken Personen die Prüfung des Geisteszustands durch ein vorher geführtes Gespräch und die Feststellung des Befundes im Protokolle nicht zu unterlassen. Im übrigen sind wegen der Fähigkeit zur Testamentserrichtung die Vorschriften der §§ 2229, 2230 des BGB. zu beachten.

§ 230. Der Erblasser braucht, wenn er volljährig ist und Geschriebenes zu lesen vermag, seinen letzten Willen nicht mündlich zu erklären, er kann auch eine Schrift mit der mündlichen Erklärung übergeben, daß die Schrift seinen letzten Willen enthalte. Der Notar wird sich also, wenn ein Testament durch Übergabe einer Schrift errichtet werden soll, darüber vergewissern, ob der Erblasser volljährig ist und Geschriebenes zu lesen vermag. Zumeist wird dies nach Lage der Sache von vorneherein feststehen. Wo Zweifel bestehen können, soll der Notar sie zu heben suchen und gegebenenfalls die zur Sicherung gegen Anfechtungen erforderlichen Feststellungen im Protokolle machen.

Die Schrift braucht nicht von dem Erblasser selbst geschrieben zu sein, sie kann auch von einer anderen Person, sie kann insbesondere auch von dem Notar geschrieben sein. Einer Unterschrift bedarf die übergebene Schrift nicht.

Die Schrift kann offen oder verschlossen übergeben werden. Wird sie offen übergeben, so ist es nach dem Gesetze weder erforderlich, daß der Notar von ihrem Inhalte Kenntnis nimmt, noch daß sie mit dem Protokolle verlesen wird. Beides soll jedoch geschehen, wenn der Erblasser es wünscht. Der Notar soll daher den Erblasser hierüber, soweit nötig, befragen.

§ 231. Soll die Schrift, welche den letzten Willen des Erblassers enthält, verschlossen übergeben werden, so kann der Notar auf Ersuchen des Erblassers an dem Verschließen durch Beidrückung seines Amtssiegels mitwirken.

§ 232. Schreibt ein Erblasser, der wegen Behinderung am Sprechen das Testament nur durch Übergabe einer Schrift errichten kann, bei der Verhandlung die eigenhändige Erklärung, daß die übergebene Schrift seinen letzten Willen enthalte, nicht in das Protokoll selbst, sondern auf ein eigenes Blatt, so soll der Inhalt dieses Blattes als zum Protokolle gehörig mit dem Protokolle vorgelesen werden. Bei diesem Anlaß wird auf § 2243 Abs. 2 BGB. besonders aufmerksam gemacht.

§ 233. Für die Heranziehung von Dolmetschern bei Testamenten gelten folgende besondere Regeln:

1. Die Heranziehung findet nur in dem einen Falle statt, wenn der Erblasser erklärt, daß er der deutschen Sprache nicht mächtig ist.

Ein Erblasser, der stumm oder sonst am Sprechen verhindert ist und mit dem eine schriftliche Verständigung nicht möglich ist, kann ein Testament überhaupt nicht errichten; ist ein tauber Erblasser nicht im stande Geschriebenes zu lesen, so ist nach Artikel 29 Abs. 2 des Notariatsgesetzes zu verfahren.

2. Die Zuziehung des Dolmetschers darf nicht wie bei sonstigen Rechtsgeschäften, schon dann unterlassen werden, wenn der beurkundende Notar der fremden Sprache mächtig ist, sondern nur dann, wenn auch die sonst Mitwirkenden (der zweite Notar, die Zeugen) ebenfalls die fremde Sprache beherrschen.

3. Auf die Beeidigung des Dolmetschers kann nicht verzichtet werden.

4. Das Protokoll muß in der nach § 2244 Abs. 2 und 2245 Abs. 2 vorgeschriebenen Art zweisprachig sein.

§ 234. Der Notar soll gelegentlich der Beurkundung des Testaments sich nach dem Alter des Erblassers, sowie danach erkundigen, wo und wie allenfalls späterhin nach dem Leben des Erblassers Nachforschungen angestellt werden können, wo er seinen Wohnsitz zu halten gedenkt und dergl., sofern nicht die betreffenden Verhältnisse ihm — dem Notar — ohnehin bekannt sind. Über das Ermittelte oder ihm Bekannte soll der Notar eine Vormerkung im Testamentsregister machen.

§ 235. Das über die Errichtung des Testaments aufgenommene Protokoll soll nebst Anlagen, insbesondere im Falle der Errichtung durch Übergabe einer Schrift nebst dieser Schrift, von dem Notar in Gegenwart der übrigen mitwirkenden Personen — also der Testamentszeugen, des zweiten Notars, des Dolmetschers — und des Erblassers mit dem Amtssiegel verschlossen und mit einer das Testament näher bezeichnenden Aufschrift, die von dem Notar zu unterschreiben ist, versehen werden (§ 2246 B.GB.).

Zum Verschluß kann durch Einbiegen die etwa freie Rückseite des Protokolls, aber ebensogut und wohl noch besser ein entsprechender undurchsichtiger Umschlag (Briefumschlag) verwendet werden. Die Aufschrift soll zunächst ersehen lassen, daß sich in dem Umschlag ein Testament befindet, sodann genau angeben, von wem und wann es errichtet worden ist. Über die Aufschrift soll die Geschäftsregisternummer und die Testamentsregisternummer gesetzt werden.

Z. B.:

Gesch.-R. Nr. 187. Test-Reg.-Nr. 10.
„Testament des . . . . . . (Bezeichnung des Erblassers nach Name, Stand und Wohnort) vom . . . .
X.
K. Notar."

Das Siegel des Notariats ist so anzubringen, daß es verlässig schließt.

Es besteht keine Erinnerung dagegen, daß das Siegel mehrmals zum Abdrucke gebracht wird, wenn dies nach den Umständen zweckentsprechend ist.

§ 236. Das nach § 235 verschlossene Testament soll gemäß § 2246 Abs. 1 des B.GB. in besondere amtliche Verwahrung genommen werden.

Zur Übernahme von Testamenten in besondere amtliche Verwahrung sind in Bayern, gemäß Art. 1 Abs. 2 des Notariatsgesetzes, ausschließlich die Notare berufen. Welcher Notar im einzelnen Falle das Testament zu übernehmen hat, ist im Gesetze nicht ausdrücklich gesagt. Zuständig ist daher, wenn der Erblasser nicht anderweitig verfügt, derjenige Notar, welcher das Testament beurkundet hat; der Erblasser kann jedoch jederzeit die Verwahrung bei einem anderen bayerischen Notar oder bei einer außerbayerischen deutschen Behörde verlangen, welche nach dem für sie geltenden Rechte zur Übernahme der Verwahrung zuständig ist. Die Versendung geschieht im letzteren Falle stets auf Antrag des Erblassers *durch den Notar*.

Der Notar soll bei der Versendung die nach § 234 ermittelten, für die Eröffnung des Testaments belangreichen Umstände der Verwahrungsbehörde bekannt geben, diese Behörde um Bestätigung des Empfangs der Sendung ersuchen und den Einlauf der Empfangsbestätigung überwachen.

Er soll endlich die zur Sicherung der Sendung nötigen Vorsichtsmaßregeln treffen.

§ 237. Wird einem Notar von einem zur Beurkundung der Testamentserrichtung zuständigen Gericht, Notar oder Gemeindevorsteher (B.GB. § 2249) ein Testament zur Übernahme in die besondere amtliche Verwahrung übersandt, so hat er dasselbe zu übernehmen, die Übernahme zur Verwahrung auf dem der Sendung beiliegenden Schreiben, oder auf dem Umschlag des Testaments zu vermerken und im Geschäftsregister wie im Testamentsregister einzutragen, endlich der übersendenden Stelle den Empfang zu bestätigen.

§ 238. Wird dem Notar ein nach § 2231 Nr. 2 des Bürgerlichen Gesetzbuchs errichtetes (eigenhändiges, holographisches) Testament gemäß § 2248 des Bürgerlichen Gesetzbuchs in amtliche Verwahrung übergeben, so hat er über die Übergabe ein Protokoll aufzunehmen und diesem das Testament beizufügen.

Das übergebene Testament braucht, wenn es offen übergeben wird, nicht verschlossen zu werden.

Die Identität der übergebenden Person soll genau festgestellt werden. Übergibt nicht der Erblasser persönlich, so soll der Notar im Protokolle feststellen, ob und in welcher Weise ihm nachgewiesen worden ist, daß das Testament von dem Erblasser herrührt, und daß die Übergabe zur amtlichen Verwahrung auf sein Verlangen geschieht. Fehlt es an solchen Nachweisen, so kann die Übernahme abgelehnt werden, jedenfalls aber ist der Mangel im Protokolle festzustellen.

§ 239. Über die Übernahme des Testaments in die besondere amtliche Verwahrung soll dem Erblasser auch ohne Verlangen ein Hinterlegungsschein erteilt werden (B.GB. § 2246 Abs. 2, § 2248 Satz 2).

§ 240. Dem Erblasser ist jederzeit auf Verlangen das in amtliche Verwahrung genommene Testament zurückzugeben.

Die Rückgabe beschränkt sich nicht auf die allenfalls übergebene Testamentsschrift, sondern umfaßt auch das zugehörige Protokoll.

Die Rückgabe darf nur an den Erblasser persönlich erfolgen.

Über die Rückgabe ist ein Protokoll zu errichten. Das Protokoll ist im Geschäftsregister als eigenes Geschäft einzutragen, im Testamentsregister ist darauf lediglich bei dem Vortrag über die Testamentserrichtung oder über die Verwahrungsübernahme zu verweisen.

Der Notar soll, wo es nach den Umständen veranlaßt erscheint, den Erblasser auf die sich an die Rückgabe nach

§ 2256 Abs. 1 und nach § 2256 Abs. 3 des B.GB. knüpfenden Folgen aufmerksam machen.

§ 241. Verlangt der Erblasser, daß ihm das verschlossen in amtlicher Verwahrung befindliche Testament nicht zurückgegeben, sondern zur Einsichtnahme geöffnet und vorgelegt werde, etwa weil er sich des Inhalts nicht mehr genau erinnert und im Zweifel ist, ob er eine Abänderung vornehmen soll, so soll der Notar den Verschluß in Gegenwart des Erblassers öffnen, das Testament dem Erblasser zur Einsicht vorlegen, nach genommener Einsicht wieder vorschriftsmäßig verschließen und über den ganzen Hergang ein Protokoll aufnehmen.

Der Notar soll während der ganzen Dauer der Einsichtnahme durch den Erblasser, vom Augenblicke der Öffnung bis zur Vollendung des Wiederverschließens anwesend sein; im Protokolle soll dies festgestellt werden. Ebenso soll festgestellt werden, daß der Verschluß vor dem Öffnen unverletzt befunden worden ist.

Der Sicherung gegen Anfechtungen halber können auf Verlangen des Erblassers zur ganzen Verhandlung zwei Zeugen oder ein zweiter Notar herbeigezogen werden.

§ 242. Da die Notare nach dem Ableben des Erblassers die bei ihnen verwahrten Testamente teils zu eröffnen, teils zur Eröffnung abzugeben oder mitzuteilen haben, so ist es — unbeschadet der dem Nachlaßgericht und anderen Behörden zufallenden Obliegenheiten — auch ihre Pflicht, soweit möglich dahin mitzuwirken, daß ihnen die Kunde vom Ableben der Erblasser nicht verborgen bleibt.

Die Notare sollen deshalb nicht nur die ihnen hierüber von den Amtsgerichten zugehenden Mitteilungen genau mit dem Testamentsregister vergleichen, sondern auch von sich aus in den Fällen Nachforschung halten, in denen das Ableben des Erblassers nach Lage der Sache wahrscheinlich ist. Anhaltspunkte dafür können aus dem Inhalte des Testamentsregisters entnommen werden. (Vgl. § 234.) Die Nachforschungen darüber, ob der Erblasser noch lebt, können durch Einsicht der bei dem Amtsgerichte hinterliegenden Todesanzeigen, ferner durch Anfrage bei den Nachlaßgerichten, den Ortspolizeibehörden, bei den Testamentszeugen, wenn diese dem Notar bekannt sind, oder bei denjenigen Personen, welche der Erblasser zu diesem Zwecke bezeichnet hat, angestellt werden. Sie sind stets so anzustellen, daß das Testamentsgeheimnis gewahrt bleibt.

§ 243. Erhält der Notar von dem Ableben des Erblassers Kenntnis, so hat er verschieden zu verfahren, je nach dem letzten Wohnsitz des Erblassers und je nachdem der Erblasser vor oder nach dem Inkrafttreten des Bürgerlichen Gesetzbuchs verstorben ist.

§ 244. Ist der Erblasser vor dem 1. Januar 1900 verstorben, so hat der Notar nach den bisher geltenden Vorschriften zu verfahren. Vgl. für die Landesteile r. d. Rh. die Artikel 27, 28 des Notariatsgesetzes vom 10. November 1861 (auch JME. vom 2. Juni 1866 JMBl. S. 133), für die Pfalz die Bestimmungen des Art. 1007 des Code civil und der Art. 918, 920 des Code de procédure.

§ 245. Ist der Erblasser nach dem 31. Dezember 1899 verstorben und ist nach den Vorschriften des Gesetzes über die Angelegenheiten der freiwilligen Gerichtsbarkeit die Zuständigkeit eines außerbayerischen deutschen Nachlaßgerichtes begründet, so hat der Notar das Testament nicht zu eröffnen, sondern gemäß § 2259 Abs. 2 des Bürgerlichen Gesetzbuchs in Urschrift an das Nachlaßgericht abzuliefern. War das Testament offen in der Verwahrung, so ist eine beglaubigte Abschrift zurückzubehalten. Bei der Verhandlung obliegt dem Notar die Einhaltung der nötigen Vorsichtsmaßregeln.

Zweifel über die Zuständigkeit des Nachlaßgerichts sind durch Anfrage vorher zu heben.

§ 246. Ist der Erblasser nach dem 31. Dezember 1899 gestorben und nach den Vorschriften des Gesetzes über die Angelegenheiten der freiwilligen Gerichtsbarkeit die Zuständigkeit eines bayerischen Nachlaßgerichts begründet, so hat der Notar das Testament nach Maßgabe der §§ 247 bis 250 zu eröffnen.

§ 247. Zur Eröffnung des Testaments hat der Notar nach § 2260 des B.GB. Termin zu bestimmen. Er soll von der Terminsbestimmung dem Nachlaßgerichte sofort Mitteilung machen.

Zu dem Termine sind die gesetzlichen Erben des Erblassers und die sonstigen Beteiligten, soweit thunlich, zu laden. Sind diese dem Notar nicht ohnehin bekannt, so werden sie ihm auf Ersuchen vom Nachlaßgerichte nach dem Inhalte der Todesanzeige bekannt gegeben werden. Sonstige besondere Nachforschungen nach dem Vorhandensein von Beteiligten braucht der Notar nicht zu pflegen. Er soll jedoch, wenn die Todesanzeige die Namen der gesetzlichen Erben nicht enthält, durch eine Anfrage bei der Ortspolizeibehörde die gesetzlichen Erben zu ermitteln versuchen, soweit dies ohne besondere Schwierigkeit möglich ist. Die Ladung unterbleibt, wenn sie unthunlich ist z. B., wenn eine Ladung durch öffentliche Zustellung notwendig wäre.

Die Ladung soll einen Hinweis enthalten, daß den nichterschienenen Beteiligten der sie betreffende Inhalt des Testaments werde schriftlich mitgeteilt werden.

Der Nachweis der Ladung ist zu den Akten zu bringen.

§ 248. Vor der Eröffnung ist das Testament den Erschienenen vorzuzeigen und die Unverletztheit der Siegel festzustellen. Das Testament ist sodann zu eröffnen, den Beteiligten, soweit nicht der Inhalt eines gemeinschaftlichen Testaments nach § 2273 des B.GB. geheim zu bleiben hat, den anwesenden Beteiligten durch Verkündung oder, auf Verlangen, durch Vorlegung zur Durchsicht bekannt zu geben.

Über die Eröffnung ist ein Protokoll aufzunehmen. Das Protokoll hat, abgesehen von den Protokollförmlichkeiten, zu enthalten:

1. Die Bezeichnung der Nachlaßsache unter Angabe des Namens, Standes, Wohnsitzes, Sterbeortes und Todestages des Erblassers,
2. die Namen der bekannten gesetzlichen Erben,
3. die Namen der anwesenden Personen,
4. eine Beschreibung des Hergangs der Eröffnung,
5. wenn das Testament verschlossen war, die Angabe, ob der Verschluß unversehrt war,
6. im Falle der Eröffnung eines gemeinschaftlichen Testaments die Feststellung, daß der nicht zur Mitteilung bestimmte Teil desselben nicht bekannt gegeben worden ist

7. etwaige Erklärungen über die Echtheit oder über die Anerkennung des Testaments,
8. die Unterschrift der Erschienenen.

§ 249. Nach der Eröffnung eines gemeinschaftlichen Testaments ist von den Verfügungen des verstorbenen Ehegatten gemäß § 2273 des B.GB. eine beglaubigte Abschrift anzufertigen. Das Testament ist sodann wieder zu verschließen und in die besondere Verwahrung zurückzubringen. Daß letzteres geschehen ist, soll in dem Protokoll über die Eröffnung festgestellt werden.

§ 250. Der Notar hat die Beteiligten, welche bei der Eröffnung des Testaments nicht zugegen gewesen sind, nach § 2262 des B.GB. von dem sie betreffenden Inhalte des Testaments in Kenntnis zu setzen.

Als Beteiligte gelten nicht nur die als Erben eingesetzten, sondern auch die Nacherben und Vermächtnisnehmer, Empfänger von Auflagen, die Behörde, welche die Vollziehung einer Auflage verlangen kann (Art. 107 des Ausf.Ges. zum B.GB. § 24 der zur Ausführung des Bürgerlichen Gesetzbuchs erlassenen Zuständigkeitsverordnung) und der Testamentsvollstrecker.

§ 251. Nach Erledigung der nach §§ 246 bis 250 vorzunehmenden Geschäfte hat der Notar die Akten einschließlich der Urschrift des Testaments, wenn dieses nicht in die amtliche Verwahrung zurückzubringen war, an das Nachlaßgericht abzuliefern.

Von der abzuliefernden Urschrift ist eine beglaubigte Abschrift zurückzubehalten.

Der Notar soll die Beteiligten im Eröffnungstermin und in den nach § 250 ergehenden Mitteilungen von der bevorstehenden Abgabe der Akten an das Nachlaßgericht verständigen.

Die Eröffnung des Testaments und die Abgabe der Akten an das Nachlaßgericht, im Falle des § 249 auch die Rückverbringung in die besondere Verwahrung ist im Testamentsregister bei dem Eintrage über die Aufnahme des Testaments zu vermerken.

§ 252. Befindet sich ein Testament seit mehr als vierundfünfzig Jahren in der Verwahrung des Notars, so ist gemäß Art. 108 des Ausführungsgesetzes zum Bürgerlichen

Gesetzbuche die Eröffnung vorzunehmen, sofern nicht bekannt ist, daß der Erblasser noch lebt.

Der Notar soll vorher nochmals Nachforschung nach dem Erblasser halten. Ergibt sich dabei, daß der Erblasser noch lebt, so ist dies im Testamentsregister zu vermerken, ergibt sich, daß der Erblasser gestorben ist, so ist nach den allgemeinen Regeln über die Testamentseröffnung (Geschäftsordnung §§ 243 ff.) zu verfahren; bleibt trotz der Nachforschung ungewiß, ob der Erblasser noch lebt oder gestorben ist, so hat der Notar die Eröffnung des Testaments selbst so vorzunehmen, als ob der Erblasser unmittelbar vor der Eröffnung im Bezirke des Amtsgerichts verstorben wäre, in dem der Notar seinen Sitz hat. Die Mitteilung des Eröffnungstermins an das Nachlaßgericht hat bei der Ungewißheit darüber, ob der Erblasser noch lebt oder gestorben ist, zu unterbleiben.

Das eröffnete Testament ist samt dem Eröffnungsprotokoll in die allgemeine Urkundensammlung aufzunehmen.

Ergibt sich bei der Eröffnung oder nachher, daß der Erblasser noch lebt, so ist dies zu den Akten festzustellen und das Testament samt dem Eröffnungsprotokoll und den zugehörigen Aktenstücken wieder in die besondere Verwahrung zu übernehmen.

Ergibt sich bei der Eröffnung oder nachher, daß der Erblasser gestorben ist, so ist weiterhin nach den allgemeinen Vorschriften zu verfahren, welche mit Rücksicht auf Zeit und Ort des Todes anzuwenden sind (vgl. Geschäftsordnung §§ 244 bis 246).

§ 253. Soweit nach dem Bürgerlichen Gesetzbuche für Erbverträge die gleichen Bestimmungen gelten, wie für Testamente, sind auch die Bestimmungen der Geschäftsordnung über die Testamente auf die Erbverträge entsprechend anzuwenden.

5. Teilungen und Auseinandersetzungen.

§ 254. Die Notare sind wie bisher befugt und berufen, die freiwilligen Auseinandersetzungsverhandlungen der bei einer Erbschaft beteiligten Personen und die freiwillige Auseinandersetzung von Gütergemeinschaftsmassen auf Ersuchen zu leiten und zu beurkunden.

§ 255. Als amtliche Verlassenschaftskommissäre im Sinne der Vorschriften des Notariatsgesetzes vom 10. November 1861 können die Notare künftig nur dann thätig sein, wenn der Erblasser vor dem 1. Januar 1900 gestorben und deshalb das bisherige Recht auf die Auseinandersetzung des Nachlasses anzuwenden ist.

§ 256. Ist ein Notar in einem vor dem 1. Januar 1900 errichteten Testamente zum Verlassenschaftskommissär bestellt, und der Erblasser nach dem 31. Dezember 1899 gestorben, so kann der Notar zwar nicht als Verlassenschaftskommissär thätig sein, die Bestellung bleibt jedoch soweit wirksam, als darin die Ernennung zum Testamentsvollstrecker liegt. Der Notar hat sich in diesem Falle bezüglich der Annahme oder Ablehnung des Amtes des Testamentsvollstreckers und bezüglich der Führung des Amtes nach den Bestimmungen des Bürgerlichen Gesetzbuchs zu richten.

Die Testamentsvollstreckung ist nicht Amtsgeschäft des Notariats, sondern persönliches Privatamt des Notars.

§ 257. Die amtliche Vermittelung der Auseinandersetzung des Nachlasses nach den Bestimmungen der §§ 86 bis 98 des Gesetzes über die Angelegenheiten der freiwilligen Gerichtsbarkeit kann dem Notar nicht nur in den Fällen übertragen werden, in welchen der Erblasser nach dem 31. Dezember 1899 gestorben ist, sondern gemäß Artikel 36 des Gesetzes, Übergangsvorschriften zum Bürgerlichen Gesetzbuche betreffend, auch dann, wenn der Tod des Erblassers vor dem 1. Januar 1900 eingetreten ist.

Nach der gleichen Vorschrift kann die im Gesetz über die Angelegenheiten der freiwilligen Gerichtsbarkeit geregelte Auseinandersetzung in Ansehung des Gesamtguts einer ehelichen oder einer fortgesetzten Gütergemeinschaft auf Antrag der Beteiligten durch den Notar auch dann stattfinden, wenn für die Auseinandersetzung in Ansehung der Gütergemeinschaft die bisherigen Vorschriften maßgebend sind.

§ 258. Ohne Rücksicht auf örtliche Grenzen ist der Notar zur Übernahme der Vermittelung der Auseinandersetzung nur dann zuständig, wenn die sämmtlichen bei der Auseinandersetzung Beteiligten sich für seine Berufung zur Vermittelung geeinigt haben.

Anderenfalls ist nur derjenige Notar zur Übernahme der Vermittelung zuständig, der im Bezirk oder am Sitze des für die Vermittelung örtlich zuständigen Gerichtes, also des Nachlaßgerichts oder des nach § 99 Abs. 2 des Gesetzes über die Angelegenheiten der freiwilligen Gerichtsbarkeit örtlich zuständigen Amtsgerichtes, aufgestellt ist. (Art. 104 des Ausführungsgesetzes zum Bürgerlichen Gesetzbuche.)

§ 259. Das amtliche Verfahren in den im § 257 bezeichneten Fällen der Vermittelung der Auseinandersetzung richtet sich nach den Vorschriften des Gesetzes über die Angelegenheiten der freiwilligen Gerichtsbarkeit. Daneben sind diejenigen Vorschriften entsprechend anzuwenden, welche für die Vermittelung der Auseinandersetzung des Nachlasses den Gerichten gegeben sind.

Hiebei obliegen dem Notar gemäß Art. 104 Abs. 3 des Ausführungsgesetzes zum Bürgerlichen Gesetzbuche bei den nach den Vorschriften der Civilprozeßordnung erfolgenden Zustellungen auch die Verrichtungen des Gerichtsschreibers. Auch ist er für die Festsetzung der einem Beteiligten zu erstattenden Kosten zuständig. Zur Bestellung eines Abwesenheitspflegers und zur Erteilung vormundschaftsgerichtlicher Genehmigungen ist der Notar nicht zuständig.

§ 260. Da die Vermittelung der Auseinandersetzung nach den Bestimmungen des Gesetzes über die Angelegenheiten der freiwilligen Gerichtsbarkeit eine rein amtliche Thätigkeit, also Amtsgeschäft des Notariats ist, so ist der zur Vermittelung berufene Notar nicht gehindert, auf Ersuchen auch solche Verfügungen der Beteiligten über die auseinanderzusetzende Masse oder Bestandteile derselben, welche außerhalb des Rahmens des Vermittelungsverfahrens fallen, zu beurkunden (z. B. Verkäufe, Versteigerungen), die Masse oder Bestandteile derselben in Verwahrung zu nehmen und die thatsächliche Teilung durchzuführen.

Dagegen kann der zur amtlichen Vermittelung berufene Notar nicht gleichzeitig das Amt des Testamentsvollstreckers ausüben.

§ 261. Wegen der in der Pfalz beim Inkrafttreten des Bürgerlichen Gesetzbuches anhängigen gerichtlichen Teilungsverfahren wird auf den Artikel 115 des Gesetzes, Übergangsvorschriften zum Bürgerlichen Gesetzbuche betreffend, verwiesen.

6. Abnahme von Eiden und Versicherungen an Eidesstatt.

§ 262. Bei der Abnahme von Versicherungen an Eidesstatt, die abgegeben werden, um einer öffentlichen Behörde eine thatsächliche Behauptung oder eine Aussage glaubhaft zu machen, haben die Notare das den Gerichten für solche Fälle vorgeschriebene Verfahren einzuhalten.

Über den Hergang ist ein Protokoll aufzunehmen. Das Protokoll kann den Beteiligten in Urschrift ausgefolgt werden.

§ 263. Eine Beeidigung findet in inländischen Angelegenheiten durch die Notare nicht statt.

In ausländischen Angelegenheiten ist sie insoweit ausgeschlossen, als es sich um Strafsachen handelt. Im übrigen werden in ausländischen Angelegenheiten die Notare auf grund des Art. 3 des Notariatsgesetzes vom 9. Juni 1899 zur eidlichen Vernehmung von Zeugen und Sachverständigen und zur Abnahme von Eiden insoweit für zuständig erklärt, als nach dem fremden Rechte oder nach der Bestimmung einer fremden Behörde die eidliche Vernehmung oder Beeidigung von einem Notar vorgenommen werden soll (z. B. in gewissen englischen Konkurssachen, amerikanischen und englischen Pensions- und Rentenangelegenheiten rc.).

§ 264. Der Nachweis, daß die Vernehmung und Beeidigung zum Zwecke der Verfolgung von Rechten im Auslande geschehen soll und daß ihre Vornahme durch den Notar nach den maßgebenden ausländischen Bestimmungen zuläßig und erforderlich ist, braucht nicht durch förmliche Bestätigung seitens der berufenen ausländischen und inländischen Behörden geführt zu werden. Es soll vielmehr regelmäßig die glaubhafte Versicherung der Beteiligten genügen.

§ 265. Die Beteiligten, die Zeugen und die Sachverständigen sollen, wenn sie nicht unmittelbar auf Ersuchen desjenigen, der die Vernehmung oder Beeidigung veranlaßt, bei Amt erscheinen, nicht im Wege der förmlichen behördlichen Ladung vor den Notar berufen, sondern im Namen dessen, der die Vernehmung veranlaßt, zum Erscheinen eingeladen werden.

Irgend ein Zwang zum Erscheinen, zur Abgabe einer Erklärung oder zur Eidesleistung findet nicht statt.

§ 266. Die Vernehmung und Beeidigung geschieht nach den Vorschriften der Civilprozeßordnung durch den Notar. Auch die Beurkundung des Hergangs geschieht durch den Notar allein. Zieht der Notar zur Führung des Protokolls einen Gehilfen bei, so ist dieser nicht als Mitwirkender aufzuführen.

Wird um die Einhaltung besonderer Förmlichkeiten ersucht, so kann diesem Ersuchen stattgegeben werden, wenn kein inländisches Verbotsgesetz und auch sonst kein begründetes Bedenken entgegensteht.

7. Feststellung des Zustands von Personen und Sachen. Schätzungen.

§ 267. In den Fällen, in denen nach den Vorschriften des bürgerlichen Rechtes jemand den Zustand oder den Wert einer Sache durch Sachverständige feststellen lassen kann (BGB. §§ 1034, 1067, 1372, 1439, 1528, 1550, 2122, HGB. §§ 438, 464, 608, 609), sind die Notare für die Ernennung, Beeidigung und Vernehmung der Sachverständigen in amtlichen Verfahren nicht zuständig. Diese Geschäfte gehören vielmehr nach § 164 des Gesetzes über die Angelegenheiten der freiwilligen Gerichtsbarkeit ausschließlich zur Zuständigkeit der Amtsgerichte.

Dagegen kann, abgesehen von diesem amtlichen Verfahren, die notarielle Beurkundung unbeeidigter freiwilliger Aussagen über den Zustand oder den Wert einer Sache oder über den geistigen oder körperlichen Zustand einer Person von jedem begehrt werden, der daran ein rechtliches Interesse hat.

§ 268. Der Notar selbst kann auf Ersuchen seine Wahrnehmungen über die Beschaffenheit einer Sache, den geistigen oder körperlichen Zustand einer Person in einer notariellen Urkunde feststellen.

Er hat sich jedoch hiebei der Rolle des Sachverständigen zu enthalten und die Feststellung nur dann vorzunehmen, wenn der Zustand so deutlich zu Tage liegt, daß es vernünftigem Ermessen nach der Hilfe eines Sachverständigen nicht bedarf.

§ 269. Nach Artikel 87 des Ausführungsgesetzes zum Bürgerlichen Gesetzbuche sind die Notare neben den Amtsgerichten zuständig, die Sachverständigen zu vernehmen, durch welche der Eigentümer eines Grundstücks den Wert des Grundstücks mit Rücksicht auf die Sicherheit von Hypotheken, Grundschulden oder Rentenschulden feststellen lassen kann.

Die Aufstellung der Sachverständigen und ihre Beeidigung erfolgt durch das Amtsgericht, dem Notar obliegt nur die Vernehmung des vom Amtsgericht aufgestellten und beeidigten Sachverständigen. Bei der Vernehmung hat der Notar die dafür von den Staatsministerien der Justiz und des Innern aufgestellten Vorschriften einzuhalten.

§ 270. In den Landesteilen r. d. Rh. sind die Notare bis zur Anlegung des Grundbuchs zuständig neben den Amtsgerichten nach Maßgabe des § 132 des Hypothekengesetzes, des § 14 der Instruktion für die Schätzungen in Hypothekensachen vom 13. März 1823 und der Justizministerialentschließung vom 10. Oktober 1862 (JMBl. 1863 S. 40*), bei den Hypothekenschätzungen durch Vernehmung der Schätzmänner auf Ersuchen des Gerichts oder der Beteiligten mitzuwirken.

8. Feststellung des Datums von Privaturkunden.

§ 271. Das Verfahren der Notare bei der Feststellung des Datums einer Privaturkunde richtet sich nach den Vorschriften der Königlich allerhöchsten Verordnung vom 8. September 1879 (GVBl. 1879 S. 1161.)

9. Wechselproteste.

§ 272. Bei der Erhebung und Aufnahme von Wechselprotesten richtet sich das Verfahren des Notars nach den Bestimmungen der Wechselordnung, insbesondere die §§ 87 bis 92, 58, 62 der W.O.

Die Erhebung des Protestes hat, soferne die Voraussetzungen dazu gegeben sind, unverzüglich zu geschehen. Die Aufnahme der Protesturkunde soll sofort erfolgen; der Notar soll dieselbe demjenigen, der um die Erhebung des Protestes ersucht hat, womöglich noch an dem nämlichen oder längstens am nächsten Tage zur Verfügung stellen.

Wenn von einem Inhaber mehrere Wechsel auf einen und denselben Bezogenen mit gleichem Inhalte, d. h. gleichem Aussteller, gleichem Giranten, gleicher Ausstellungs- und Verfallzeit — nur in verschiedenen oder auch gleichem Betrage zur Protesterhebung vorgelegt werden, so können dieselben auf Verlangen des Inhabers der Wechsel in einen Protest aufgenommen werden. Der Protesturkunde müssen jedoch in einem solchen Falle vollständige Abschriften sämtlicher Wechsel beigefügt werden.

10. Übernahme von Urkunden zur Verwahrung.

§ 273. Werden andere Urkunden als Testamente nach Art. 1 Abs. 1 des Notariatsgesetzes dem Notar zur Verwahrung übergeben, so hat er über die Übergabe ein Protokoll aufzunehmen, diesem die Urkunde beizufügen und beide zusammen in die Urkundensammlung aufzunehmen. (Vgl. hiezu § 64 Nr. 3.)

Die übergebene Urkunde kann von den Beteiligten jederzeit zurückverlangt werden. Über die Rückgabe braucht kein Protokoll aufgenommen zu werden. Dieselbe kann vielmehr lediglich auf dem Übergabsprotokoll vermerkt werden. Die Rückgabe ist nicht als eigenes Geschäft im Geschäftsregister einzutragen, sondern nur bei dem Eintrag über die Übergabe zu vermerken.

11. Vornahme von Geschäften im Auftrage des Nachlaßgerichts.

§ 274. Wird der Notar vom Nachlaßgerichte zum Zwecke der Sicherung eines Nachlasses um Vornahme einer Siegelung ersucht, so hat er bei der Ausführung der Siegelung nach Maßgabe der Bestimmungen über das Nachlaßwesen und nach Maßgabe der vom Gericht gegebenen besonderen Anweisungen zu verfahren.

Gleiches gilt von der Entsiegelung in Nachlaßsachen und von der Aufnahme eines Nachlaßverzeichnisses im Auftrage des Gerichts.

Die notariellen Urkunden, welche zum Vollzuge der dem Notar nach Abs. 1 und 2 anfallenden Geschäfte errichtet werden, sind in Urschrift an das Nachlaßgericht abzugeben.

12. Entwerfen von Privaturkunden. Erstatten von Gutachten.

§ 275. Entwirft der Notar Privaturkunden oder erstattet er ausführliche schriftliche Gutachten, so soll er, wenn er dafür eine Gebühr verrechnet, von dem Inhalte der Entwürfe oder Gutachten eine kurze Aufzeichnung machen und diese — jedoch außerhalb der allgemeinen Urkundensammlung — verwahren. Es bleibt ihm unbenommen, auch eine Abschrift zurückzubehalten.

Notariatsverweser, welche das Amt auf Rechnung des Staates führen, sollen das Entwerfen von Privaturkunden und Erstatten von Gutachten nicht übernehmen.

13. Uebernahme von Geldern, Wertpapieren und Kostbarkeiten.

§ 276. Das Verfahren der Notare bei der ihnen nach Art. 4 des Notariatsgesetzes obliegenden Übernahme von Geldern, Wertpapieren und Kostbarkeiten zur Verwahrung und Ablieferung regelt sich bis zur Erlassung der Hinterlegungsordnung für die Notariate nach den bisherigen Vorschriften.

Siebenter Abschnitt.

Verkehr zwischen den Hypothekenämtern und den Notaren.

§ 277. Gemäß Artikel 132 des Notariatsgesetzes vom 9. Juni 1899 bleiben die liegenschaftsrechtlihen Vorschriften des Notariatsgesetzes vom 10. November 1861 insoweit in Kraft, als der Vorbehalt des Artikel 189 des Einführungsgesetzes zum Bürgerlichen Gesetzbuche reicht.

Mit den liegenschaftsrechtlichen Vorschriften der Landesgesetze bleiben auch die dienstrechtlichen Vorschriften aufrecht, welche das Verfahren der Notare bei der Beurkundung der unter jene Gesetzesvorschriften fallenden Liegenschaftsgeschäfte und ihren Verkehr mit den Hypothekenämtern regeln.

§ 278. Nach Artikel 133 Abs. 2 des Notariatsgesetzes vom 9. Juni 1899 sind künftig zur Beurkundung der Liegenschaftsgeschäfte über r e ch t s r h e i n i s ch e G r u n d s t ü c k e, welche nach bisheriger Annahme durch die Vorschriften des rechtsrheinischen Notariatsgesetzes ausschließlih den rechtsrheinischen Notaren vorbehalten war, künftig ebeno auch die Notare der Pfalz zuständig.

Demzufolge sind die Vorschriften, welche bisher den rechtsrheinischen Notaren für ihr Verfahren bei der Beurkundung von Geschäften über rechtsrheinische Liegenschaften und für ihren Verkehr mit den rechtsrheinischen Hypothekenämtern gegeben waren, vom 1. Januar 1900 ab bis zur Anlegung des Grundbuchs auch auf die pfälzischen Notare zu erstrecken für den Fall, daß sie Geschäfte über rechtsrheinische Liegenschaften beurkunden. Es gelten daher für diese Fälle auch für die Notare der Pfalz insbesondere die Vorschriften der §§ 279 bis 285.

§ 279. Die notariellen Urkunden über Verträge und Schuldbekenntnisse, auf deren Grund ein Eintrag oder eine Vormerkung im Hypothekenbuche stattzufinden hat oder eine Änderung eines Eintrages vorzunehmen ist, oder durch welches die gänzliche oder teilweise Löschung eines Eintrages bedungen wird, sind zum Zwecke des Vollzugs mittels einfacher Note in Urschrift an das Hypothekenamt zu übersenden. (Artikel 12 des Notariatsgesetzes vom 10. November 1861.)

§ 280. Findet das Hypothekenamt, daß der beabsichtigte Eintrag vorgenommen werden kann, so nimmt es den Eintrag im Hypothekenbuche vor, setzt die Bestätigung des Vollzugs gemäß Art. 15 Abs. 4 des Notariatsgesetzes vom 10. November 1861 auf die Urschrift der Notariatsurkunde und sendet diese an den Notar zurück, welcher die Bestätigung des Hypothekenamts in alle von ihm zu erteilenden Abschriften und Ausfertigungen aufzunehmen hat.

§ 281. Stehen dem beabsichtigten Eintrag im Hypothekenbuche Hindernisse entgegen, z. B. wenn derjenige, welcher die Hypothek bewilligt, noch nicht als Besitzer im Hypothekenbuch eingetragen ist, oder wenn die Bezeichnung des Hypothekenobjektes in der Notariatsurkunde mit der Bezeichnung desselben im Hypothekenbuche nicht übereinstimmt u. dergl., so setzt das Hypothekenamt, insoferne nicht die Beseitigung dieser Hindernisse von kurzer Hand im Benehmen mit dem Notar herbeigeführt werden kann, seinen Beschluß, in welchem die Hindernisse kurz zu bezeichnen sind, gleichfalls auf die Urschrift der Notariatsurkunde und sendet sie an den Notar zurück. (JMBl. 1866 S. 253, 254; 1872 S. 130.) Auch dieser Gerichtsbeschluß ist vom Notar in alle von ihm zu erteilenden Abschriften und Ausfertigungen aufzunehmen. (Artikel 15 Abs. 4 des Notariatsgesetzes vom 10. November 1861.)

§ 282. Da die Vollzugsbestätigung oder der abweisende Beschluß des Hypothekenamts in alle Ausfertigungen der notariellen Urkunde aufzunehmen ist, so sollen Ausfertigungen solcher Urkunden insolange nicht erteilt werden, als nicht der Urschrift die Vollzugsbestätigung oder der Beschluß des Hypothekenamts beigefügt ist.

Öffentlichen Behörden können jedoch beglaubigte Abschriften zum Zwecke der Genehmigungserteilung u. dergl. auch vorher schon erteilt werden.

§ 283. Da nach Artikel 15 Abs. 5 des Notariatsgesetzes vom 10. November 1861 die Mitteilung hypothekenamtlicher Beschlüsse an den Notar auf die von ihm gemachten Vorlagen die Stelle der unmittelbaren Mitteilung dieser Beschlüsse von seiten des Hypothekenamtes an die Beteiligten vertritt, so hat der Notar den Beteiligten, insoweit sie nicht ohnehin durch Zustellung einer Ausfertigung der notariellen Urkunde von der Verfügung des Hypothekenamts Kenntnis erhalten, von derselben alsbald Nachricht zu geben.

Im Falle der Ablehnung des Vollzugs soll der Notar den Beteiligten, soweit erforderlich, zur Beseitigung der Hindernisse mit seinem Rat behilflich sein.

§ 284. Auch wenn eine Eintragung oder Änderung im Hypothekenbuche nicht bedingt ist, hat der Notar von allen Verträgen, die eine Veränderung des Besitzes unbeweglicher Sachen oder diesen gleichgeachteter Rechte betreffen, dem Hypothekenamte die Urschriften zur Kenntnisnahme mitzuteilen.

§ 285. Da den Notaren nach den Artikeln 30 und 134 des Notariatsgesetzes vom 9. Juni 1899 für die Zeit vor der Anlegung des Grundbuchs die Einsicht des Hypothekenbuchs in ausgedehntem Maße zur Pflicht gemacht ist, so ist ihnen die Einsicht der Hypothekenbücher zu amtlichen Zwecken von den Hypothekenämtern ohne weitere Legitimation zu gestatten.

Das Gleiche gilt von denjenigen Gehilfen der Notare, welchen nach den Vorschriften der Geschäftsordnung die Erlaubnis erteilt ist, an Stelle des Notars das Hypothekenbuch einzusehen.

§ 286. Da nach Art. 133 Abs. 2 des Notariatsgesetzes vom 9. Juni 1899 künftig die rechtsrheinischen Notare ebenso zu Beurkundungen von Liegenschaftsgeschäften über pfälzische Grundstücke berufen sind, wie die pfälzischen Notare hinsichtlich der rechtsrheinischen Grundstücke, so haben auch die rechtsrheinischen Notare, wenn sie Liegenschaftsgeschäfte über pfälzische Grundstücke beurkunden, nicht nur das pfälzische Liegenschaftsrecht, sondern auch die zu dessen Ausführung bestimmten Vorschriften über das Verfahren bei der Beurkundung und den Verkehr mit den pfälzischen Hypothekenämtern einzuhalten.

Dies gilt insbesondere für das Verfahren zur Bewirkung der Einschreibung von Hypotheken- und Vorzugsrechten (Kaufsprivilegien).

Achter Abschnitt.

Gebührenwesen.

§ 287. Der Notar soll den Beteiligten über die von ihnen zu zahlenden Gebühren und Auslagen eine von ihm unterschriebene, ins einzelne gehende Rechnung zustellen.

Die Zustellung der Rechnung kann im Falle des Verzichts der Beteiligten unterbleiben, wenn den Beteiligten eine Urschrift, Ausfertigung oder Abschrift behändigt wird, worauf sich die Berechnung befindet.

Über den Empfang der Gebühren und Auslagen soll der Notar quittieren.

§ 288. Das Anhäufen von Rückständen soll auch bei den Notariatsgebühren soviel wie möglich hintangehalten werden.

Die Notare werden auf die künftig geltende wesentlich kürzere Verjährungsfrist, die Notariatsverweser, welche das Amt nicht auf eigene Rechnung führen, insbesondere darauf hingewiesen, daß sie sich durch schuldhafte Säumnis in der Gebührenerhebung schadenersatzpflichtig machen.

§ 289. Der Notar soll nicht verfehlen, bei der Aufnahme von Urkunden über die Erklärungen mehrerer Beteiligter, wo es erforderlich ist, auf die Regelung des Kostenpunktes in der Vereinbarung aufmerksam zu machen und die Vereinbarung der Beteiligten über diesen Punkt im Protokolle festzustellen.

Ist ein Beteiligter, welcher in der Urkunde die Verpflichtung zur Tragung der Kosten übernommen hat, mit der Zahlung im Rückstande geblieben, so soll der Notar hievon ungesäumt die anderen Beteiligten, welche ihm und der Staatskasse gegenüber für die Gebühren und Auslagen haftbar blieben, verständigen, damit ihnen der Rückgriff nicht erschwert wird.

§ 290. Die Mitwirkung der Notare bei der Erhebung der dem Staat und den Gemeinden anfallenden Gebühren regelt sich nach den hiefür erlassenen besonderen Vorschriften.

Die Notare werden insbesondere darauf aufmerksam gemacht, daß sie gemäß Artikel 288 des Gesetzes über das Gebührenwesen bei Meidung eigener Haftung bis zur Entrichtung der dem Staate und den Gemeinden anfallenden Gebühren die Aushändigung der Urschriften, Ausfertigungen und Abschriften an die Beteiligten und die Vorlage der Urschriften, Ausfertigungen und Abschriften für die Beteiligten an die Gerichte und andere Behörden verweigern müssen.

Eine Vorlage für die Beteiligten an eine Behörde im Sinne des Art. 288 des Gebührengesetzes ist jedoch dann nicht gegeben, wenn der Notar vor der Anlegung des Grundbuchs nach Art. 12 Abs. 3 des Notariatsgesetzes vom 10. November 1861 Urkunden von Amtswegen dem Hypothekenamte zum Vollzuge vorlegt oder wenn er öffentlichen Behörden auf deren Ersuchen Urkunden zur Einsicht übersendet.

§ 291. Der Notar hat, wenn er dem Hypothekenamt eine Urkunde vorlegt, auf der vorgelegten Urkunde bei dem Gebührenvermerke deutlich ersichtlich zu machen, ob die Gebühren des Staates und der Gemeinde bezahlt sind oder nicht.

Es bleibt dem Notar unverwehrt, in solchen Fällen, wie es bisher schon üblich war, durch Beifügung des Vermerks „Gebühr vorgeschossen" oder eines anderen gleichbedeutenden deutlichen Vermerks dem Hypothekenbeamten und der Staatskasse gegenüber die Haftung für den Eingang der Gebühr zu übernehmen, um den alsbaldigen Vollzug der Urkunde zu bewirken. Diesem Vermerk ist aber ebenso wie dem Vermerk des Notars, daß die Gebühr bezahlt sei, zur Vermeidung jeden Zweifels die Unterschrift beizufügen.

§ 292. Der Notar soll nach Ablauf jedes Jahres dem Präsidenten des Landgerichts über den Anfall an Notariatsgebühren im verflossenen Jahre berichten.

Der Bericht soll in Tabellenform erstattet werden; die Einrichtung der Tabelle soll die gleiche sein wie die des Notariatsgebührenregisters (Form. IX), ihre Ziffern sollen übereinstimmen mit dem Ergebnis beim jährlichen Abschluß des Notariatsgebührenregisters.

Das Staatsministerium der Justiz behält sich vor, weitere Berichterstattungen über die Notariatsgebühren anzuordnen.

Neunter Abschnitt.

Urlaub, Amtsverwesung, Sicherung der Amtsbestände.

1. Urlaub.

§ 293. Ohne Urlaub darf der Notar seinen dienstlichen Wohnsitz nicht auf mehr als vierundzwanzig Stunden verlassen.

Bis zur Dauer von drei Tagen kann er sich selbst beurlauben; von der Selbstbeurlaubung hat er dem Landesgerichtspräsidenten unverzüglich Anzeige zu erstatten. Die Befugnis zur Selbstbeurlaubung kann im Falle des Mißbrauchs vom Staatsministerium der Justiz entzogen werden.

§ 294. Der Präsident des Landgerichts kann dem Notar auf Ansuchen für jedes Geschäftsjahr einen regelmäßigen Geschäftsurlaub bis zur Dauer von einem Monat erteilen.

Außer dem regelmäßigen Geschäftsurlaub kann der Präsident des Landgerichts dem Notar aus erheblichen Gründen außerordentlichen Urlaub bis zur Dauer einer Woche bewilligen.

§ 295. Gesuche um Geschäftsurlaub auf längere Dauer als einen Monat, sowie Gesuche um außerordentlichen Urlaub auf länger als eine Woche sind auf dem Dienstweg an das Staatsministerium der Justiz zu richten.

Die Gesuche sind entsprechend zu begründen und erforderlichen Falls zu belegen.

§ 296. Jede Urlaubsbewilligung setzt voraus, daß für ordnungsmäßige Wahrnehmung des Dienstes gesorgt ist.

Der Notar hat daher mit seinem Urlaubsgesuche seine Vorschläge für die Amtsverwesung zu verbinden.

§ 297. Notariatsverweser, welche nach Artikel 95 Abs. 2 des Notariatsgesetzes zur ständigen Führung der Geschäfte eines Notariats berufen sind, unterliegen hinsichtlich des Urlaubs denselben Bestimmungen, wie die Notare.

Sind solche Notariatsverweser zugleich Gerichtsbeamte, so haben sie keine Befugnis zur Selbstbeurlaubung, wenn sie diese nicht auch in ihrer Eigenschaft als Gerichtsbeamte hätten. Sie können von dem Gerichtsvorstande Urlaub bis zu drei Tagen erhalten und haben im übrigen ihre Urlaubsgesuche durch Vermittelung des Gerichtsvorstandes dem Landgerichtspräsidenten vorzulegen. Der Gerichtsvorstand wird sich bei der Vorlage über die Abkömmlichkeit von den gerichtlichen Geschäften und die Vorsorge für deren Vornahme während der Beurlaubung des Beamten äußern. Der Landgerichtspräsident kann den Urlaub unter denselben Voraussetzungen und auf dieselbe Dauer erteilen, wie für Notare.

§ 298. Notariatsverwesern, die nur für die Dauer einer vorübergehenden Behinderung oder Erledigung aufgestellt sind, kann der Landgerichtspräsident Urlaub nicht erteilen. An die Stelle der Beurlaubung tritt die Aufstellung eines anderen Notariatsverwesers.

Die Befugnis zur Selbstbeurlaubung und bei Gerichtsbeamten die Befugnis des Gerichtsvorstandes zur Beurlaubung auf drei Tage, ist dieselbe wie bei ständigen Notariatsverwesern.

2. Amtsverwesung.

§ 299. Ergibt sich die Notwendigkeit der Bestellung eines Notariatsverwesers, so hat der Notar und bei dessen Verhinderung oder Abwesenheit das Amtsgericht, in dessen Bezirk das Notariat sich befindet, dem Präsidenten des Landgerichts Bericht zu erstatten.

Der Präsident des Landgerichts kann auch sonst, wenn er von der Notwendigkeit der Bestellung eines Notariatsverwesers Kenntnis erhält, ohne weiteres das Erforderliche anordnen.

§ 300. Die Präsidenten der Landgerichte sind nach Art. 100 Abs. 2 des Notariatsgesetzes berufen, in dringlichen Fällen Notariatsverweser vorläufig zu bestellen.

Die Präsidenten der Landgerichte sind ferner auf grund Art. 100 Abs. 3 des Notariatsgesetzes vom Staatsministerium der Justiz ermächtigt, Notariatsverweser in den Fällen der Beurlaubung für diejenige Zeit zu bestellen, für welche sie den Urlaub erteilen und in den Fällen der Erkrankung oder sonstigen Behinderung eines Notars sowie der Erledigung eines Notariats auf solange, als sie Urlaub erteilen können.

§ 301. Die Präsidenten der Landgerichte sollen zu Notariatsverwesern nur Notare (unter Einhaltung der Bestimmungen des Artikel 98 des Notariatsgesetzes), Gerichtsbeamte (Oberamtsrichter, Amtsrichter, rechtskundige Sekretäre des Amtsgerichts, in dessen Bezirk das Notariat liegt), und solche nach Artikel 96 des Notariatsgesetzes zur Übernahme von Notariatsverwesungen befähigte Personen bestellen, welche vom Staatsministerium der Justiz ein Zeugnis für die allgemeine Zulassung zu diesem Dienste erhalten haben.

Die Gesuche um Erteilung solcher Zeugnisse sind auf dem Dienstwege mit eingehenden Gutachten vorzulegen.

Die erteilten Zeugnisse können vom Staatsministerium der Justiz eingezogen werden.

§ 302. Liegt ein Fall vor, in welchem der Landgerichtspräsident zur Bestellung eines Verwesers nicht zuständig ist, oder hat der Landgerichtspräsident Bedenken über seine Zuständigkeit, so ist an das Staatsministerium der Justiz zu berichten.

Das Gleiche soll geschehen, wenn eine Person als Notariatsverweser aufgestellt werden soll, zu deren Aufstellung der Landgerichtspräsident nach § 301 nicht ermächtigt ist, oder wenn der Landgerichtspräsident hinsichtlich der aufzustellenden Person Bedenken hat.

§ 303. So oft es sich darum handelt, daß die Geschäfte eines Notariats auf Rechnung des Staates geführt werden sollen, ist der Notariatsverweser vom Präsidenten des Landgerichts nur vorläufig zu bestellen, und über die Bestellung und die Übernahme auf Rechnung des Staates an das Staatsministerium der Justiz zu berichten.

§ 304. Im Falle des Artikel 111 Abs. 2 Satz 2 des Notariatsgesetzes kann der Landgerichtspräsident vor der Bestellung des Notariatsverwesers von dem Notar die Abgabe der Erklärung über die Verpflichtung zur Rückvergütung verlangen. Über die Gewährung von Vergütungen ist stets an das Staatsministerium der Justiz zu berichten.

§ 305. Übersteigt die Zeit, für welche ein Notariatsverweser bestellt wird, nicht eine Woche, so hat der Verweser selbst von seiner Bestellung der zuständigen Kreisregierung, dem Amtsgericht und dem Rentamt Anzeige zu erstatten. Erfolgt die Bestellung auf längere Zeit, gleichviel ob sie durch das Staatsministerium der Justiz oder durch den Landgerichtspräsidenten verfügt wird, so hat der Landgerichtspräsident die im § 4 Abs. 2 der Geschäftsordnung vorgesehenen Mitteilungen zu machen; dem Verweser obliegt in solchem Falle die Anzeige nach § 4 Abs. 3 der Geschäftsordnung. Die Aufstellung ständiger Verweser im Falle des Art. 95 Abs. 2 des Notariatsgesetzes wird überdies im Justizministerialblatte bekannt gemacht.

§ 306. Über alle Fälle, in welchen der Landgerichtspräsident einen Notariatsverweser auf längere Zeit, als auf eine Woche bestellt. ist dem Staatsministerium der Justiz Anzeige zu erstatten. Die Anzeigen können für ein bis zwei Monate zusammengefaßt werden.

§ 307. Der aufgestellte Amtsverweser ist vom Präsidenten des Landgerichts zum Dienstantritt einzuberufen und, soweit nötig, zu vereidigen. Die §§ 1 und 2 der Geschäftsordnung finden entsprechende Anwendung. Die Vereidigung kann dem Amtsgericht übertragen werden, in dessen Bezirke sich das Notariat befindet. Der Präsident des Landgerichts soll von der Übertragungsbefugnis Gebrauch machen, wenn er keinen Anlaß hat, das persönliche Erscheinen des Verwesers zu wünschen. Von der Übertragung soll er den Verweser in Kenntnis setzen.

Der § 3 Abs. 3 der Geschäftsordnung findet auch auf Verweser entsprechende Anwendung.

§ 308. Die Amtsübernahme durch den Verweser hat in der gleichen Weise zu erfolgen wie die Amtsübernahme durch den Notar. Ist bei besetztem Notariate die Amtsverwesung nur für den Fall vorübergehenden Bedürfnisses bestimmt, die Rückübernahme durch den Übergebenden also in absehbarer Zeit zu erwarten, so kann die Übergabe, wenn beide Teile damit einverstanden sind, in Bausch und Bogen und ohne Protokoll erfolgen. Der im § 8 vorgeschriebene Vermerk im Geschäftsregister hat dagegen stets stattzufinden.

Das Staatsministerium der Justiz behält sich vor, für einzelne Fälle abweichende Bestimmungen zu treffen.

§ 309. Die Beisetzung der amtlichen Eigenschaft als Verweser zur Unterschrift (Artikel 110 des Notariatsgesetzes) kann in der Form

„X
Notariatsverweser"

erfolgen.

Hat der Notariatsverweser sich im Protokolle mit seiner Amtseigenschaft zu bezeichnen, so kann dies in der Form

„Verweser des K. Notariats N."

geschehen. Einer Angabe darüber, von wem oder aus welchem Anlaß die Bestellung des Verwesers geschehen ist, bedarf es nicht.

§ 310. Die Vorschrift des Artikel 101 Satz 2 des Notariatsgesetzes, daß der Notar sich während der Zeit, in welcher der Verweser zur Führung der Geschäfte berufen ist, der Vornahme von Amtsgeschäften enthalten soll, ist dahin zu verstehen, daß der Notar in solchem Falle auch nicht dem Amtsverweser Gehilfendienste leisten darf.

Dies schließt die Erteilung von Aufschlüssen und eine gewisse Mitüberwachung nicht aus. Dagegen soll der Notar, dem ein Amtsverweser bestellt ist, weder von diesem Amtsverweser noch von einem anderen Notar als „zweiter Notar" beigezogen werden.

§ 311. Im Falle der vorzeitigen Endigung einer Notariatsverwesung nach Artikel 103 des Notariatsgesetzes hat der Verweser hievon dem Präsidenten des Landgerichts Anzeige zu erstatten. Dieser berichtet dem Staatsministerium der Justiz, sofern dasselbe von der Aufstellung des Verwesers Kenntnis hat.

3. Sicherung der Amtsbestände.

§ 312. Nach dem Tode eines Notars oder Notariatsverwesers hat das Amtsgericht, in dessen Bezirk das Notariat liegt, für die Sicherung der Amtsbestände (Siegel, Urkunden, Bücher und Register, Gelder, Wertpapiere und Kostbarkeiten) Sorge zu tragen, soweit ein Bedürfnis besteht. Das Amtsgericht kann insbesondere die Anlegung von Siegeln anordnen.

Gleiches obliegt dem Amtsgerichte dann, wenn im Falle der Entfernung des Notars oder einer geistigen Erkrankung das Bedürfnis einer amtlichen Fürsorge gegeben ist. Über die getroffenen Sicherungsmaßregeln ist sofort dem Präsidenten des Landgerichts Bericht zu erstatten. Der Präsident des Landgerichts kann weitere Sicherungsmaßregeln anordnen und die bestehenden aufheben.

Zehnter Abschnitt.

Schlußbestimmungen.

§ 313. Diese Geschäftsordnung tritt mit dem 1. Januar 1900 in Kraft.

§ 314. Soweit nach dem 31. Dezember 1899 auf die von dem Notar zu beurkundenden oder vorzunehmenden Geschäfte die Bestimmungen des bisherigen Landesrechts noch fernerhin anzuwenden sind, bleiben auch die zur Durchführung dieser Bestimmungen den Notaren gegebenen besonderen Dienstvorschriften in Geltung.

§ 315. Die Vorschriften, wonach den Notaren zu Steuerzwecken Anzeigen an die Steuerbehörden obliegen, ferner die Vorschriften über die Erstattung von Besitzveränderungsanzeigen an die Rentämter und über die sonstige Heranziehung der Notare zu Zwecken der Instandhaltung der Kataster bleiben unberüht.

§ 316. Die Vorschriften über das Verfahren der Notare in Grundbuchsachen und den Verkehr der Notare mit den Grundbuchämtern werden bei dem Inkrafttreten des Grundbuchrechts erlassen werden.

Die Formulare (Justiz-Min.-Bl. 1899 Seite 701 bis 731) wurden, als für die Zwecke der vorliegenden Ausgabe nicht in Betracht kommend, nicht abgedruckt.

---

3. Zahl und Sitze der Notariate und ihre Besetzung.

Königlich Allerhöchste Verordnung vom 22. Dezember 1899 Nr. 41176 (Ges.V.Bl. 1899 Nr. 63 S. 1205 f., J.M.Bl. Nr. 21 Seite 733 bis 734).

§ 1. Vom 1. Januar 1900 ab werden in den Bezirken der Landgerichte des Königreichs die in der Anlage verzeichneten Notariate als staatliche Behörden errichtet.

§ 2. Die neuerrichteten Notariate in Amorbach, Baunach, Euerdorf, Nordhalben, Rehau, Schillingsfürst, Thiersheim, Weidenberg und Wiesentheid werden vorerst nicht mit Notaren besetzt. Zur Wahrnehmung der Geschäfte dieser Notariate sind nach Artikel 95 Abs. 2 des Notariatsgesetzes Notariatsverweser zu bestellen.

§ 3. Jedes der durch § 1 errichteten Notariate hat seinen Sitz an dem Orte, dessen Namen es führt.

Die Gemeinden Krumbach und Hürben gelten für den Sitz der Notariate Krumbach I und Krumbach II als ein Ort.

§ 4. Die Besetzung der neuerrichteten Notariate ergibt sich aus der Anlage. Diejenigen Notare, welche hienach ohne Versetzung an einen anderen Ort im Amte verbleiben, behalten ihre bisherige Urkundensammlungen, Repertorien und sonstigen Amtsbestände. Im übrigen wird das Staatsministerium der Justiz über die Zuweisung der Urkundensammlungen, Repertorien und sonstigen Amtsbestände verfügen.

Das Verzeichnis der Notariate (Ges.V.Bl. 1899 S. 1207—1218, Justiz-Min.-Bl. 1899 S. 735—757) gelangte, als für die Zwecke der vorliegenden Ausgabe nicht in Betracht kommend, nicht zum Abdruck.

4. Amtssiegel der Notariate.

Bekanntmachung des K. Staatsministeriums der Justiz vom 22. Dezember 1899 Nr. 40944 (J.M.Bl. Nr. 21 Seite 758 bis 759).

Seine Königliche Hoheit Prinz Luitpold, des Königreichs Bayern Verweser, haben mit allerhöchstem Signate vom 26. November 1899 anzuordnen geruht, daß vom 1. Januar 1900 ab die Notariate, wie bisher die Notare, als Trockensiegel (Oblaten- oder Lacksiegel) das ovale Siegel ohne Schildhalter der Klasse IV und als Farbdrucksiegel (Schwarzdrucksiegel) das ovale Siegel ohne Schildhalter der Klasse VIII mit der Umschrift:

„Königl. Bayer. Notariat"
„N"

zu führen haben.

Auf grund dieser allerhöchsten Entschließung ist vom K. Hauptmünzamte für jedes der künftigen Notariate ein Trockensiegel und ein Farbdrucksiegel angefertigt worden. Die Siegel werden den Notariaten gegen Schluß dieses Monats unmittelbar vom K. Hauptmünzamte zugesendet werden. Diejenigen Notariate, welche außer mit den Namen ihres Sitzes mit einer Ordnungsziffer bezeichnet sind (z. B. München I, Augsburg II ꝛc.) erhalten die Siegel durch Vermittelung der Landgerichtspräsidenten zugestellt. Die Landgerichtspräsidenten sind beauftragt, die vom K. Hauptmünzamte an sie gelangenden Notariatssiegel den Notariaten, welchen die Siegel nach Maßgabe der allerhöchsten Verordnung vom 22. Dezember 1899 über die Zahl und die Sitze der Notariate und ihre Besetzung zukommen, umgehend zu übersenden, damit die Siegel am 1. Januar 1900 in Gebrauch genommen werden können. Soweit ein solches Notariat unbesetzt und ein Verweser dafür nicht aufgestellt ist, hat der Präsident die Siegel zurückzubehalten, bis ein Notar oder Verweser aufgestellt wird.

Etwaige an den übermittelten Siegeln wahrgenommene Mängel sind dem K. Hauptmünzamte behufs Abhilfe umgehend bekannt zu geben.

Die bisherigen Siegel, welche am 1. Januar 1900 außer Gebrauch zu treten haben, sind nach dem Eintreffen der neuen Siegel dem K. Hauptmünzamt in München einzuliefern. Die Einlieferung soll seitens derjenigen Notariate, welche die neuen Siegel durch Vermittelung der Landgerichtspräsidenten erhalten, durch Vermittelung der Landgerichtspräsidenten, sonst unmittelbar geschehen.

Von den neuen Siegeln sollen die Notare je einen Abdruck dem Präsidenten des Landgerichts zur Aufbewahrung in den Akten vorlegen.

Sollte sich aus irgend welchem Grunde die Übersendung eines neuen Siegels über das laufende Jahr hinaus verzögern, so kann im Dringlichkeitsfalle das alte Siegel noch benützt werden.

Die Deckung des Aufwandes für den erstmaligen Bedarf an Notariatssiegeln geschieht durch das Staatsministerium der Justiz. Über etwaigen späteren Bedarf ist an den Präsidenten des Landgerichts und von diesem an das Staatsministerium der Justiz zu berichten.

Im übrigen wird auf die Bekanntmachung vom 1. August 1883, die Anfertigung von Dienstsiegeln für die K. Behörden und Ämter betreffend (GVBl. S. 399) hingewiesen.

---

5. Die Amtsschilde der Notariate.

Autogr. Entschließung des K. Staatsministeriums der Justiz vom 9. Juli 1900 Nr. 26715.

Der jetzigen Organisation der Notariate als Behörden entspricht es, daß ohne Ausnahme an der Außenseite des Hauses, in dem sich ein Notariat befindet, ein vorschriftsmäßiges Amtsschild angebracht wird, das nicht mehr wie früher (J.M.Bl. 1863 S. 102) den Namen des Notars, sondern lediglich die Behördenbezeichnung des Notariats

„Königl. Bayer. Notariat N“

zu tragen hat (vgl. die autographierte Ministerialbek. vom 8. III. 1837 Nr. 2389, von der unten auszügliche Mitteilung gemacht ist). Wegen des Wappenmusters wird auf die Notiz in der Nr. VIII des J.M.Bl. 1898 verwiesen.

Es ist natürlich nicht ausgeschlossen, sondern erwünscht, daß der Notar neben oder unter dem Wappenschild eine Tafel mit seinem Namen anbringt, die im Falle des Wechsels der Besetzung entfernt und mitgenommen werden kann, während das Amtsschild vom Nachfolger übernommen wird.

Die neue Einrichtung der Amtsschilde braucht nicht sofort auf einmal durchgeführt zu werden. Notaren, die überhaupt noch kein Amtsschild besitzen, soll eine entsprechende Frist zur Anschaffung verstattet, denjenigen Notaren aber, welche ein den bisherigen Vorschriften entsprechendes Amtsschild mit Namensunterschrift besitzen, die Fortbenützung erlaubt werden, bis wegen Wechsels in der Besetzung oder aus sonst einem Grunde die Erneuerung notwendig wird.

Nach der oben cit. Ministerialbek. vom 8. III. 1837 hat das Wappen den viergeteilten Hauptschild mit dem Herzschild und der Königskrone, dann den Löwen als Schildhalter auf dem Sockel stehend, nach einer den Regier.-Präsidien mitmitgeteilten Musterzeichnung zu enthalten. Unter dem Wappen auf dem schwarzen Grunde ist in gelber Schrift die Bezeichnung der Stelle und Behörde zu setzen. Das Wappenschild ist, wo immer thunlich, über dem Eingangsthore des Amtsgebäudes zu befestigen. ꝛc. ꝛc.

6. Inhalt der Vollmachten über die Regelung von Nachläſſen in Neu-Süd-Wales.

Bekanntmachung des K. Staatsministeriums der Justiz Nr. 39911 vom 14. November 1900 (J.M.Bl. 1900 Nr. 33 Seite 1225.)

Zur Vermeidung von Verzögerungen empfiehlt es sich, daß in den Vollmachten, die aus Anlaß der Regelung von Nachläſſen in Neu-Süd-Wales Verstorbener auf einen dortigen Anwalt ausgestellt werden, künftighin folgender Zusatz aufgenommen wird:

„Ich bestimme ferner, für den Fall meines Todes, „daß mein Testamentsvollstrecker und mein Nachlaßver- „walter in gleicher Weise, wie ich es selbst sein würde,

„gehalten sein sollen, alle Schritte und Handlungen, die „mein Herr Bevollmächtigter nach meinem Tode kraft „oder auf grund dieser Vollmacht oder in ihrem Rahmen „und ehe er von meinem Ableben schriftlich unterrichtet „worden ist, vorgenommen hat, als rechtsverbindlich für „sich anzuerkennen."

Die Gerichte und insbesondere die Notariate sind veranlaßt, hierauf im gegebenen Falle die Beteiligten entsprechend aufmerksam zu machen.

7. Legalisation von notariellen Urkunden.

Autographierte Entschließung des K. b. Staatsministeriums der Justiz Nr. 46161 vom 19. Dezember 1900.

Nach Artikel 2 Absatz 2 des Vertrags zwischen dem Deutschen Reich und der Österreich-ungarischen Monarchie wegen Beglaubigung der von öffentlichen Behörden und Beamten ausgestellten oder beglaubigten Urkunden vom 25. Februar 1800 (Reichsgesetzblatt 1881 S. 4) bedürfen die von deutschen Notaren ausgefertigten Urkunden, welche in Österreich-Ungarn benützt werden sollen, der gerichtlichen Beglaubigung; eine weitere ministerielle Beglaubigung ist nicht erforderlich.

Mit Rücksicht hierauf ist im § 188 der Geschäftsordnung für die Notariate unter ausdrücklichem Hinweise auf jenen Vertrag bestimmt, daß solche Urkunden auf den Antrag der Beteiligten vom Notar dem Präsidenten des Landgerichts mit der Bitte um Bewirkung der Beglaubigung und um Rückleitung einzureichen sind.

Da es möglicherweise im Willen der Beteiligten liegt, außer der gerichtlichen auch die ministerielle Legalisation zu erwirken, um die Urkunde gegebenenfalls auch in anderen außerdeutschen Ländern gebrauchen zu können, so ist nicht auszuschließen, daß auch bei solchen Urkunden, die zunächst nur zum Gebrauche in Österreich bestimmt sind, jene weitere Legalisation beantragt und erteilt wird. In jedem Falle ist es jedoch Sache des Notars, den Willen der Beteiligten auch in diesem Punkte genau zu erforschen und danach zu verfahren.

Dem Staatsministerium der Justiz sind nun in jüngster Zeit Beschwerden darüber zugegangen, daß Notare Urkunden, die ausschließlich zum Gebrauch in Österreich bestimmt waren, ohne Not und ohne ausdrücklichen Willen der Beteiligten zur gerichtlichen Beglaubigung und zur weiteren Vorlegung behufs ministerieller Beglaubigung eingereicht und dadurch unnötigerweise Geschäftsverzögerungen und Kostenvermehrung herbeigeführt haben.

---

8. Eröffnung der Testamente und Erbverträge.

Bekanntmachung des K. Staatsministeriums der Justiz Nr. 5077 vom 10. Februar 1900 (J.M.Bl. 1900 Nr. 8 Seite 500.)

Nach verschiedenen an das Staatsministerium der Justiz gerichteten Anfragen haben sich Zweifel darüber erhoben, ob Erbverträge, die vor dem 1. Januar 1900 von einem bayerischen Notar errichtet und in Urschrift bei diesem verblieben sind, wenn der Erblasser nach dem 31. Dezember 1899 starb, von dem Nachlaßgerichte oder vielmehr von dem Notar zu eröffnen sind, der sie in Verwahrung hat.

Es ist insbesondere die Meinung vertreten worden, daß solche Erbverträge nur dann von dem Notar zu eröffnen seien, wenn er sie gleich den letztwilligen Verfügungen nach Art. 82 Abs. 5 des rechtsrheinischen Notariatsgesetzes unter persönlichem Verschlusse verwahrt habe, ferner daß der Notar dann zur Eröffnung nicht mehr zuständig sei, wenn er von dem Erbvertrag eine Ausfertigung erteilt habe, endlich daß zur Eröffnung solcher Erbverträge die Notare überhaupt nicht zuständig seien, weil vor dem 1. Januar 1900 eine besondere amtliche Verwahrung im Sinne der Vorschriften des Bürgerlichen Gesetzbuchs überhaupt nicht bestanden habe.

Das Staatsministerium der Justiz ist der Anschauung, daß Erbverträge, welche vor dem 1. Januar 1900 bei den Notaren errichtet worden sind und deren Urschriften demzufolge sich in der Verwahrung der Notare befinden, wenn der Erblasser nach dem 31. Dezember 1899 stirbt und für seinen Nachlaß ein bayerisches Gericht zuständig ist, stets vom Notar eröffnet werden sollen, ohne Unterschied, ob sie in den Landesteilen r. d. Rh. zur Testamentensammlung genommen sind oder nicht, und ohne Unterschied, ob davon einem Beteiligten eine Ausfertigung erteilt worden ist oder nicht.

Im Gesetze (Art. 1 Abs. 2 Satz 2 des Notariatsgesetzes vom 9. Juni 1899) ist kein Anhaltspunkt dafür vorhanden, daß die Zuständigkeit der Notare zur Eröffnung von Testamenten und Erbverträgen auf Testamente und Erbverträge des neuen Rechts beschränkt werden wollte. Gilt die Vorschrift aber auch für Testamente und Erbverträge des älteren Rechts, so kann für diese das Erfordernis, daß sie sich in der Verwahrung des Notars befinden, nicht nach dem Bürgerlichen Gesetzbuche, sondern nur nach dem älteren Rechte beurteilt werden. Nach älterem Rechte gibt es aber für Erbverträge sowohl in den Landesteilen r. d. Rh. als auch in der Pfalz gesetzlich überhaupt keine *besondere* amtliche Verwahrung, sondern nur die aus den Notariatsgesetzen beider Landesteile begründete *allgemeine* amtliche Verwahrung, wie sie für die Urschriften der notariellen Urkunden aller Gattungen regelmäßig besteht. Nur diese kann also, soweit altes Recht in Frage steht, im Art. 1 Abs. 2 Satz 2 des Notariatsgesetzes vom 9. Juni 1899 gemeint sein.

Soweit dagegen Erbverträge in Frage kommen, von denen sich die Urschriften auf grund des neueren Rechts in der Urkundensammlung des Notars befinden, also insbesondere Erbverträge, die seit dem 1. Januar 1900 bei dem Notar errichtet worden sind, wird der dem neuen Rechte eigene Unterschied zu machen sein und die Eröffnung nur dann durch den Notar erfolgen können, wenn die Urschrift sich in seiner *besonderen* amtlichen Verwahrung befindet.

---

9. Verwahrung von Dorftestamenten.

Autographierte Entschließung des K. Staatsministeriums der Justiz vom 2. Juli 1900 Nr. 25738.

Das im Falle der Not vor dem Gemeindevorsteher und zwei Zeugen nach § 2249 des B.G.B. errichtete Testament soll nach der im § 2249 Abs. 1 Satz 3 für anwendbar erklärten Vorschrift des § 2246 in besondere amtliche Verwahrung gebracht werden. Die besondere amtliche Verwahrung des nach § 2250 an einem abgesperrten Orte errichteten Dorftestaments ist zwar nicht vorgeschrieben, es steht ihr aber selbstverständlich nichts im Wege.

Zur Übernahme der amtlichen Verwahrung sind auch bei Dorftestamenten die Amtsgerichte nicht zuständig. Die Verwahrung erfolgt durch die Notare.

10. Errichtung von Testamenten vor dem Gemeindevorsteher.

Bekanntmachung des K. Staatsministeriums der Justiz vom 24. Dezember 1900 Nr. 44700 (J.M.Bl. 1901 Nr. 2 Seite 21).

Im nachfolgenden gelangt eine gemeinschaftliche Bekanntmachung der K. Staatsministerien der Justiz und des Innern*) über das Verfahren der Gemeindevorsteher bei der Aufnahme von Dorftestamenten zum Abdrucke.

Hiezu wird weiterhin verfügt:

1. Die Notare haben die Testamente, welche ihnen nach § 16 der Anweisung zur Errichtung von Testamenten vor dem Gemeindevorsteher zum Zwecke der Übernahme in die besondere amtliche Verwahrung zugehen, nach § 237 der Geschäftsordnung für die Notariate zu behandeln. Wird das Testament nicht durch die Post übersandt, sondern durch den Bürgermeister oder dessen Stellvertreter persönlich übergeben, so hat der Notar über die Übergabe ein Protokoll aufzunehmen und diesem das Testament beizufügen. Es ist nicht nur gestattet, sondern wird vielmehr mit rücksicht auf die Ordnung der Testamentensammlung den Notaren angeraten, daß sie das übersandte Testament und das Schreiben, mit dem es übersandt ist, und im Falle persönlicher Übergabe durch den Bürgermeister das übergebene Testament mit dem über die Übergabe aufgenommenen Protokolle zusammen

*) Amtsblatt des K. Staatsministeriums des Innern, Jahrgang 1901, Seite 4 ff.

in einen weiteren Umschlag bringen, diesen mit ihrem Siegel versiegeln und in gleicher Weise überschreiben wie es im § 235 der Geschäftsordnung für die Notariate vorgeschrieben ist. Geschieht dies nicht, so ist jedenfalls die Geschäfts- und Testamentsregisternummer auf dem Testamentsumschlag und auf dem Schreiben anzubringen, mit dem das Testament übersandt wird.

2. Nach § 237 a. E. der Geschäftsordnung für die Notariate hat der Notar, wenn ihm ein Testament von dem Gemeindevorsteher zur amtlichen Verwahrung übersandt wird, dem Gemeindevorsteher den Empfang zu bestätigen. Diese Bestätigung vertritt nicht die Erteilung des Hinterlegungsscheins. Vielmehr ist außerdem dem Erblasser der Hinterlegungsschein zu erteilen. Doch besteht keine Erinnerung dagegen, daß der Hinterlegungsschein der amtlichen Bestätigung mit dem Ersuchen um Übermittelung an den Erblasser beigelegt wird. Ebenso kann der Hinterlegungsschein, wenn der Bürgermeister oder dessen Stellvertreter das Testament persönlich übergibt, diesem zur Behändigung an den Erblasser übergeben werden, sofern er zur Entgegennahme bereit ist.

3. Sofort bei der Übernahme des Testaments soll der Notar mit Rücksicht auf die Bestimmung im § 2252 Abs. 1 des B.GB. eine entsprechende Betriebsvormerkung im Terminskalender machen; auf grund dieser Vormerkung soll er bei Ablauf der vorgemerkten Frist, wenn innerhalb derselben ihm nicht bekannt geworden ist, daß der Erblasser gestorben ist oder ein ordentliches Testament errichtet hat, den Erblasser unter Hinweis auf den bevorstehenden Verfall der Wirksamkeit des Dorftestaments darauf aufmerksam machen, daß er nun ein ordentliches Testament errichten müsse, wenn er die im Dorftestament enthaltenen letztwilligen Verfügungen aufrecht erhalten wolle. Die Mitteilung kann, wenn sich der Erblasser zufällig bei dem Notar oder dieser aus anderem Anlaß sich beim Erblasser befinden sollte, mündlich, soll im übrigen schriftlich unter den zur Wahrung des Testamentsgeheimnisses erforderlichen Vorsichtsmaßregeln geschehen. Daß sie geschehen ist, soll im Testamentsregister bei dem

Vortrage der Übergabe vermerkt werden. Ein selbstständiger Eintrag im Testamentsregister oder im Geschäftsregister soll nicht erfolgen.

4. Für die Übernahme des Testaments und die Erteilung des Hinterlegungsscheines hat der Notar die im Artikel 55 Abs. 1 und 4 der Notariatsgebührenordnung bestimmten Gebühren von dem Erblasser zu beanspruchen.

Die Erteilung der Empfangsbestätigung an den Bürgermeister sowie die in Nr. 3 vorgeschriebene Benachrichtigung des Erblassers erfolgt im öffentlichen Interesse von Amtswegen und ist daher kostenfrei.

---

11. Widerruf von Testamenten.

Autographierte Justizministerialentschließung vom 5. Dezember 1900 Nr. 44 321.

Dem Staatsministerium der Justiz ist aus den Berichten über die Besichtigung der Gerichte und Notariate zur Kenntnis gekommen, daß über die Behandlung der Widerrufe von Testamenten nach dem Tode des Erblassers Unsicherheit besteht.

Insbesondere haben sich Zweifel erhoben, ob und inwieweit widerrufene Testamente nach Maßgabe des Bürgerlichen Gesetzbuches zu eröffnen und zu verkünden sind, inwieweit die Eröffnung und Verkündung der Urkunden stattzufinden hat, welche den Widerruf enthalten, und ob der Erblasser zum Zwecke des Widerrufs auch die Herausgabe solcher öffentlicher Testamente verlangen kann, welche vor dem 1. Januar 1900 von den Notaren errichtet worden sind.

Mit Rücksicht hierauf sieht sich das Staatsministerium der Justiz veranlaßt, zur Verhütung von Ungleichmäßigkeit bei der Handhabung der Dienstaufsicht und bei der Bescheidung gestellter Anfragen Nachstehendes bekannt zu geben.

I.

1. Testamente, die ihrem *vollen* Inhalte nach *giltig* widerrufen sind, können als Testamente im Sinne des Gesetzes nicht mehr in Betracht kommen. Die Vorschriften des Bürger-

lichen Gesetzbuches über die Ablieferung und Eröffnung von Testamenten finden deshalb auf sie keine Anwendung. Das Nachlaßgericht oder das an seiner Stelle stehende Notariat hat bezüglich solcher Testamente jede weitere Amtshandlung um so mehr zu unterlassen, als die Eröffnung des widerrufenen Testamentes eine Verletzung der berechtigten Interessen der Erben an der Geheimhaltung mit sich bringen könnte.

Ist nur eine einzelne in einem Testament enthaltene Verfügung widerrufen (B.GB. § 2253), so wird dadurch selbstverständlich die Verpflichtung zur Ablieferung und Eröffnung des Testamentes nicht berührt.

2. Die Prüfung der Frage, ob ein Testament seinem vollen Inhalte nach giltig widerrufen und deshalb von der Ablieferung oder Eröffnung ausgeschlossen ist, obliegt zunächst demjenigen, den die gesetzliche Pflicht zur Ablieferung oder Eröffnung beim Mangel des Widerrufs des Testamentes treffen würde.

Das Bedenken, daß dem Gericht oder Notariate die nötigen Anhaltspunkte dafür fehlen könnten, ob der Widerruf giltig ist, kann nicht als begründet angesehen werden:

a) Erfolgte der Widerruf nach §§ 2255, 2256 des Bürgerlichen Gesetzbuches durch Vernichtung oder Veränderung der Testamentsurkunde oder durch Rücknahme aus der amtlichen Verwahrung, so ist durch den Augenschein und die gesetzliche Vermutung in der Regel ein Zweifel von vorneherein ausgeschlossen. Bleibt jedoch zweifelhaft, ob ein Widerruf beabsichtigt oder giltig zustande gekommen ist, so darf die Ablieferung oder Eröffnung nicht unterlassen werden. Jedenfalls sind Testamente, an denen Vernichtungs- oder Veränderungsspuren wahrgenommen werden, wenn sie zu Gerichtshanden kommen, bei Gericht aufzubewahren.

b) Erfolgte der Widerruf des Testaments durch Testament oder durch Erbvertrag, so ist ohnehin die den Widerruf enthaltende Urkunde als Testament oder Erbvertrag abzuliefern oder zu eröffnen und zwar naturgemäß zuerst. Wird sie bei der Eröffnung dem äußeren Anscheine nach giltig befunden und ist auch sonst kein Grund vorhanden, die Giltigkeit des Widerrufs von amtswegen zu bezweifeln, so muß es den Beteiligten überlassen bleiben, die Ungiltigkeit zu behaupten und zu beweisen. Bis dies geschehen ist, hat die Nachlaßbehörde keinen Anlaß sich mit dem widerrufenen Testamente weiter von amtswegen zu beschäftigen.

c) Die Vorschrift des § 2257 des Bürgerlichen Gesetzbuches

„Wird der durch Testament erfolgte Widerruf einer letztwilligen Verfügung widerrufen, so ist die Verfügung wirksam, wie wenn sie nicht widerrufen wäre"

wird mit Unrecht dafür angezogen, daß jedes widerrufene Testament eröffnet werden müßte, weil möglicherweise der Widerruf widerrufen sein könnte. Vielmehr ist abzuwarten, bis sich ergibt, ob wirklich der Widerruf widerrufen ist.

II.

Ob von dem Widerruf den Beteiligten Eröffnung zu machen ist, wird nach der Art des Widerrufs verschieden zu beantworten sein.

1. Beim Widerruf durch Vernichtung oder Veränderung der Urkunde nach § 2255 des Bürgerlichen Gesetzbuches wird von einer Eröffnung im Sinne des Bürgerlichen Gesetzbuches der Natur der Sache nach keine Rede sein können; das Gleiche muß aber auch für den Widerruf durch Rücknahme des Testaments aus der amtlichen Verwahrung nach Bürgerlichem Gesetzbuche § 2256 zu gelten haben; denn die durch § 240 der Geschäftsordnung für die Notariate vorgeschriebene Urkunde über die Rückgabe ist kein Testament.

2. Ist der Widerruf durch Testament oder durch Erbvertrag erfolgt, so hat die Ablieferung und Eröffnung dieser Urkunden ohne weiteres nach den Vorschriften des Bürgerlichen Gesetzbuches zu erfolgen, gleichviel ob die Urkunden vor oder nach dem Inkrafttreten des Bürgerlichen Gesetzbuches errichtet worden sind.

3. Ist der Widerruf vor dem Inkrafttreten des Bürgerlichen Gesetzbuches in einer anderen Weise als durch Testament oder Erbvertrag erfolgt, so ist für eine Eröffnung der allenfalls über den Widerruf errichteten Urkunde nach Maßgabe des Bürgerlichen Gesetzbuches keine Grundlage vorhanden.

III.

Um thunlichst zu verhüten, daß den Behörden, welche Testamente in amtlicher Verwahrung haben, der Widerruf unbekannt bleibt und so die Einhaltung der in der Nr. 1 niedergelegten Grundsätze unmöglich wird, werden folgende Vorsichtsmaßregeln angeordnet:

1. Beurkundet ein Notar ein Testament oder einen Erbvertrag, wodurch ein bei einer anderen Behörde verwahrtes Testament seinem vollen Umfange nach widerrufen wird, so soll er auf grund der vom Erblasser bei der Beurkundung einzuholenden Ermächtigung hievon sofort der anderen Behörde von amtswegen Mitteilung machen, soferne nicht der Erblasser ohnehin die Verwahrung des Widerrufs bei jener anderen Behörde beantragt. Bei der Mitteilung sind die zur Wahrung des Testamentsgeheimnisses erforderlichen Vorsichtsmaßregeln zu beobachten.

2. Ersieht die Nachlaßbehörde — Amtsgericht oder Notariat — nach dem Tode des Erblasser aus einem offenen Testament oder Erbvertrag, oder bei der Eröffnung eines verschlossenen Testaments oder Erbvertrags aus diesem, daß dadurch ein bei einer anderen Behörde verwahrtes Testament seinem vollen Umfange nach widerrufen wird, so hat sie der anderen Behörde hievon sofort Mitteilung zu machen, damit diese wenn möglich mit der Eröffnung einhält.

3. Unterbleibt die Eröffnung eines bei einem Notar verwahrten Testaments deshalb, weil es widerrufen ist, so hat der Notar hievon alsbald dem Nachlaßgerichte Mitteilung zu machen. Das Nachlaßgericht kann die Uebersendung des Testaments und der Urkunde, aus der sich der Widerruf ergiebt, verlangen. Die Versendung erfolgt eingeschrieben als Regierungssache. Die Urkunden sind bei den Nachlaßakten zurückzubehalten.

IV.

Die für Testamente gegebenen Regeln finden auf Codizille des bisherigen Rechtes gleichmäßige Anwendung.

V.

1. Die Nr. I—III finden keine Anwendung dann, wenn das frühere Testament in dem späteren Testament nicht förmlich

widerrufen ist, sondern nur dadurch aufgehoben ist, daß sein Inhalt mit dem späteren Testament in Widerspruch steht (B.GB. § 2258). In diesem Falle hat stets die Eröffnung beider Testamente stattzufinden.

2. Die Nr. I—III finden ferner keine Anwendung, wenn der Erblasser schon vor dem 1. Januar 1900 verstorben sein sollte; in diesem Falle haben sich die Gerichte und Notare an die vor dem 1. Januar 1900 geltenden Regeln zu halten.

3. Eine entsprechende Anwendung der Nr. I und III auf den Fall, daß ein Testament nicht widerrufen, sondern mit einem formellen oder materiellen Mangel behaftet wäre, kann nicht stattfinden. Eine solche Urkunde ist vielmehr, wenn sie nur überhaupt äußerlich sich als Testament darstellt, zur Eröffnung zu bringen.

VI.

Durch die Grundsätze in Nr. I. und II. werden die etwaigen Rechte der Beteiligten und Dritten auf Einsichtnahme der Urkunden, deren Eröffnung unterbleibt, nicht berührt.

VII.

1. Dem Willen des Erblassers, der ein Testament widerruft, entspricht es in der Regel, daß das widerrufene Testament seinem Inhalte nach, oft auch seiner Existenz nach, den Beteiligten für immer verborgen bleiben soll. Ist dies der Wille des Erblassers, so wird für den Widerruf eines in amtlicher Verwahrung befindlichen Testaments statt der Form des Testaments besser die Form der Rücknahme aus der Verwahrung mit darauffolgender Vernichtung der Urkunde gewählt. Die Notare sind deshalb veranlaßt, den Willen der Beteiligten auch in diesem Punkte genau zu erforschen und zu berücksichtigen.

2. Die Rückgabe des öffentlichen Testaments aus der Verwahrung behufs Widerrufs soll auf Verlangen des Erblassers stets erfolgen, gleichviel ob das öffentliche Testament vor oder nach dem Inkrafttreten des Bürgerlichen Gesetzbuches errichtet und in die Verwahrung gebracht wurde.

3. Die Vorschrift des § 2256 Abs. 2 Satz 2 des Bürgerlichen Gesetzbuches:

„Die Rückgabe darf nur an den Erblasser persönlich erfolgen"

hindert nicht, daß die Rückgabe zu Protokoll eines anderen Notars beantragt und durch Vermittelung eines anderen Notars vollzogen wird als dessen, der es in amtlicher Verwahrung hat. Ein Erblasser z. B., der vom Ort der amtlichen Verwahrung weit entfernt ist, kann sich auf diese Weise durch Vermittlung des Notars seines Aufenthaltsortes sein Testament zurückgeben lassen. Der Notar des Aufenthaltsortes soll das von ihm aufgenommene Protokoll über das Rückgabeersuchen an das Notariat der Verwahrung senden, von diesem das Testament übersendet erhalten, die Rückgabe unter entsprechender Beurkundung vollziehen und schließlich das Protokoll über die Rückgabe dem Verwahrungsnotariate übersenden, bei dem es zu verbleiben hat. Die Versendungen sollen eingeschrieben durch die Post erfolgen, die Zurückbehaltung von Abschriften oder Ausfertigungen ist nicht erforderlich.

---

12. Hinausgabe der Urschriften aufgehobener Erbverträge an die Beteiligten.

Bekanntmachung des K. Staatsministeriums der Justiz vom 31. Januar 1901 Nr. 1722 (J.M.Bl. Nr. 6 Seite 209).

Zur Ergänzung der Vorschriften der Geschäftsordnung für die Notariate über die Hinausgabe der Urschrieften notarieller Urkunden an die Beteiligten wird auf grund des Artikel 38 des Notariatsgesetzes bestimmt:

1. Wird ein vor einem Notar geschlossener Erbvertrag, der nicht mit einem anderen Vertrag in derselben Urkunde verbunden ist, durch einen späteren notariellen Vertrag in seinem vollen Umfang aufgehoben, so ist die Urschrift des aufgehobenen Erbvertrags den Beteiligten auf Verlangen hinauszugeben.
2. Dem Verlangen kann nur stattgegeben werden, wenn es von sämtlichen Vertragsteilen persönlich gestellt wird und wenn dem Notar die Urkunde über den die Aufhebung enthaltenden Vertrag in Urschrift oder Aus-

fertigung vorliegt. Die Rechtswirksamkeit des letzteren Vertrags ist insbesondere auch mit rücksicht auf § 2290 Abs. 3 des B.GB. zu prüfen.

3. Das Verlangen und die Hinausgabe sind zu beurkunden. In der Urkunde ist festzustellen, daß die Voraussetzungen der Nr. 2 dieser Bekanntmachung vorliegen. Die Beurkundung soll, auch wenn sie nicht in das Protokoll über die Aufhebung des Erbvertrags aufgenommen ist, in Protokollform erfolgen.

4. Wird die Urschrift sofort in Gegenwart des Notars vernichtet, so ist dies im Protokolle festzustellen; anderenfalls hat der Notar bei der Hinausgabe auf der Urschrift zu vermerken, daß der Erbvertrag aufgehoben ist, und welche Urkunde den Vertrag über die Aufhebung enthält. Der Vermerk ist mit Datum, Unterschrift und Siegel zu versehen.

5. Die Vermerke im Geschäftsregister und gegebenenfalls im Testamentsregister sind nach Maßgabe der für den Fall der Zurückgabe von Testamenten bestehenden Vorschriften zu machen.

6. Für die Hinausgabe eines Erbvertrags einschließlich der zugehörigen Beurkundung erhält der Notar keine Gebühr, wenn er auch den Vertrag über die Aufhebung des Erbvertrags beurkundet hat und die Hinausgabe im unmittelbaren Anschlusse daran erfolgt.

Erfolgt die Hinausgabe selbständig, so hat der Notar ohne Unterschied, ob der Erbvertrag sich vordem in besonderer amtlicher Verwahrung oder in der allgemeinen Urkundensammlung befand, für die Hinausgabe einschließlich der zugehörigen Beurkundung eine Gebühr von zwei Mark zu beanspruchen.

13. Führung des Güterrechtsregisters.

Bekanntmachung des K. Staatsministeriums der Justiz vom 31. Januar 1900 Nr. 23121 (J.M.Bl. 1900 Nr. 8 Seite 483).

Es haben sich Zweifel erhoben über die Voraussetzungen, unter denen ein Ehevertrag, durch welchen der gesetzliche Güterstand des Bürgerlichen Gesetzbuchs geändert wird, in das Güterrechtsregister einzutragen ist. Zur Beseitigung dieser Zweifel erläßt das Staatsministerium der Justiz folgende Anordnung:

1. Die Eintragung in das Güterrechtsregister setzt einen Antrag voraus. Der Antrag kann schriftlich oder mündlich gestellt werden. Der schriftliche Antrag muß notariell beglaubigt sein; die notarielle Beglaubigung wird durch die notarielle Beurkundung ersetzt. Der mündliche Antrag ist von dem Amtsrichter oder von dem Gerichtsschreiber des zur Führung des Güterrechtsregisters zuständigen Amtsgerichts zu Protokoll zu nehmen.
2. Die Ehegatten können den Antrag gemeinsam stellen; in diesem Falle bedarf es der Vorlegung des Ehevertrags in Urschrift oder in Ausfertigung nicht; es genügt, daß die Ehegatten den Inhalt der Vereinbarung dem Amtsgerichte zur Kenntnis bringen. Der Antrag kann auch von einem Ehegatten allein gestellt werden; in diesem Falle hat der Antragsteller dem Amtsgericht eine beglaubigte Abschrift oder einen beglaubigten Auszug des Ehevertrags vorzulegen.

Der Antrag kann namens des Ehegatten von dem Notar gestellt werden, der den Ehevertrag beurkundet hat. Der Notar bedarf zur Stellung des Antrags keiner Vollmacht. Doch soll er den Antrag nur stellen, wenn die Ehegatten die Eintragung wünschen. Er soll bei der Beurkundung des Ehevertrags die Vertragsschließenden fragen, ob sie die Eintragung wünschen und die Erklärung der Vertragsschließenden in die Urkunde aufnehmen.

Der Notar, der den Antrag auf Eintragung stellt, braucht dem Gerichte den Ehevertrag nicht vorzulegen; es genügt, daß er den Inhalt des Ehevertrags, soweit er für die Eintragung von Belang ist, dem Amtsgerichte mitteilt. Mit dem Antrage soll der Notar die Angabe verbinden, daß di Vertragsschließenden die Eintragung wünschen. Stellt der Notar den Antrag schriftlich, so soll er seiner Unterschrift das Dienstsiegel beidrücken.

3. Eine Eintragung in das Güterrechtsregister soll erst vorgenommen werden, nachdem die Ehe geschlossen ist. Der Notar soll bei der Stellung des Antrags dem Gerichte mitteilen, daß die Eheschließung erfolgt ist. Der Amtsrichter braucht die Mitteilung nicht nachzuprüfen.

4. Wird der Ehevertrag vor der Eheschließung beurkundet, so soll der Notar den Antrag auf Eintragung erst stellen, nachdem die Ehe geschlossen ist. Der Notar soll die Brautleute bei der Beurkundung des Ehevertrags fragen, welcher Tag für die Eheschließung in Aussicht genommen ist; er darf annehmen, daß die Eheschließung an diesem Tage erfolgte, wenn ihm keine gegenteilige Mitteilung zukommt.

Können die Brautleute bei der Beurkundung des Ehevertrags den Tag der Eheschließung noch nicht angeben, so soll der Notar sie darauf aufmerksam machen, daß er den Antrag auf Eintragung in das Güterrechtsregister erst stellen darf, wenn ihm die Mitteilung über die erfolgte Eheschließung zugegangen ist. Zugleich soll er die Brautleute auffordern, ihm diese Mitteilung alsbald nach der Eheschließung znkommen zu lassen. Die Mitteilung kann formlos erfolgen; insbesondere bedarf es hiezu nicht eines Auszugs aus dem Heiratsregister.

5. Erklären die Beteiligten erst nach der Beurkundung des Ehevertrages, daß sie die Eintragung in das Güterrechtsregister wünschen, so soll der Notar hierüber keine besondere Urkunde errichten, sondern nur der Urschrift des Ehevertrags und der Eintragung über diesen im Gesch"ftsregister einen formlosen und kostenlosen Vermerk beifügen.

6. St llen die Beteiligten selbst den Antrag auf Eintragung, so soll der Amtsrichter sie fragen, ob die Ehe abgeschlossen ist. Der Amtsrichter darf die Angaben der Beteiligten als richtig annehmen.

14. Führung des Handelsregisters.

Bekanntmachung des K. Staatsministeriums der Justiz vom 16. September 1900 Nr. 34123 (J.M.Bl. 1900 Nr. 29 Seite 1152).

Nach § 124 Abs. 1 der Bekanntmachung, die Führung des Handelsregisters betreffend, vom 24. Dezember 1899 (JMBl. S. 814) kann der Registerrichter bei der Eintragung des Inhabers einer Firma in das Handelsregister auch den Gegenstand des Unternehmens — den Geschäftszweig — eintragen; ist die Eintragung erfolgt, so hat sich nach § 155 der Bekanntmachung die Veröffentlichung der Eintragung auch auf den Geschäftszweig zu erstrecken.

Da die Organe des Handelsstandes auf die Veröffentlichung des Geschäftszweigs großen Wert legen, so wird den Registerrichtern und den Gerichtsschreibern bei den Registergerichten empfohlen, bei der Entgegennahme der Anmeldung einer Einzelfirma, einer offenen Handelsgesellschaft oder einer Kommanditgesellschaft in denjenigen Fällen, in welchen sich der Geschäftszweig nicht schon aus der Anmeldung ergibt, auf die Angabe des Geschäftszweigs hinzuwirken. Das Gleiche gilt für die Notare, welche eine Anmeldung beurkunden oder beglaubigen.

Wird der Geschäftszweig angegeben, so ist er auch dann zu veröffentlichen, wenn der Registerrichter ihn nicht in das Handelsregister einträgt. Widerspricht der Anmeldende der Veröffentlichung, so soll der Registerrichter den Geschäftszweig nicht in das Register eintragen und ihn nicht veröffentlichen. Wird der Geschäftszweig nicht angegeben, so darf hieraus kein Anlaß genommen werden, die Eintragung und die Veröffentlichung abzulehnen oder zu verzögern. Änderungen des Geschäftszweigs werden nur veröffentlicht, wenn sie sich als Firmenänderungen darstellen (s. § 123 Nr. III der Bekanntmachung vom 24. Dezember 1899).

15. Der Verkehr der Notariate mit den Grundbuchämtern.

Autogr. Bekanntmachung des K. Staatsministeriums der Justiz Nr. 28437 vom 23. Juli 1900.

Da in den nächsten Tagen in einzelnen Bezirken Bayerns das Grundbuchrecht des Bürgerlichen Gesetzbuchs in Kraft treten wird, sieht sich das Staatsministerium der Justiz veranlaßt, über den Verkehr der Notariate mit den Grundbuchämtern die nachstehenden Vorschriften zu erlassen.

Es bleibt vorbehalten, diese Vorschriften in angemessener Zeit nach Maßgabe der in der Praxis gemachten Erfahrungen einer Revision zu unterstellen.

Die rechtsrheinischen Hypothekenämter werden insbesondere darauf aufmerksam gemacht, daß diese Vorschriften auf den Verkehr der Notariate mit den Hypothekenämtern keine Anwendung finden. Die Hypothekenbeamten sind jedoch veranlaßt, mit Rücksicht auf das Fortschreiten der Grundbuch-Anlegung auch jetzt schon sich die Kenntnis dieser Vorschriften anzueignen.

Vorschriften für den Verkehr der Notariate mit den Grundbuchämtern.

I. Allgemeine Bestimmungen.

§ 1. Nach den in Bayern geltenden gesetzlichen Vorschriften und den daselbst bestehenden thatsächlichen Verhältnissen sind zunächst die Notariate berufen, in wechselseitigem Zusammenwirken mit den Grundbuchämtern den Grundverkehr und den Grundkredit zu vermitteln.

Einsichtsvolles Zusammenwirken und gegenseitige Förderung bei der Abwickelung der Geschäfte ist daher besondere Pflicht der Notare wie der Grundbuchbeamten. Sie sollen sich stets gegenwärtig halten, daß sie berufen sind, die Interessen der Rechtsuchenden zu fördern, und daß jede Störung des gegenseitigen Einvernehmens schließlich zur Schädigung dieser Interessen führen muß.

Nimmt die eine der beiden Behörden Irrtümer und Versehen der anderen wahr, so hat sie darauf aufmerksam zu machen und, wo nötig, mitzuwirken, daß derjenige Weg zur Berichtigung gefunden wird, welcher von den zulässigen der einfachste und für die Beteiligten der vorteilhafteste ist.

§ 2. Die Notare haben die Urkunden, auf Grund deren Eintragungen in das Grundbuch erfolgen sollen, so abzufassen, daß der Vollzug bei dem Grundbuchamte keinen Schwierigkeiten begegnet. Die Notare sollen durch sorgfältige Berücksichtigung der Ergebnisse der vorgeschriebenen Einsicht des Grundbuchs (Notariatsgesetz Art. 30, Geschäftsordnung §§ 90—95) und durch Anpassung der äußeren Form der Bewilligungen und Anträge an die den Grundbuchbeamten für die Form der Eintragungen gegebenen Vorschriften für möglichst vollkommene Uebereinstimmung zwischen den Urkunden und dem Grundbuchinhalte sorgen.

II. Grundbuchs-Einsicht.

§ 3. Die Pflicht zur Einsicht des Grundbuchs ist nicht auf die Fälle der Beurkundung und Beglaubigung von Rechtsgeschäften über solche Grundstücke beschränkt, die im Grundbuch eingetragen sein müssen. Sie erstreckt sich auch auf die Fälle der Beurkundung und Beglaubigung von Rechtsgeschäften über buchungsfreie Grundstücke. Betrifft die Urkunde ein Grundstück, das von der Anlegung ausgenommen worden ist, so soll der Notar sich durch Einsicht des Grundbuchs versichern, daß das Grundstück nicht nachträglich eingetragen worden ist. Ist es noch ausgenommen, so soll der Notar dies in der Urkunde feststellen.

§ 4. Die Pflicht zur Einsicht des Grundbuchs ist nicht erstreckt auf die Fälle der Beurkundung von Löschungsbewilligungen; auch greift sie nicht Platz im Falle der Beurkundung oder Beglaubigung der Abtretung oder Verpfändung einer Briefhypothek, weil hier der Brief die Stelle des Buches vertritt. Die Notare werden indessen auch in Fällen dieser Art das Grundbuch einsehen, wenn es besonderer Umstände halber angezeigt ist oder von den Beteiligten verlangt wird.

§ 5. Die Grundbuchämter sind angewiesen, den Notaren und deren nach § 93 der Geschäftsordnung für die Notariate zugelassenen Vertretern die Einsicht des Grundbuchs zu dienstlichen Zwecken zu gestatten. Es bedarf dazu weder einer Vollmacht der Beteiligten noch der Bezeichnung des Geschäftes, das den Anlaß zu der Einsichtnahme bietet.

Die Notare und ihre Vertreter sind selbstverständlich durch ihre Pflicht zur Wahrung des Amtsgeheimnisses verbunden, das durch die Einsicht des Grundbuchs in Erfahrung Gebrachte allen denen zu verschweigen, die auf die Mitteilung keinen rechtlichen Anspruch haben.

§ 6. Die Einsicht des Grundbuchs soll der Notar in der Regel in Person oder durch die nach der Geschäftsordnung zugelassenen Vertreter an Ort und Stelle bei dem Grundbuchamte vornehmen.

Ausnahmsweise ist dem Notar gestattet, das Grundbuchamt von amtswegen um schriftlichen Aufschluß zu ersuchen; dies jedoch nur dann, wenn es sich um einfachere Anfragen handelt, die leichter auf diesem Wege als durch Ausstellung eines Grundbuchsauszugs erledigt werden können.

Zeigt sich erst beim Grundbuchamte, daß die Erteilung eines solchen Aufschlusses umständlicher sein würde als die Erteilung eines Auszugs, so ist es dem Grundbuchamte unbenommen, den Notar auf die Erholung eines Auszuges zu verweisen, wenn ein solcher nicht schon vorsorglich für diesen Fall erbeten ist.

Formular 1. Das Ersuchen um schriftlichen Aufschluß soll so gehalten sein, daß die Antwort mit wenigen Worten gegeben werden kann.

Ausgeschlossen ist das Ersuchen um schriftlichen Aufschluß abgesehen von Notfällen dann, wenn das Notariat sich an dem Sitze des Grundbuchamtes befindet oder wenn, wie bei den Landnotariaten in der Pfalz, auf dem in § 93 Abs. 5

der Geschäftsordnung gegebenen Wege dem Bedürfnisse genügt werden kann.

§ 7. Der Notar kann — ohne einer Vollmacht zu bedürfen — namens der Beteiligten die Erteilung von Auszügen aus dem Grundbuch und deren Richtigstellung beantragen. Er hat in diesem Falle für die Deckung der Gebühren und Auslagen des Grundbuchamtes zu sorgen.

III. Bezugnahme auf das Grundbuch, Uebereinstimmung der Urkunden mit dem Grundbuche.

§ 8. In jeder Urkunde soll das einschlägige Grundbuchblatt und, wenn die Urkunde ausschließlich die Ergänzung, Abänderung oder Löschung einer in der zweiten oder dritten Abteilung des Blattes bestehenden Eintragung betrifft, möglichst auch die Abteilung und die Nummer angegeben werden.

Betrifft die Urkunde ein buchungsfreies, nicht eingetragenes Grundstück, so soll dies besonders angegeben werden.

§ 9. Die Bezeichnung und Beschreibung der Grundstücke in den Urkunden soll mit der Bezeichnung und Beschreibung übereinstimmen, unter der die Grundstücke im Grundbuch eingetragen sind. Werden in einer Urkunde mehrere Grundstücke aufgeführt, so soll dies womöglich in der gleichen Reihenfolge geschehen wie im Grundbuche.

Betrifft die Urkunde Grundstücke, die nicht im Grundbuch eingetragen sind, so soll die Bezeichnung und Beschreibung so erfolgen, wie es bei der Eintragung in das Grundbuch erforderlich ist.

IV. Vorlegung der Urkunden an das Grundbuchamt.

§ 10. Wird die zu einer Eintragung erforderliche Erklärung von einem Notar beurkundet oder beglaubigt, so ist es in der Regel der Wille der Beteiligten, daß alles weiterhin zur Erwirkung der Eintragung Nötige vom Notar besorgt wird. Der Notar ist daher, wenn die Beteiligten nicht anders verfügen, verpflichtet, die Vorlage der Urkunde bei dem Grundbuchamte zu bewirken, die nötigen Anträge zu stellen und fernerhin alles zu thun, was zur sachgemäßen Erledigung des Geschäfts gehört. Wird er hiezu nicht schon in der Urkunde ausdrücklich ermächtigt, so gilt er nach § 15 der Grundbuchordnung als ermächtigt.

Wollen die Beteiligten bei der Vorlegung der Urkunden sich der Vermittelung des Notars nicht bedienen, so soll der Notar dies in der Urkunde oder durch Vermerk im Geschäftsregister feststellen; er soll hiebei den Beteiligten auf Verlangen, und, wo es den Umständen nach nötig scheint, auch von amtswegen darüber Aufschluß erteilen, was sie zur weiteren Erledigung der Sache zu thun haben.

§ 11. Die Verpflichtung zur Vorlegung an das Grundbuchamt erstreckt sich auch auf die Urkunden über solche Grundstücke, welche im Grundbuche nicht eingetragen sind und auch nach der Beurkundung nicht eingetragen werden müssen. Die Vorlegung ist in diesem Falle rein Amtssache. Den Beteiligten steht nicht zu, darauf zu verzichten.

Die Vorlegung erfolgt in diesem Falle kurzhändig mit dem auf die Urschrift oder auf ein ihr beizufügendes Blatt zu setzenden Vermerk:

> „Unter Rückerbittung an das K. Amtsgericht N (Grundbuchamt) zur Kenntnisnahme und Mitteilung eines etwaigen Widerspruchs mit dem Inhalte des Grundbuchs."

§ 12. Wo zur Eintragung der Löschung oder des Ueberganges eines an einem Grundstücke bestehenden Rechtes außer der Bewilligung des Gläubigers die Zustimmung oder der Antrag des Eigentümers erforderlich ist (z. B. bei der Löschung einer Hypothek, Umschreibung einer heimgezahlten Hypothek auf den Namen des Eigentümers des Grundstücks), hat der Notar, wenn er nur die Bewilligung des Gläubigers, nicht aber auch die Zustimmung oder den Antrag des Eigentümers beurkundet oder beglaubigt, von der Vorlegung der Urkunden abzusehen, diese vielmehr dem Gläubiger oder auf dessen Verlangen dem Eigentümer hinauszugeben.

Die Vorschriften des Abs. 1 finden entsprechende Anwendung auf den Fall der Löschung eines Rechtes, mit dem eine Hypothek, eine Grundschuld oder eine Rentenschuld belastet ist. An die Stelle des Eigentümers des Grundstücks tritt derjenige, welchem die Hypothek, die Grundschuld oder die Rentenschuld zusteht.

§ 13. Die Vorlegung der Urkunden an das Grundbuchamt soll sofort geschehen. Hat sie nach dem Willen der Beteiligten erst später zu erfolgen, so soll der Notar dies im Geschäftsregister vermerken, wenn es sich nicht aus der Urkunde selbst ergibt; der Notar soll ferner in diesem Falle durch entsprechende Maßregeln (Vormerkung zum weiteren Betrieb, Anregung bei den Beteiligten) dafür Sorge tragen, daß die ordnungsmäßige Erledigung der Sache gesichert bleibt.

Die gleiche Sorge obliegt dem Notar, wenn eine Vorlage zeitweise um deswillen nicht erfolgen kann, weil noch Eintragungshindernisse bestehen.

§ 14. Die Verpflichtung zur Vorlegung ruht, solange nicht die Staatsgebühren, die gemeindlichen Besitzveränderungsabgaben und die Gebühren und Auslagen des Notars entrichtet sind. (Art. 288 des Gebührengesetzes, Art. 55 des Notariatsgesetzes.) Der Notar hat in diesem Falle den Grund der Unterlassung der Vorlegung im Geschäftsregister zu vermerken.

Die Vorschriften des Abs. 1 finden keine Anwendung, wenn die Vorlegung nach § 11 dieser Bekanntmachung zu geschehen hat.

§ 15. Die Vorlegung soll am Sitze des Notariats durch Boten oder persönlich, nach auswärts in der Regel durch die Post erfolgen. Erfolgt die Vorlegung in einem verschlossenen Umschlage, so soll die Aufschrift ersehen lassen, daß es sich um eine Grundbuchsache handelt.

§ 16. Die Vorlegung geschieht, abgesehen von den Fällen des § 11 dieser Bekanntmachung, stets schriftlich mit einem eigenen Vorlagebogen, aber nicht mittelst Ausfertigung Formular II. eines förmlichen Schreibens, sondern kurzhändig mit möglichst wenigen Worten unter Datum, Unterschrift und Siegel.

Wird der Eintragungsantrag nicht schon in der Urkunde von den Beteiligten, sondern nach § 15 der Grundbuchordnung vom Notar gestellt, so kann er in die Vorlagenote selbst aufgenommen werden. Stellen die Beteiligten den Antrag in der Urkunde selbst, überlassen aber die Vorlegung der Urkunde dem Notar, so ist anzunehmen, daß sie den Notar auch zur Entgegennahme der veranlaßten Bekanntmachung des Grundbuchamts an ihrer Stelle ermächtigt haben wollen; der Notar soll jedoch diese Ermächtigung, falls sie sich nicht schon aus der Urkunde ergibt, in der Vorlage feststellen.

§ 17. Die vorzulegenden Urkunden sind dem Vorlagebogen nicht beizuheften, sondern lose beizufügen.

In welcher Form die Urkunden beizufügen sind, bestimmt sich nach den Vorschriften der §§ 18—25.

§ 18. Ist die Erklärung, auf Grund deren die Eintragung erfolgen soll, von dem Notar nicht beurkundet, sondern nur beglaubigt, so ist sie, wenn die Vorlegung von den Beteiligten dem Notar überlassen wird, stets in Urschrift dem Grundbuchamte vorzulegen, um nach dem Vollzuge bei den Grundbuch-Anlagen zu verbleiben.

§ 19. Sind die vom Notar beurkundeten Erklärungen, auf Grund deren die Eintragung erfolgen soll, solcher Art, daß sie nur dem Grundbuchamte gegenüber Bedeutung haben und daß Ausfertigungen der Urkunde für die Beteiligten später voraussichtlich nicht begehrt werden, wie selbständige Löschungsbewilligungen, Erklärungen über Hypothekbestellung, die nicht mit einem Schuldvertrag verbunden sind, Auflassungserklärungen, die nicht mit dem zu Grunde liegenden obligatorischen Geschäfte verbunden sind, so sollen sie ebenfalls in Urschrift dem Grundbuchamte vorgelegt werden, welches sie bei den Grundbuch-Anlagen zurückbehalten wird.

Die Beteiligten können jedoch verlangen, daß auf ihre Kosten statt der Urschrift eine beglaubigte Abschrift zu den Grundbuch-Anlagen eingereicht wird; in diesem Falle ist neben der Abschrift die Urschrift zum Zwecke der Beisetzung der Vollzugsbestätigung vorzulegen.

§ 20. Wird, wie voraussichtlich in der Regel, die Eintragungsbewilligung oder die sonstige Erklärung, auf Grund deren die Eintragung erfolgen soll, im unmittelbaren Anschluß an das Rechtsgeschäft, das ihr zu Grunde liegt (z. B. an den Kauf, den Darlehensvertrag, das Schuldbekenntnis), in ein und derselben Urkunde aufgenommen, so ist die Urschrift dieser Urkunde unter Rückerbittung, gleichzeitig aber ein zur Aufnahme unter die Grundbuch-Anlagen bestimmter beglaubigter
Formular Auszug dem Grundbuchamte vorzulegen. Der Auszug soll
III, IV. in der Ueberschrift als „Beglaubigter Auszug für das Grund-

buchamt" bezeichnet werden und soll alles enthalten, was für den Vollzug beim Grundbuchamt erforderlich ist. An Stelle des beglaubigten Auszugs kann eine beglaubigte Abschrift vorgelegt werden, wenn nach der Sachlage eine nennenswerte Ersparnis an Arbeit und Kosten durch den Auszug nicht zu erzielen ist oder wenn es die Beteiligten ausdrücklich verlangen.

Für den Fall der Auflassung und der Hypothekbestellung gelten daneben die besonderen Vorschriften der §§ 21—23.

§ 21. Die ihm nach Artikel 12 des Ausführungsgesetzes zur Grundbuchordnung bei der Beurkundung der Auflassung vorgelegte Urkunde über den Vertrag, durch den sich der Veräußerer verpflichtet, das Eigentum an dem Grundstücke zu übertragen, braucht der Notar, soferne es nicht die Beteiligten verlangen, dem Grundbuchamte nicht mitvorzulegen. Er hat aber in der Urkunde über die Auflassung festzustellen, daß ihm die Urkunde über jenen Vertrag vorgelegt worden ist, und hat dabei diese Urkunde so genau zu bezeichnen, daß sie jederzeit erholt werden kann.

§ 22. Soll eine Hypothek eingetragen werden, so genügt dazu in der Regel die Eintragungsbewilligung des Eigentümers des Grundstücks. Es bedarf nicht auch der Aufnahme der Erklärung des Gläubigers darüber, daß er mit der Bestellung und Eintragung der Hypothek einverstanden sei. Der Notar kann daher die von dem Eigentümer einseitig abgegebene Eintragungsbewilligung ohne weiteres beurkunden oder beglaubigen und die Urkunde für sich allein zum Zwecke der Eintragung dem Grundbuchamte vorlegen.

Das Gleiche gilt von den Nebenbestimmungen bei der Hypothekbestellung, die nur das Recht des Eigentümers, nicht auch das des Gläubigers berühren, insbesondere von der Unterwerfung unter die sofortige Zwangsvollstreckung und von der Ausschließung des Hypothekenbriefs. Mit Rücksicht auf die besondere Wichtigkeit dieser beiden Nebenbestimmungen sind die Notare gehalten, sich bei der Beurkundung von Hypothekbestellungen von dem Willen der Beteiligten in diesen beiden Punkten stets besonders genau zu vergewissern und auf dessen sichere Feststellung in der Urkunde besonders sorgfältig Bedacht zu nehmen.

§ 23. Wird eine Briefhypothek bestellt, so hat der Notar außer den sonst vorzulegenden Urkunden oder Auszügen die Urkunde über die Forderung (§ 58 der Grundbuchordnung) zum Zwecke der Verbindung mit dem Hypothekenbriefe mitvorzulegen.

Ist die Urkunde über die Forderung eine Privaturkunde — sei sie beglaubigt oder nicht beglaubigt —, so soll sie in Urschrift oder, wenn sich ihr Inhalt auch auf andere Angelegenheiten erstreckt, auf Verlangen der Beteiligten in einem öffentlich beglaubigten Auszuge vorgelegt werden. Ist die über die Forderung errichtete Urkunde eine gerichtliche oder notarielle, oder sonst eine öffentliche Urkunde, deren Urschrift in der Verwahrung der Behörde zu verbleiben hat, so ist sie in der für den Gläubiger bestimmten Ausfertigung oder, unter den gleichen Voraussetzungen wie die Privaturkunde, im beglaubigten Auszuge vorzulegen.

Ist eine Schuldurkunde nicht ausgestellt, so soll dies aus der vorgelegten Urkunde über die Eintragungsbewilligung ersichtlich sein; der Notar kann die Feststellung der Erklärung des Eigentümers über das Nichtvorhandensein einer Schuldurkunde in dem Vermerk über die Beglaubigung der Eintragungsbewilligung und äußersten Falles auch in der Vorlagenote feststellen.

§ 24. Die auf die Vorlage an den Notar gehenden Mitteilungen und Verfügungen des Grundbuchamtes sind, soweit sie sich nicht auf der zurückgegebenen Urkunde selbst befinden, bei dieser oder an deren Stelle in der Urkundensammlung des Notariats zu verwahren.

§ 25. Legt der Notar Urkunden, die ihm vom Grundbuchamte wegen eines Vollzugshindernisses mit einer Zwischenverfügung oder mit ablehnendem Beschlusse zurückgegeben worden sind, später dem Grundbuchamte neuerlich zum Vollzuge vor, so hat er stets die Zwischenverfügung oder den ablehnenden Beschluß wieder mit in Vorlage zu bringen, gleichviel ob ihm diese auf dem ersten Vorlagebogen oder auf einem eigenen Blatte mitgeteilt worden sind. Der erste Vorlagebogen darf, wenn er sich dazu noch eignet, auch zu der Aufnahme der weiteren Vorlagenoten verwendet werden.

V. Benachrichtigung der Beteiligten durch den Notar, Ausfertigung, Vermerke.

§ 26. Dem Notar obliegt es, in den Fällen, in denen die Bekanntmachung des Grundbuchamts über die Eintragung oder die sonstige Verfügung statt an die Beteiligten an ihn erfolgt, die Beteiligten entsprechend zu verständigen. Die Verständigung kann unterbleiben, wenn die Beteiligten darauf verzichten. Die Verständigung kann ferner unterbleiben, wenn sie nach Lage der Sache entbehrlich ist, wenn es sich z. B. um eine Zwischenverfügung über die Beseitigung eines Eintragungshindernisses handelt und die Beseitigung des Hindernisses alsbald durch den Notar von amtswegen erfolgt.

Die Verständigung kann mündlich oder schriftlich erfolgen. Sie kann formlos geschehen. Sie gilt als erfolgt, wenn dem Beteiligten eine Ausfertigung der Urkunde mit der Eintragungsbestätigung zugegangen ist.

§ 27. Der Notar hat die ihm vom Grundbuchamt erteilte Eintragungsbestätigung in alle späterhin von der Urkunde zu erteilenden Abschriften und Ausfertigungen aufzunehmen.

Erteilt der Notar eine Ausfertigung vor der Erwirkung der Eintragung, so ist auf der Ausfertigung zu vermerken, daß die Eintragung noch nicht erfolgt ist; ein gleicher Vermerk ist anzubringen, wenn die Eintragung ganz oder teilweise abgelehnt worden ist.

§ 28. Wird das durch das beurkundete Geschäft begründete Rechtsverhältnis durch ein später bei demselben Notar beurkundetes Geschäft geändert, z. B. die Hypothek gelöscht, das aufgelassene Grundstück rückübertragen, so soll der Notar durch entsprechenden Vermerk auf der Urschrift jeder dieser Urkunden auf die andere hinweisen. Der Vermerk ist in die später zu erteilenden Abschriften und Ausfertigungen aufzunehmen.

§ 29. Die Vorlegung an das Grundbuchamt, die darauf ergangene Mitteilung des Grundbuchamts, die Verständigung der Beteiligten oder der Verzicht darauf sind im Geschäftsregister kurz zu vermerken.

VI. Schlußbestimmungen.

§ 30. Unberührt bleiben die bestehenden Vorschriften über den Verkehr der Notare mit den Hypothekenämtern und den Hypothekenbewahrern, soweit die notariellen Beurkundungen und Beglaubigungen der Notare Grundstücke betreffen, die in Bezirken liegen, für welche das Grundbuch noch nicht als angelegt anzusehen ist, oder Grundstücke, welche von der Anlegung ausgenommen sind.

§ 31. Unberührt bleiben die Vorschriften über die Verpflichtung der Notare zur Mitwirkung im Grundbuchanlegungsverfahren.

§ 32. Die Verpflichtung der Notare zur Mitteilung von Besitzveränderungen an die Rentämter bleibt bezüglich derjenigen Grundstücke aufrecht, für welche das Grundbuch nicht als angelegt gilt, und bezüglich derjenigen Grundstücke, die, weil von der Buchung befreit, im Grundbuch nicht eingetragen sind und auch nach der Uebertragung nicht eingetragen werden müssen.

Im Uebrigen geht die Anzeigepflicht mit dem Tage, von dem ab das Grundbuch für angelegt erklärt wird und soweit dies der Fall ist, auf die Grundbuchämter über.

§ 33. Die Vorschriften der §§ 1—29 regeln zunächst nur den Verkehr der Notariate mit den bayerischen Grundbuchämtern.

Nichtbayerischen Grundbuchämtern gegenüber sollen die bayerischen Notare ihre Vorlagen so einrichten, wie es nach den am Sitze des Grundbuchamtes geltenden Vorschriften nötig ist. Die in den §§ 1—29 für den inneren Dienst der Notariate und für deren dienstfreundliches Verhalten zu den Grundbuchämtern gegebenen Vorschriften finden auch außerbayerischen Grundbuchämtern gegenüber Anwendung.

Formular I.

K. Notariat X.

An das K. Amtsgericht N (Grundbuchamt).

Ich ersuche durch Ausfüllen der Tabelle auf der Rückseite dieses Blattes nach dem Inhalte des Grundbuchs Aufschluß zu geben ....

....

X, den ....

Siegel. **R, K. Notar.**

Nach Ausfüllung der Tabelle v. k. H. zurück an das K. Notariat X.

X, den........................ Vorm. 10^{30}.

K. Amtsgericht N (Grundbuchamt).

Siegel. **S, K. A.-R.**

Erläuterungen zum Gebrauche des Formulars.

1. In dem Formular ist versucht, ein für die Mehrzahl der Fälle passendes Muster zu geben. Die Einteilung des Formulars soll dem Grundbuchbeamten die Erledigung des Ersuchens, dem Notar die Übersicht erleichtern.

a) Im Texte des Ersuchens soll der Gegenstand des Aufschlusses kurz angegeben werden, z. B.: „Aufschluß zu geben über die Belastung der nachbezeichneten Grundstücke" oder „darüber, welche Grundstücke A in der Steuergemeinde N besitzt und wie sie belastet sind" oder „darüber, welche Lasten der nachbezeichneten (unterstrichenen) Hypothek vorgehen oder gleichstehen".

b) Der Notar soll in der ihm geöffneten Abteilung des Formulars das ihm Bekannte, über dessen Richtigkeit er sich vergewissern will, so genau wie möglich aufführen. Soweit ihm dies nicht möglich ist, läßt er die Spalte frei oder bringt ein Fragezeichen an. Dies gilt auch für die Angabe des Grundbuchblatts oberhalb der Tabelle.

Grundbuch für:
Blatt:

	Gegenstand der Anfrage unter Angabe des dem Notar schon Bekannten.	**Aufschluß des Grundbuchamts**
Bezeichnung und Beschreibung der Grundstücke		
Bezeichnung des Eigentümers		
Lasten nach Abteilung II des Blattes		
Lasten nach Abteilung III des Blattes (Hypotheken, Grundschulden, Rentenschulden)		
Besonderes		

c) Die Angaben des Notars sollen möglichst, die des Grundbuchamts immer nach dem dermaligen Stande geschehen. Abtretungen, Teillöschungen u. dgl. sollen nur im Ergebnis berücksichtigt, nicht aufgeführt werden. Das Datum der Eintragung bleibt weg, der Rang wird durch Ziffern bezeichnet. Zins- und Zahlungsbestimmungen und sonstige Nebenbestimmungen bei Hypotheken, ferner Grunddienstbarkeiten sollen wegbleiben, soferne nicht ausdrücklich darnach gefragt wird. Dagegen sind Verfügungsbeschränkungen stets anzugeben, wenn sie nicht (wie z. B. bei der Anfrage nach vorgehenden Lasten) nach Lage der Sache bedeutungslos sind.

d) Sind die Angaben des Notars vollständig und richtig, so genügt es, wenn der Grundbuchbeamte daneben schreibt „richtig", andernfalls vermerkt er dort die Abweichungen.

2. Es besteht kein Zwang, das Formular zu benutzen oder seine Einrichtung unverändert zu lassen. Es kann z. B. vor der Uebertragung einer Hypothekforderung zweckmäßiger sein, wenn der Notar die Hypothekurkunde mit der Anfrage einsendet, ob sie noch dem dermaligen Stande entspricht, oder wenn bei der Veräußerung oder Belastung eines nach Angabe noch unbelasteten Anwesens der Notar den Katasterauszug mit der Anfrage übersendet, ob er mit dem Inhalte des Grundbuchs übereinstimmt und ob die Grundstücke lastenfrei sind.

Formular II.
(Vorlagebogen.)

An das K. Amtsgericht N (Grundbuchamt)

....

Hiemit lege ich meine Urkunde Nr. .... vom .... — diese gegen Zurückgabe — sowie den für das Grundbuchamt bestimmten Auszug daraus zum Vollzuge vor.

Die Mitteilungen des Grundbuchamts über den Vollzug sollen nach dem Willen der Beteiligten für sie an mich erfolgen.

N, den ....

X,
Siegel. K. Notar.

---

oder, wenn der Eintragungsantrag in der Urkunde nicht enthalten ist:

An das K. Amtsgericht N (Grundbuchamt)

....

Hiemit lege ich meine Urkunde Nr. .... vom .... — diese gegen Zurückgabe —, ferner den für das Grundbuchamt bestimmten Auszug daraus und die zur Anheftung an den Hypothekenbrief bestimmte Ausfertigung vor und beantrage namens des ....

(Folgt der Eintragungsantrag.)

N, den ....

X,
Siegel. K. Notar.

Formular III.

(Urschrift, die gegen Rückgabe an das Grundbuchamt geht.)

Gesch.-R. Nr. 796.

Kaufvertrag, Auflassung und Hypothekbestellung.

Heute, den achtzehnten Oktober Neunzehnhundert
— 18. Oktober 1900 —
erschienen vor mir, Konrad Sturm, K. Notar in Speyer, auf meinem Amtszimmer die mir persönlich bekannten Herren:

1. Johann Müller, Bäckermeister in Speyer,
2. Karl Kraus, Privatmann daselbst.

Auf ihr Ersuchen habe ich nach Einsicht des Grundbuchs ihren Erklärungen gemäß Folgendes beurkundet: ———

Herr Johann Müller verkauft das ihm gehörige Grundstück Haus Nr. 10 an der Blumenstraße in Speyer um fünfundzwanzigtausend Mark ———

— 25,000 Mark —

an Herrn Karl Kraus unter folgenden Bedingungen:

1. Zehntausend Mark werden bar angezahlt bei der Unterzeichnung der Urkunde.
2. Weitere zehntausend Mark werden berichtigt durch die Uebernahme der auf dem Grundstücke lastenden Hypothek der pfälzischen Hypothekenbank zu 10,000 ℳ, welche mit 4% verzinslich und durch weitere Zahlung ½% jährlicher Amortisation zu tilgen ist.
3. Der Rest mit fünftausend Mark soll gestundet und auf dem Grundstücke nach Vorgang des Barkapitals zu 10,000 ℳ hypothekarisch gesichert werden. Er soll vom 1. November 1900 ab mit vier vom Hundert verzinslich und beiderseits halbjährig am 1. Mai und 1. November kündbar sein. Die Erteilung eines Hypothekenbriefs soll ausgeschlossen sein, dagegen soll dem Gläubiger eine vollstreckbare Ausfertigung dieser Urkunde erteilt werden.
4. Die Uebergabe des Grundstücks soll am 1. November 1900 erfolgen. Bis zu diesem Zeitpunkt trägt der Verkäufer, von da ab der Käufer die Abgaben, Zinsen und sonstigen Lasten, im gleichen Zeitpunkte gehen die Nutzungen auf den Käufer über.
5. Der Verkäufer haftet dafür, daß das Grundstück, abgesehen von der zu übernehmenden Bankhypothek, von Rechten Dritter und von Dienstbarkeiten jeder Art frei ist.

6. Die Kosten des Kaufes und der Hypothekbestellung einschließlich der Kosten der dem Verkäufer zu erteilenden vollstreckbaren Ausfertigung trägt der Käufer.

7. Der Käufer unterwirft sich wegen der Kaufschillingsrestforderung zu fünftausend Mark in Haupt- und Nebensache der sofortigen Zwangsvollstreckung und zwar derart, daß die Zwangsvollstreckung aus der Urkunde gegen den jeweiligen Eigentümer des Grundstücks zulässig sein soll.

Herr Karl Kraus ist mit allen diesen Bestimmungen einverstanden.

Hierauf erklärt Herr Johann Müller:

„Ich bewillige und beantrage als Eigentümer des im Grundbuche für Speyer Band II Blatt 86 eingetragenen Grundstückes Pl.-Nr. 726 der Steuergemeinde Speyer, Hs.-Nr. 10 an der Blumenstraße in Speyer, Wohnhaus mit Hofraum und Garten zu 0,092 ha, daß Herr Karl Kraus, Privatmann dahier, an den ich das Grundstück laut dieser Urkunde verkauft habe, im Grundbuch als dessen Eigentümer eingetragen wird."

Herr Karl Kraus erklärt:

„Ich bin hiemit einverstanden und beantrage gleichfalls meine Eintragung als Eigentümer. Gleichzeitig bewillige und beantrage ich, daß auf dem Grundstücke in der dritten Abteilung nach dem Vorgange von 10,000 ℳ Hypothek der pfälzischen Hypothekenbank eingetragen wird:

„„Fünftausend Mark Hypothek ohne Brief für eine Kaufschillingsrestforderung des Bäckermeisters Johann Müller in Speyer. Die Hypothek ist vom 1. November 1900 an mit vier vom Hundert verzinslich und beiderseits halbjährig am 1. Mai und 1. November kündbar. Der Schuldner und Eigentümer hat sich in der Urkunde des Notars Sturm in Speyer vom 18 Oktober 1900 Nr. 796 der sofortigen Zwangsvollstreckung derart unterworfen, daß die Zwangsvollstreckung aus der Urkunde gegen den jeweiligen Eigentümer des Grundstücks zulässig sein soll.""

Vorgelesen von dem Notar, von den Beteiligten genehmigt und eigenhändig unterschrieben.

Johann Müller.
Karl Kraus.
Sturm,
Siegel. K. Notar.

Formular IV.

Beglaubigter Auszug für das Grundbuchamt

Gesch.-R. Nr. 796.

Kaufvertrag, Auflassung und Hypothekbestellung.

Heute, den achtzehnten Oktober Neunzehnhundert
— 18. Oktober 1900 —
erschienen vor mir, Konrad Sturm, K. Notar in Speyer, auf meinem Amtszimmer die mir persönlich bekannten Herren:

1. Johann Müller, Bäckermeister in Speyer,
2. Karl Kraus, Privatmann daselbst.

Auf ihr Ersuchen habe ich nach Einsicht des Grundbuchs ihren Erklärungen gemäß Folgendes beurkundet: ———————
— — — — — — — — — — — — — —

Hierauf erklärt Herr Johann Müller:

„Ich bewillige und beantrage als Eigentümer des im Grundbuche für Speyer Band II Blatt 86 eingetragenen Grundstückes Pl.-Nr. 726 der Steuergemeinde Speyer, Hs.-Nr 10 an der Blumenstraße in Speyer, Wohnhaus mit Hofraum und Garten zu 0,092 ha, daß Herr Karl Kraus, Privatmann dahier, an den ich das Grundstück laut dieser Urkunde verkauft habe, im Grundbuch als dessen Eigentümer eingetragen wird."

Herr Karl Kraus erklärt:

„Ich bin hiemit einverstanden und beantrage gleichfalls meine Eintragung als Eigentümer. Gleichzeitig bewillige und beantrage ich, daß auf dem Grundstücke in der dritten Abteilung nach dem Vorgange von 10,000 M Hypothek der pfälzischen Hypothekenbank eingetragen wird:

„„Fünftausend Mark Hypothek ohne Brief für eine Kaufschillingsrestforderung des Bäckermeisters Johann Müller in Speyer. Die Hypothek ist vom 1. November 1900 an mit vier vom Hundert verzinslich und beiderseits halbjährig am 1. Mai und 1. November kündbar. Der Schuldner und Eigentümer hat sich in der Urkunde des Notars Sturm in Speyer vom 18. Oktober 1900 Nr. 796 der sofortigen Zwangsvollstreckung derart unterworfen, daß die Zwangsvollstreckung aus der Urkunde gegen den jeweiligen Eigentümer des Grundstücks zulässig sein soll.""

Vorgelesen von dem Notar, von den Beteiligten genehmigt und eigenhändig unterschrieben.

Johann Müller.
Karl Kraus.
Sturm,
Siegel. K. Notar.

Die Uebereinstimmung dieses zum Zwecke der Eintragung der Auflassung und der Hypothek in das Grundbuch erteilten Auszugs mit der Urschrift wird unter dem Beifügen bezeugt, daß die Urschrift über die Auflassung und Hypothekbewilligung weiter nichts enthält.

Speyer, den achtzehnten November Neunzehnhundert.

Sturm,
Siegel. K. Notar.

16. Der Verkehr der Notariate mit den Hypothekenämtern.

Bekanntmachung des K. Staatsministeriums der Justiz Nr. 7881 vom 22. Februar 1901, den Verkehr der Notariate mit den Hypothekenämtern, hier die Erholung von Aufschlüssen über den Inhalt des Hypothekenbuchs betr. (Justizministerialblatt 1901 Nr. 8. Seite 263.)

Nach den Vorschriften, die für den Verkehr der Notariate mit den Hypothekenämtern bis zum 1. Januar 1900 für die Landesteile rechts des Rheins in Geltung standen, war den nicht am Sitze des Hypothekenamts der gelegenen Sache befindlichen Notaren gestattet, an Stelle der persönlichen Einsicht des Hypothekenbuchs im dienstlichen Korrespondenzwege von dem Hypothekenamte die erforderlichen Aufschlüsse zu erholen. Die Hypothekenämter waren verpflichtet, solchen Ansuchen mit thunlichster Beschleunigung zu entsprechen. Die Korrespondenz war nicht als Parteisache, sondern als innerdienstliche Offizialsache zu behandeln und demgemäß gebühren- und portofrei.

(Vgl. Sammlung der Entscheidungen des Obersten Landesgerichts Band XI Seite 90; Pfaff und Reisenegger, Kommentar zum Gebührengesetz, Anm. 1 zu Art. 123 n. F.).

In neuerer Zeit sind darüber Zweifel entstanden, ob diese Art der amtlichen Aufschlußerholung und Aufschlußerteilung noch statthaft ist. Es ist die Meinung aufgetaucht, daß es seit dem 1. Januar 1900 nicht mehr Offizialsache des Notars sei, sich den Aufschluß über den Inhalt des Hypothekenbuchs zu verschaffen, wenn er sich nicht am Sitze des Hypothekenamts befinde, sondern stets Sache der Beteiligten, dem Notar in solchem Falle die Buchseinsicht durch Beibringung eines in jüngster Zeit ausgestellten oder richtig gestellten Hypothekenbuchsauszugs zu vermitteln.

Diese Meinung stützt sich auf den Wortlaut des Artikel 30 des Notariatsgesetzes vom 9. Juni 1899, nach dem der Notar durch Einsicht des Grundbuchs (Hypothekenbuchs: Art. 134) oder eines in jüngster Zeit ausgestellten oder berichtigten Auszugs aus dem Buche sich überzeugen soll, ob das beabsichtigte Geschäft mit dem Inhalte des Buches übereinstimmt.

Das Staatsministerium der Justiz hat schon bisher den vereinzelten Anfragen gegenüber daran festgehalten, daß in dem hier fraglichen Punkte das neue Recht keine Änderung gebracht hat. Auch nach dem früheren Rechte konnte der Notar der Pflicht zur Buchseinsicht durch Einsicht des Buchsauszugs genügen. Die Einsichtspflicht des Notars ist durch die Artikel 30, 35, 134 des neuen Notariatsgesetzes lediglich auf weitere Fälle ausgedehnt und strenger noch als bisher eingeschärft worden. Im übrigen liegt eine Änderung nicht vor. Insbesondere war die Abschneidung des amtlichen Korrespondenzwegs für die Erholung kürzerer Aufschlüsse um so weniger beabsichtigt, als bei der Ausdehnung des Einsichtszwanges dafür ein gesteigertes Bedürfnis vorhanden ist; sollte in allen solchen Fällen ein förmlicher Hypothekenbuchsauszug erholt werden, so müßte das zu einer außergewöhnlichen, dem dienstlichen Interesse zuwiderlaufenden Belastung der Amtsgerichte mit unnötiger Schreib- und Kontrollarbeit und zu einer namhaften Verzögerung der Erledigung der Geschäfte führen.

Mit rücksicht hierauf ist im § 6 der den Gerichten und Notariaten in besonderen Abdrucken mitgeteilten Bekanntmachung über den Verkehr der Notariate mit den Grundbuchämtern vom 23. Juli v. Js. Nr. 28437 vorgeschrieben worden:

„Die Einsicht des Grundbuchs soll der Notar in der Regel in Person oder durch die nach der Geschäftsordnung zugelassenen Vertreter an Ort und Stelle bei dem Grundbuchamte vornehmen.

Ausnahmsweise ist dem Notar gestattet, das Grundbuchamt von amtswegen um schriftlichen Aufschluß zu ersuchen; dies jedoch nur dann, wenn es sich um einfachere Fragen handelt, die leichter auf diesem Wege als durch Ausstellung eines Grundbuchsauszugs erledigt werden können.

Zeigt sich erst beim Grundbuchamte, daß die Erteilung eines solchen Aufschlusses umständlicher sein würde, als die Erteilung eines Auszugs, so ist es dem Grundbuchamt unbenommen, den Notar auf die Erholung eines Auszuges zu verweisen, wenn ein solcher nicht schon vorsorglich für diesen Fall erbeten ist.

Das Ersuchen um schriftlichen Aufschluß soll so gehalten sein, daß die Antwort mit wenigen Worten gegeben werden kann.

Ausgeschlossen ist das Ersuchen um schriftlichen Aufschluß, abgesehen von Notfällen dann, wenn das Notariat sich an dem Sitze des Grundbuchamts befindet."

Diese Vorschriften werden, um die entstandenen Zweifel zu beseitigen, hiemit im Einverständnisse mit dem K. Staatsministerium des K. Hauses und des Äußern und mit dem K. Staatsministerium der Finanzen für die Zeit bis zum Inkrafttreten des Grundbuchrechts in den Landesteilen rechts des Rheins auf den Verkehr der Notariate mit den rechtsrheinischen Hypothekenämtern ausdrücklich für entsprechend anwendbar erklärt. Das dem § 6 der Bekanntmachung vom 23. Juli 1900 beigegebene Formular kann nach entsprechender Abänderung auch beim Verkehre mit den rechtsrheinischen Hypothekenämtern verwendet werden.

Schließlich wird noch besonders darauf aufmerksam gemacht, daß die Gesuche der Beteiligten um Ausstellung förmlicher Hypothekenbuchsauszüge nach dem Hypothekengesetze selbstverständlich auch dann gebühren- und portopflichtig sind, wenn sie von den Notaren vermittelt werden. Die Notare haben im letzteren Falle für die Deckung der Gebühren und Auslagen des Hypothekenamts zu sorgen.

17. Vorlage von notariellen Urkunden an die Hypothekenämter in den Landestheilen r. d. Rh.

Bekanntmachung des K. Staatsministeriums der Justiz vom 9. Februar 1900 (J.Mt.Bl. 1900 Nr. 8 Seite 499).

Nach Art. 6 des Gesetzes betr. die Anlegung des Grundbuchs in den Landesteilen r. d. Rh. ist zur Teilung eines mit einer Hypothek belasteten Grundstücks und zur Trennung von Grundstücken, welche auf einem Folium des Hypothekenbuchs vorgetragen sind, die Einwilligung des Gläubigers nicht erforderlich, die Hypothek besteht jedoch als Gesamthypothek fort.

Häufig liegt es indessen bei der Wegveräußerung von Einzelstücken zusammen belasteter Grundstücke oder Anwesen nicht in der Absicht der Beteiligten, die Hypothek als Gesamthypothek fortbestehen zu lassen, vielmehr wird vereinbart, daß die wegveräußerten Teile vom Hypothekverbande freigemacht werden sollen.

Wie dem Staatsministerium der Justiz zur Kenntnis gekommen ist, gehen bei solchen Fällen einzelne Notare davon aus, daß auf grund der Vorschrift in Nr. II A 1 Abs. 1 der Entschließung vom 26. Juli 1864 (JMBl. S. 210) sofort die Urkunde über die Wegveräußerung dem Hypothekenamte zum Vollzuge vorgelegt werden müsse ohne rücksicht darauf, ob schon in nächster Zeit die Freigabeerklärung zu erwarten ist oder nicht.

Diese Anschauung, welche häufig eine unnötige Belastung der Hypothekenbeamten mit doppelter Arbeit und eine Überhäufung der Hypothekenbücher mit sofort wieder zu löschenden Überträgen zur Folge hat, kann nicht gebilligt werden.

Auch nach dem Inkrafttreten des Gesetzes über die Anlegung des Grundbuchs in den Landesteilen rechts des Rheins ist für derartige Fälle die Vorschrift in Nr. II A 1 Abs. 2 der Entschließung vom 26. Juli 1864 anwendbar. Denn der von den Beteiligten wirklich beabsichtigte Eintrag in das

Hypothekenbuch — lastenfreie Überschreibung des wegveräußerten Grundstücks — ist bedingt durch die Freigabe von seiten der Gläubiger.

Die Notare können daher in solchen Fällen nach wie vor eine angemessene Zeit mit der Vorlegung der Veräußerungsurkunde warten, damit diese zugleich mit der Urkunde über die Freigabe vom Pfandverbande zum Vollzuge gebracht werden kann. Von dieser Befugnis sollen die Notare, wo es zweckmäßig ist, Gebrauch machen. Sie werden die Beteiligten davon in geeigneter Weise verständigen. Sollte das alsbaldige Zustandekommen der weiteren Beurkundung von vorneherein unwahrscheinlich sein oder nachträglich unwahrscheinlich werden, so ist die Veräußerungsurkunde ohne weiteres Zuwarten zum Vollzuge vorzulegen. Das Gleiche hat auch sonst zu geschehen, wenn es die Beteiligten ausdrücklich wünschen.

Die Vorschriften der Bekanntmachung vom 23. Juli 1898 (JMBl. S. 227) werden durch gegenwärtige Entschließung nicht berührt.

---

18. Veröffentlichung der Versteigerungsbekanntmachung.

Bekanntmachung des K. Staatsministeriums der Justiz vom 1. Juli 1899 Nr. 20251 (J.M.Bl. Nr. 8 Seite 165).

Die Notare werden hiemit auf die im Artikel 55 des Ausführungsgesetzes vom 9. Juni d. J. zu der Grundbuchordnung und dem Gesetz über die Zwangsversteigerung und die Zwangsverwaltung enthaltene Vorschrift aufmerksam gemacht, daß von der Verkündung dieses Gesetzes d. i. vom 1. Juli d. Js. an in dem Falle des Artikel 66 Abs. 2 des Gesetzes vom 23. Februar 1879, die Zwangsvollstreckung in das unbewegliche Vermögen wegen Geldforderungen betreffend, die in dem Artikel 64 Abs. 1 Ziff. 1 desselben Gesetzes vorgeschriebene Anheftung wiederholt werden soll.

---

19. Vormerkung von Hypotheken im Wege der Zwangsvollstreckung und der Arrestvollziehung nach dem 1. Januar 1900.

Bekanntmachung des K. Staatsministeriums der Justiz Nr. 42306 vom 29. Dezember 1899 (J.M.Bl. 1900 Nr. 3 Seite 114).

Die Amtsgerichte und die Notare werden, damit sie nicht unrichtige Anträge entgegennehmen, darauf besonders aufmerksam gemacht, daß gemäß dem Artikel 56 des Ausführungsgesetzes zu der Grundbuchordnung und zu dem Gesetze über die Zwangsversteigerung und die Zwangsverwaltung vom 1. Januar 1900 an, solange das Grundbuch noch nicht als angelegt anzusehen ist, die Vormerkung einer Hypothek nach Artikel 40 des Gesetzes vom 29. Mai 1886, Änderungen der Bestimmungen über die Zwangsvollstreckung in das unbewegliche Vermögen betreffend, auf grund eines Vollstreckungbefehls überhaupt nicht mehr und auf grund eines anderen Schuldtitels nur noch für eine den Betrag von dreihundert Mark übersteigende Forderung stattfindet. Soll nach dem 1. Januar 1900, solange das Grundbuch noch nicht als angelegt anzusehen ist, in den Landesteilen rechts des Rheins im Wege der Zwangsvollstreckung oder der Arrestvollziehung die Vormerkung einer Hypothek an mehreren Grundstücken des Schuldners erfolgen, so ist der Betrag der Forderung oder der in dem Arrestbefehle festgestellte Geldbetrag (§ 923 der Civilprozeßordnung in der Fassung der Bekanntmachung vom 20. Mai 1898) auf die einzelnen Grundstücke zu verteilen; die Größe der Teile hat der Gläubiger zu bestimmen, die einmal erfolgte Bestimmung ist unwiderruflich.

III.

Dienstaufsicht und Disziplin.

20. Handhabung der Dienstaufsicht.

Bekanntmachung des K. Staatsministeriums der Justiz Nr. 21404, die Handhabung der Dienstaufsicht über die Gerichte und Notare durch die äußeren Dienstaufsichtsbehörden betr., vom 11. Juli 1900 (J.M.Bl. 1900 Nr. 22 Seite 997).

Zum Vollzuge der Art. 69 ff. des Ausführungsgesetzes vom 23. Februar 1879 zum Gerichtsverfassungsgesetz in der Fassung des Art. 167 des Ausführungsgesetzes zum Bürgerlichen Gesetzbuche vom 9. Juni 1899 und der Art. 63 ff. des Notariatsgesetzes vom 9. Juni 1899 ergehen hinsichtlich der Handhabung der Dienstaufsicht über die Gerichte und Notare im Einverständnisse mit dem K. Staatsministerium der Finanzen folgende Vorschriften:

§ 1. Die Dienstaufsicht steht zu

1. dem Präsidenten des Oberlandesgerichts hinsichtlich dieses Gerichts sowie der Gerichte und Notare des Bezirkes,
2. dem Präsidenten des Landgerichts hinsichtlich dieses Gerichts sowie der Gerichte und Notare des Bezirkes,
3. dem Ober-Amtsrichter, welchem die Dienstaufsicht übertragen ist, hinsichtlich des Amtsgerichts.

Die Senatspräsidenten der Oberlandesgerichte und die Direktoren der Landgerichte haben sich — abgesehen von der ihnen als Vorsitzenden der Senate bei den Oberlandesgerichten und der Zivil- und Strafkammer bei den Landgerichten und bei Beschlußfassungen des Präsidiums obliegenden Mitwirkung bei der Aufsicht, dann vorbehaltlich ihrer Inanspruchnahme auf grund des Art. 68 Abs. 2 und des Art. 69 Abs. 2 des Ausführungsgesetzes zum Gerichtsverfassungsgesetz und des Art. 63

Abs. 2 des Notariatsgesetzes — mit selbständiger Besorgung von Aufsichtsgeschäften nur bei Verhinderung der Präsidenten und auch in diesem Falle nur dann zu befassen, wenn die fraglichen Geschäfte keinen Aufschub zulassen.

Das Recht der Dienstaufsicht erstreckt sich auf alle bei den bezeichneten Behörden angestellten oder beschäftigten Beamten, Bediensteten und Staatsdienstadspiranten.

In dem Rechte der Aufsicht liegt die Befugnis, die ordnungsmäßige Ausführung der Geschäfte und die standesgemäße Führung zu überwachen, innerhalb des Rahmens der Gesetze Weisungen zu geben, erforderlichenfalls die Einschreitung im Disziplinarstrafverfahren zu veranlassen und, soweit in Gesetzen oder anderen Vorschriften die Befugnis hiezu eingeräumt ist, die Erledigung eines Amtsgeschäfts durch Zwangsstrafen herbeizuführen.

§ 2. Zur Handhabung der Dienstaufsicht über ein Gericht ist in erster Linie dessen Vorstand berufen.

Der Gerichtsvorstand hat alsbald nach seinem Dienstantritte sich eine genaue Kenntnis von allen Angelegenheiten zu verschaffen, die das Gericht betreffen. Zu diesem Zwecke hat er insbesondere von dem Stande der Geschäfte in allen Zweigen des gerichtlichen Dienstes eingehend Einsicht zu nehmen und sich über die Leistungen und die dienstliche wie außerdienstliche Führung der Beamten, Bediensteten und Staatsdienstadspiranten zu unterrichten.

Er hat sodann Vorkehrungen dahin zu treffen, daß er fortwährend von dem Stande der Geschäfte in allen Zweigen des gerichtlichen Dienstes und von den Leistungen des gesamten bei dem Gerichte verwendeten Personals unterrichtet bleibt. Insbesondere hat er auch von Zeit zu Zeit den gesamten Dienst der Gerichtsschreiberei einer eingehenden Prüfung zu unterwerfen.

In der Befugnis, die ordnungsgemäße Ausführung der Geschäfte zu überwachen, ist auch die Verpflichtung enthalten, dafür zu sorgen, daß der Dienst durch Eintracht unter dem gesamten Personale sowie durch wechselseitige Unterstützung erleichtert und gefördert wird, daß die Geschäfte mit der ihrer Natur nach gebotenen Beschleunigung erledigt werden, daß jede unnötige Weitläufigkeit und jeder überflüssige Kostenaufwand vermieden, daß das Schreibwerk überall auf das geringste notwendige Maß beschränkt wird, daß mit den den Beamten und Bediensteten zur Verfügung gestellten Räumen, Einrichtungsgegenständen und Büchern schonend verfahren, daß von den Vorräten an Formularen, Schreib-, Pack-, Heizungs- und Beleuchtungsmaterialien ein sachgemäßer Gebrauch gemacht wird, und daß diese Gegenstände und Vorräte ausschließlich zu den Zwecken, für die sie bestimmt sind, verwendet werden. Weiter hat der Vorstand darauf zu achten, daß alle Beamten und Bediensteten des Gerichts im Verkehr mit dem Publikum sich eines dem Ansehen und der Würde des Gerichts entsprechenden ruhigen und höflichen Benehmens befleißigen.

Der Gerichtsvorstand kann sich jederzeit den gesamten Auslauf des Gerichts vorlegen lassen. Berichte an die höheren Dienstaufsichtsbehörden sind durch den Gerichtsvorstand vorzulegen.

Der Gerichtsvorstand hat darüber zu wachen, daß gleichartige Geschäfte, auch wenn deren Besorgung in verschiedenen Händen liegt, nach einheitlichen Grundsätzen erledigt werden. Er hat sich zu diesem Zwecke von der Behandlung und Erledigung der Geschäfte in geeigneter Weise (Akteneinsicht, Anwesenheit bei Verhandlungen u. s. w.) Kenntnis zu verschaffen und behufs Herbeiführung eines gleichmäßigen Vorgehens gemeinsame Besprechungen unter den Beteiligten zu veranstalten. Über die formelle Geschäftsbehandlung kann der Gerichtsvorstand Weisungen erlassen. Er wird sie insbesondere dann zu erlassen haben, wenn über die formelle Geschäftsbehandlung Meinungsverschiedenheiten innerhalb des Gerichts zu Tage treten, die durch gegenseitige Besprechung der Beteiligten nicht beseitigt werden können.

Der Gerichtsvorstand hat alle Geschäftseinrichtungen zu treffen, die neben den allgemeinen Anordnungen beruhenden zur Regelung des Geschäftsganges bei dem einzelnen Gerichte erforderlich sind. Bei diesen Einrichtungen ist insbesondere darauf Bedacht zu nehmen, daß alle Rechtsuchenden mit ihren Angelegenheiten, welche sie bei Gericht zu erledigen haben, thunlichst rasch abgefertigt werden können.

Beschwerden, welche gegen die bei dem Gericht angestellten oder verwendeten Beamten und Bediensteten insbesondere wegen

Mängel ihrer Geschäftsführung erhoben werden, hat der Gerichtsvorstand zu untersuchen und, soweit nicht im einzelnen Falle andere Behörden hiezu berufen sind, durch angemessene Verfügungen zu erledigen.

§ 3. Die Dienstaufsicht der höheren Dienstaufsichtsbehörden hat den Zweck, diese Behörden über die richtige Handhabung der Dienstaufsicht durch die untergebenen Gerichtsvorstände zu unterrichten und sie in Kenntnis von dem Zustande zu erhalten, in welchem jeder Zweig der Rechtspflege bei den einzelnen Gerichten und Notariaten sich befindet. Zugleich soll die Aufsicht zu einer verlässigen Beurteilung der einzelnen Beamten und Bediensteten führen.

Die Aufsicht hat sich sowohl bei den Gerichten als bei den Notaren nicht bloß auf die formelle, sondern auch auf die materielle Seite der Geschäftsbehandlung zu erstrecken. Aufgabe der Dienstaufsicht ist es auch, die Beobachtung der für den Dienst des Gerichtsschreibers, des Gerichtsvollziehers und des Botenpersonals bestehenden Vorschriften zu überwachen, die in diesen Dienstzweigen und in der formellen Seite der Geschäftsführung der Gerichte wahrgenommenen Mängel abzustellen, und gegen Verzögerungen sowie gegen Nachlässigkeiten und sonstige Pflichtwidrigkeiten Abhilfe zu schaffen.

§ 4. Die Dienstaufsicht der Oberlandesgerichtspräsidenten und der Landgerichtspräsidenten als höherer Dienstaufsichtsbehörden wird ausgeübt teils im laufenden Dienste (§§ 5, 6), teils im Wege von Besichtigungen (§§ 7, 14) und Visitationen (§§ 8—13, 15).

§ 5. Im laufenden Dienste wird die Dienstaufsicht hauptsächlich ausgeübt

1. durch Einsicht der Geschäftsausweise, Geschäftsübersichten und statistischen Übersichten, sowie der Geschäftsbücher (z. B. Hypothekentagebuch), welche in Gemäßheit der hierüber bestehenden besonderen Vorschriften den Präsidenten der Oberlandesgerichte und der Landgerichte vorzulegen sind.

Diese Ausweise, Übersichten und Geschäftsbücher werden den Präsidenten nicht nur einen Überblick über die Geschäfte bei den ihrer Aufsicht unterstellten Gerichten und Notaren gewähren, sondern auch Anhaltspunkte bieten, um sich über die Thätigkeit der Gerichte und Notare bei der Behandlung der verschiedenen Geschäftszweige sowie über den Stand und Fortgang der Geschäfte in Kenntnis zu erhalten;

2. durch Benützung derjenigen Anhaltspunkte, welche sich aus den dem Oberlandesgericht und dem Landgericht als Obergerichten, insbesonders in Berufungs- und Beschwerdesachen, in Vorlage kommenden Akten über die Geschäftsbehandlung der unterstellten Gerichte und Notare entnehmen lassen.

   Die mit der Entscheidung der Sache befaßten Senate der Oberlandesgerichte und die Zivil- und Strafkammern der Landgerichte haben bei etwa wahrgenommenen Mißständen in der Geschäftsthätigkeit der Gerichte und Notare die Akten vor der Rücksendung unter Bezeichnung der wahrgenommenen Ungehörigkeiten dem Präsidenten des Oberlandesgerichts oder Landgerichts zur Einsichtnahme vorzulegen. Dieser hat entweder die sofortige Beschlußfassung des Präsidiums herbeizuführen oder, sofern dies ohne Verzögerung der Hauptsache nicht geschehen kann, anzuordnen, daß die Akten wieder vorgelegt werden, sobald dadurch der Fortgang des Verfahrens nicht mehr gehindert wird.

   Nimmt das Amtsgericht erhebliche Mißstände bei der Geschäftsführung eines Notars wahr, so hat der Amtsgerichtsvorstand alsbald dem Präsidenten des Landgerichts zu berichten;

3. durch Benützung der Berichte, welche von den Vorständen der unterstellten Gerichte bei sich ergebenden Anlässen zu erstatten sind.

§ 6. Die Dienstaufsicht im laufenden Dienste wird ferner ausgeübt durch die Einsichtnahme der Geschäftsbücher, der Generalakten und Aufsichtsakten, sowie einzelner Akten der Gerichte und Notare, welche die Präsidenten sich zu diesem Zwecke von den Gerichten und Notaren vorlegen lassen.

Die Präsidenten der Oberlandesgerichte und der Landgerichte sind berechtigt, die vorgeschriebenen Geschäftsbücher, wie solche in Gegenständen der streitigen Gerichtsbarkeit, insbesondere durch die Dienstvorschriften für die Gerichtsschreiber und die Vorschriften für die Geschäftsbehandlung in den zur Zuständigkeit der Schöffengerichte gehörigen Strafsachen bestimmt, und in Gegenständen der freiwilligen Gerichtsbarkeit nach den hierüber bestehenden besonderen Vorschriften zu führen sind, dann alle General- und Spezialakten zur Einsicht abzuverlangen, sofern die Übersendung ohne Störung des Geschäftsganges und des Verfahrens in den einzelnen Sachen geschehen kann und nach der Natur der betreffenden Akten überhaupt thunlich erscheint.

Die Präsidenten können ferner in Ansehung aller ihrer Aufsicht unterliegenden Dienstzweige von den gerichtlichen Beamten und den Notaren jederzeit mündliche oder schriftliche Aufklärung über die Behandlung der Geschäfte verlangen.

Die Einholung schriftlicher Erklärungen soll jedoch nicht ohne besondere Veranlassung und nur insoweit geschehen, als die erforderlichen Aufschlüsse nicht mit der Einsicht der einzelnen Akten erlangt werden können.

§ 7. Die Präsidenten der Oberlandesgerichte und der Landgerichte haben sobald als möglich nach dem Antritte ihres Amtes die Gerichte und Notare ihres Bezirks zu besuchen, sich an Ort und Stelle im allgemeinen von dem Stande der Geschäfte zu überzeugen und sich eine eingehende Orts- und Personalkenntnis zu verschaffen.

Über diese informatorischen Besichtigungen haben die Präsidenten unmittelbar nach jeder Besichtigung auf dem Dienstweg an das Staatsministerium der Justiz kurz zu berichten und hiebei etwa vorgefundene besondere Mängel oder Beanstandungen darzulegen.

§ 8. Die Präsidenten der Oberlandesgerichte und der Landgerichte haben sodann periodisch die Gerichte und Notare ihres Bezirkes eingehend zu visitieren.

Bis auf weiteres wird bestimmt, daß der Landgerichtspräsident jedes Amtsgericht und jeden Notar seines Bezirkes binnen *zwei Jahren* einmal und der Präsident des Oberlandesgerichts jedes Landgericht seines Bezirkes binnen drei Jahren einmal zu visitieren hat.

Der Präsident des Oberlandesgerichts soll alljährlich auch mehrere Amtsgerichte und Notare des Bezirkes visitieren. Für die Auswahl werden hiebei die Berichte über die Besichtigungen und Visitationen der Landgerichtspräsidenten und die sonstigen Wahrnehmungen maßgebend sein.

§ 9. Die Bestimmungen der auf die Visitation eines Gerichts und eines Notars zu verwendeten Zeitdauer bleibt dem pflichtgemäßen Ermessen des Präsidenten überlassen.

Bei der Wahl des Termins für die Visitation ist darauf Bedacht zu nehmen, daß das Visitationsgeschäft womöglich ohne Unterbrechung durch Sonn- und Feiertage vorgenommen werden kann.

Die Visitation der Notare soll, wenn irgend thunlich, unmittelbar vor oder unmittelbar nach der Visitation des Amtsgerichts, die eine Visitation im Anschluß an die andere, erfolgen.

§ 10. Bei der Visitation ist genau zu erforschen, ob in allen Zweigen der Rechtspflege den Gesetzen gemäß vorgegangen wird, ob und wiefern den Beamten und Bediensteten etwa Vernachlässigung ihrer Amtspflichten zur Last fällt und wie etwa den bestehenden Mißbräuchen zu begegnen ist. Zugleich hat sich der visitierende Präsident mit den Fähigkeiten und persönlichen Eigenschaften der Beamten und Bediensteten nach Möglichkeit bekannt zu machen, da seine hierauf bezüglichen Wahrnehmungen die Grundlage für seine Mitwirkung bei den zu bethätigenden Qualifikationen der Beamten und Bediensteten zu bilden haben werden.

Der visitierende Präsident hat deshalb die gesamte Geschäftsführung eingehend zu prüfen, die Richtigkeit der Register, Bücher und Verzeichnisse durch Vergleichungen mit den Akten und Urkunden festzustellen, mündlichen Verhandlungen anzuwohnen, sich von der sachlichen Geschäftsbehandlung durch Einsicht von erledigten oder in der Bearbeitung befindlichen Akten und Urkunden und von der Richtigkeit der in den letzten Jahren vorgelegten Geschäftsausweise durch Vergleichung einiger Angaben mit den einschlägigen Akten und Urkunden oder auf andere Weise soviel als möglich zu überzeugen. Mit Hilfe der Akten, Register und Verzeichnisse ist zu untersuchen, ob und in welchem Umfang etwa einzelne Beamte oder Notare mit der Erledigung der Geschäfte sich im Rückstande befinden.

Durch mündlichen Verkehr mit den Beamten ist zu erforschen, ob sie die für ihre Thätigkeit wichtigen neuen Gesetze und Ausführungsvorschriften hinreichend kennen; zweifelhafte Rechtsfragen sind mit ihnen zu erörtern, etwaige Vorschläge für Justizverwaltungsangelegenheiten sind entgegenzunehmen.

Der Präsident hat sich auch über den Zustand und die Beschaffenheit der Amtsräume, des Inventars, der Bibliothek und bei den Gerichten und den auf Rechnung des Staates geführten Notariaten über die zweckmäßige und wirtschaftliche Verwendung der zu Regiezwecken bewilligten Aversen und Maximalbeträge zu unterrichten.

Der Präsident hat sich auch Kenntnis zu verschaffen, in welcher Weise der Amtsgerichtsvorstand den ihm in Ansehung des Amtsgerichtsgefängnisses zugewiesenen Obliegenheiten nachkommt. Zu diesem Behufe hat er sich erforderlichenfalls persönlich von dem Zustande des Amtsgerichtsgefängnisses zu überzeugen.

Bei den Notaren ist die Prüfung von einzelnen Urkunden und Akten in der Regel nur soweit auszudehnen, als es erforderlich ist, um dem Präsidenten Kenntnis von den nicht nur vereinzelt vorkommenden Mängeln und Unregelmäßigkeiten zu verschaffen und ihm ein eigenes und sicheres Urteil über den Zustand des Amtes zu ermöglichen. Bezüglich des Ansatzes der Notariatsgebühren ist es im allgemeinen genügend, wenn bei der Einsicht der Urkunden und der Register auch auf die Berechnung der Gebühren Rücksicht genommen wird. Eine eingehende Prüfung der Gebührenansätze ist nur erforderlich, wenn Überschreitungen der Gebührenordnung bekannt geworden sind.

Über wahrgenommene Gebrechen sind der Gerichtsvorstand und der Notar und nach Umständen auch andere Beamte und Bedienstete zu vernehmen, im übrigen ist aber nach Thunlichkeit alles zu vermeiden, wodurch dem Ansehen und der Ehre des Gerichts oder des Notars nahe getreten oder eine Stockung in der Geschäftsbehandlung verursacht werden könnte.

§ 11. Die Visitation eines Gerichts oder Notars wird der Präsident zweckmäßigerweise durch das Studium aller in seinen Händen befindlichen, auf das Gericht und dessen Personal sowie den Notar bezüglichen Akten (der früheren Respizienzakten, der Akten über Extraditions- und Visitationsverhandlungen bei den Gerichten, der von den Oberstaatsanwälten und I. Staatsanwälten an die Präsidenten abgegebenen Notariatsakten, der letzten Geschäftsausweise und Übersichten u. s. w.) und insbesondere bei den Gerichten auch durch Einsichtnahme einer angemessenen Zahl von Akten aus allen Geschäftszweigen, welche er sich zu diesem Zwecke hat vorlegen lassen, entsprechend vorbereiten, um schon an der Hand dieser Akten im allgemeinen ein Bild von den Verhältnissen und dem Geschäftsstande der zu visitierenden Behörde zu erhalten.

§ 12. Über jede Visitation sind Vormerkungen zu errichten, welche die an jedem einzelnen Vor- und Nachmittage vorgenommenen Visitationshandlungen unter Bezeichnung der Gegenstände, auf welche sich die Visitation erstreckte, nachzuweisen und die hiebei gemachten Wahrnehmungen in gedrängter Kürze zu enthalten haben.

Die Präsidenten der Landgerichte haben zu diesen Vormerkungen die ihnen hiezu noch besonders zugehenden Anleitungen zu benützen.

Die Präsidenten der Oberlandesgerichte können bei den Visitationen der Amtsgerichte und Notariate die gleichen Anleitungen benützen, bei der Visitation der Landgerichte haben sie diese Anleitungen in analoger Weise zur Anwendung zu bringen.

§ 13. Über das Ergebnis jeder Visitation ist sobald als möglich nach deren Beendigung und zwar ausgeschieden nach den in den Anleitungen angegebenen Geschäftszweigen unter Vorlage der Vormerkungen an das Staatsministerium der Justiz zu berichten.

Der Bericht hat sich in der Regel zu beschränken auf die Darstellung der bei der Visitation und etwa vor der Visitation im laufenden Dienste (§§ 5, 6) wahrgenommenen Mängel und Unregelmäßigkeiten und auf die Darstellung der von der Aufsichtsbehörde zur Beseitigung der Mißstände getroffenen Maßnahmen, da alles Übrige aus den Vormerkungen sich ergeben wird. Die erlassenen Präsidialbeschlüsse können zur

Abkürzung des Berichts im Auszuge beigelegt werden. Der Bericht kann sich auch über Zweifel hinsichtlich der richtigen Behandlung einzelner Geschäfte und über wünschenswerte Abänderungen der bestehenden Gesetze und allgemeinen Vorschriften verbreiten.

Den Visitationsberichten des Landgerichtspräsidenten hat der Oberlandesgerichtspräsident bei der Vorlage an das Staatsministerium der Justiz die ihm angemessen erscheinenden Bemerkungen und Äußerungen beizufügen.

§ 14. Die Präsidenten der Oberlandesgerichte und der Landgerichte sind — abgesehen von den ihnen obliegenden informatorischen Besichtigungen (§ 7) und ordentlichen Visitationen (§§ 8—13) der Gerichte und Notare des Bezirkes — ermächtigt, in allen Fällen, in welchen sich nach ihrer Ansicht eine Justizverwaltungsangelegenheit besser und einfacher mündlich an Ort und Stelle als auf dem schriftlichen Wege erledigen läßt, sich zur Erholung genauer Informationen an Ort und Stelle zu begeben und persönlich die Angelegenheit zu regeln.

Die Berichterstattung hierüber hat in der im § 7 vorgeschriebenen Weise zu erfolgen.

§ 15. In gleicher Weise sind die Präsidenten ermächtigt, wenn besondere Veranlassung besteht, die Visitation eines Gerichts oder Notars hinsichtlich einer einzelnen Geschäftssparte oder auch des ganzen Geschäftsumfanges in kürzeren als in den im § 8 bezeichneten Zeiträumen zu wiederholen.

Über die Gründe, welche zu dieser Maßregel Anlaß gegeben haben, ist alsbald an das Staatsministerium der Justiz zu berichten.

Über das Ergebnis einer solchen außerordentlichen Visitation ist in der in den §§ 12, 13 vorgeschriebenen Weise zu berichten.

§ 16. Die gerichtlichen Beamten und Bediensteten und die Notare haben den visitirenden Präsidenten bei der Vornahme des Visitationsgeschäfts jeden förderlichen Beistand zu leisten und alle zur richtigen Würdigung des Geschäftszustandes dienenden Aufschlüsse rückhaltslos zu gewähren.

Andererseits werden aber auch die visitierenden Präsidenten im Auge behalten, daß es sich zunächst nur um eine allgemeine

Erforschung des jeweiligen Geschäftszustandes handelt, daß mithin während der Visitation über wahrgenommene Mängel in der Amtsführung keineswegs ins einzelne gehende, zeitraubende uud weitläufige Erhebungen stattfinden sollen, vielmehr erst die Ergebnisse der Visitation zu eingehenden Untersuchungen und anderen Maßnahmen Veranlassung bieten können.

§ 17. Die Gerichtsvorstände und die höheren Dienstaufsichtsbehörden können bei Erledigung der ihnen obliegenden Geschäfte der Justizverwaltung die Mitwirkung der ihnen unterstellten Beamten in Anspruch nehmen.

Die Präsidenten der Oberlandesgerichte und der Landgerichte haben die ihnen obliegenden Besichtigungen und Visitationen persönlich vorzunehmen. Ist ein Präsident auf längere Zeit an der Vornahme von Besichtigungen oder Visitationen gehindert, so hat er oder sein Stellvertreter hierüber an das Staatsministerium der Justiz zu berichten. Die Genehmigung des Staatsministeriums der Justiz zur Vertretung des Präsidenten bei Besichtigungen und Visitationen durch einen richterlichen Beamten des Gerichts, dessen Vorstand der Präsident ist, wird in der Regel nur dann gegeben werden, wenn der Präsident erkrankt ist und das Geschäft keinen Aufschub erleidet.

§ 18. Die Präsidenten der Oberlandesgerichte und der Landgerichte können bei Mängeln und Unregelmäßigkeiten, welche sie während des laufenden Dienstes bei einem Gericht oder Notar wahrnehmen, dem Gericht oder Notar die sofortige Beseitigung schriftlich oder mündlich anheim geben.

Bei einem großen Teile der während einer Besichtigung oder Visitation hervorgetretenen Mängel und Unregelmäßigkeiten wird mündliches Benehmen des Präsidenten mit den Beamten genügen, um sofort Abhilfe zu schaffen. In solcher Weise beseitigte Fehler können in den Visitationsvormerkungen unerwähnt bleiben, es sei denn, daß der Präsident eine weitere Kontrolle beabsichtigt oder daß nach der Zahl oder der Beschaffenheit der wahrgenommenen Fehler oder wegen der Wiederkehr von Fehlern, auf deren Abstellung schon früher hingewirkt worden ist, Anlaß zu weiteren Maßregeln gegeben ist oder doch das Vorkommnis für die Qualifikation des Beamten von Bedeutung erscheint.

Von den auf den baulichen Zustand eines Gebäudes und auf das Amtsgerichtsgefängnis bezüglichen Wahrnehmungen, soweit sie den Wirkungskreis des Oberstaatsanwalts berühren, hat der Präsident dem Oberstaatsanwalte Kenntnis zu geben.

Erachtet der Präsident eine Entschließung von Aufsichtswegen bezüglich der untergebenen Gerichte veranlaßt, so hat er Antrag an das Präsidium zu stellen, und dessen Beschlußfassung zu erwirken. Bezüglich der Notare hat er in eigener Zuständigkeit zu verfügen.

Stimmt dee Präsident des Landgerichts mit dem Beschlusse des Präsidiums nicht überein, so kann er die Sache dem Präsidenten des Oberlandesgerichts vorlegen. Dieser hat den Beschluß des Präsidiums des Oberlandesgerichts herbeizuführen oder die Akten dem Staatsministerium der Justiz vorzulegen. Stimmt der Präsident des Oberlandesgerichts mit einem Beschlusse des oberlandesgerichtlichen Präsidiums nicht überein, so hat er in jedem Falle die Akten sofort dem Staatsministerium der Justiz vorzulegen.

Auch außer diesen Fällen sind wichtige Beschlüsse und Verfügungen der Präsidien und Präsidenten, wenn sie nicht schon in den Berichten über die Besichtigungen und Visitationen erwähnt sind, dem Staatsministerium der Justiz auf dem Dienstwege zur Kenntnis zu bringen.

§ 19. Ist Anlaß gegeben, gegen einen Beamten oder Bediensteten eine Maßregel der Aufsicht oder der Disziplin vorzukehren, so hat der Präsident die zu diesem Behufe von seiner Seite erforderlichen Schritte zu thun.

§ 20. Die Oberlandesgerichtspräsidenten erhalten als Vergütung für den Aufwand, welcher mit den außerhalb des Amtssitzes vorzunehmenden Visitationsgeschäften verbunden ist, einen Bauschbetrag (Reiseaversum), der für jede Finanzperiode im Voraus festgesetzt und in vierteljährigen, bei Beginn des Vierteljahrs fälligen Teilbeträgen bezahlt wird. Dieser Bauschbetrag dient nicht nur zur Deckung des Aufwandes, welchen die regelmäßigen Visitationen erfordern, sondern ist auch für die durch die informatorischen Besichtigungen (§§ 7, 14) und für die durch die außerordentlichen Visitationen (§ 15) veranlaßten Dienstreisen bestimmt.

Die Landesgerichtspräsidenten und die etwa mit der Stellvertretung des Oberlandesgerichtspräsidenten oder Landgerichtspräsidenten bei Vornahme von Visitationsgeschäften betrauten Beamten erhalten für die zum Behufe von Visitationen gemachten Dienstreisen die verordnungsmäßigen Tagegelder und Reisekosten. Die Liquidation dieser Kosten erfolgt auf dem für die Liquidation von Reisekosten überhaupt vorgeschriebenen Wege.

§ 21. Die Oberlandesgerichtspräsidenten und die Landgerichtspräsidenten haben die zum Behufe von Besichtigungen und Visitationen gemachten Dienstreisen in ein Vormerkungsbuch nach Maßgabe des in der Anlage beigefügten Formulars unter Beobachtung der auf der Titelseite des Formulars enthaltenen Vorschriften einzutragen. In dem Vormerkungsbuche der Oberlandesgerichtspräsidenten bleibt jedoch die zur Verzeichnung der Tagegelder und Reisekosten bestimmte Spalte V des vorgeschriebenen Formulars unausgefüllt. Mehrere auf einer Reise an dem nämlichen Orte vorgenommenen Besichtigungen oder Visitationen werden unter einer Nummer vorgetragen.

In das Vormerkungsbuch sind auch die von etwaigen Stellvertretern gemachten Dienstreisen aufzunehmen.

§ 22. Die Oberlandesgerichtspräsidenten und die Landgerichtspräsidenten haben bis zum 15. Januar jeden Jahres dem Staatsministerium der Justiz einen Auszug aus dem Vormerkungsbuche vorzulegen, welcher die Einträge über die während des vorausgegangenen Geschäftsjahrs gemachten Dienstreisen enthält.

§ 23. Durch vorstehende Vorschriften werden die besonderen Vorschriften über die Visitation der Arbeiten für die Anlegung des Grundbuchs nicht berührt.

Den Präsidenten der Landgerichte rechts des Rheins bleibt es überlassen, die Visitationen der Vorarbeiten für die Anlegung des Grundbuchs mit einer Besichtigung oder Visitation eines Amtsgerichts oder Notariats zu verbinden.

§ 24. Insoweit die dermalen im Amte befindlichen Präsidenten der Oberlandesgerichte und der Landgerichte die Verhältnisse der einzelnen ihnen unterstellten Gerichte und

Notare noch nicht an Ort und Stelle kennen gelernt haben, haben sie die in § 7 vorgeschriebenen Besichtigungen mit thunlichster Beschleunigung vorzunehmen.

Die Reihenfolge der nach Maßgabe dieser Vorschriften zu bethätigenden Visitationen bleibt vorerst dem Ermessen der Präsidenten überlassen.

Anlage.

Vormerkungsbuch

über

die von dem Präsidenten des K. . . . . vorgenommenen Besichtigungen und Visitationen der Gerichte und Notariate.

Vorschriften für die Führung des Buches.

1. Das Buch ist etwa 15 Bogen stark anzulegen.
2. In dasselbe sind alle Besichtigungen und Visitationen einzutragen.
3. Jedes Geschäftsjahr beginnt in Spalte I mit einer neuen Ziffer.
4. Für die Visitation eines jeden Gerichts und Notariats ist eine besondere Querspalte zu verwenden.
5. In der Spalte III ist nur der Anfang und das Ende der Visitationshandlungen ohne Rücksicht auf die zur Hin- und Rückreise verwendete Zeit anzugeben.
6. In der Spalte VI ist von dem Beamten, welcher die Visitation vorgenommen hat, die Richtigkeit des Eintrags unter Beifügung des Tages, an welchem dieser Eintrag geschehen, jedesmal unterschriftlich zu bestätigen.

Geschäftsjahr 19																
Fortlaufende Nummer	Bezeichnung des Gerichts oder Notariats	Der Visitation						Dauer der zur Visitation (mit Einschluß der Hin- und Herreise) verwendeten Zeit		Liquidierte Gebühren						Bemerkungen (insbesondere Tag des Eintrags und unterschriftliche Bestätigung)
		Anfang			Ende					Reisekosten		Tagegelder		Gesamtbetrag		
		Tag	Monat	Stunde	Tag	Monat	Stunde	Tage	Stunden	M	₰	M	₰	M	₰	
I.	II.	III.						IV.		V.						VI.

IV.

Notariatskammern.

21. Notariatskammer-Ordnung.

Königlich Allerhöchste Verordnung vom 4. Mai 1900 Nr. 15370 (Ges.V.Bl. 1900 Nr. 24 S. 435—440, J.M.Bl. 1900 Nr. 17 S. 837—843).

§ 1. Für den Bezirk eines jeden Oberlandesgerichts wird eine Notariatskammer errichtet.

Die Notariatskammer hat ihren Sitz am Orte des Oberlandesgerichts.

§ 2. Jede Notariatskammer besteht aus neun gewählten Mitgliedern.

§ 3. Wahlberechtigt ist jeder im Amte befindliche Notar des Oberlandesgerichtsbezirks.

Die Wahlberechtigung ruht während der Dauer der Suspension.

Notariatsverweser sind als solche nicht wahlberechtigt.

§ 4. Wählbar zum Mitgliede der Notariatskammer ist jeder im Amte befindliche Notar des Oberlandesgerichtsbezirks.

Notariatsverweser sind als solche nicht wählbar.

Ein suspendierter Notar kann während der Dauer der Suspension nicht zum Notariatskammermitgliede gewählt werden.

§ 5. Die Wahl zum Kammermitgliede darf ablehnen:

1. wer das fünfundsechzigste Lebensjahr vollendet hat;
2. wer fünfzehn Jahre lang Kammermitglied gewesen ist;
3. wer die letztvergangenen drei Jahre Kammermitglied war, für die nächsten drei Jahre.

§ 6. Verliert ein Kammermitglied während der Amtsdauer die Wählbarkeit, so scheidet es aus der Kammer aus.

Verfällt ein der Notariatskammer angehöriger Notar der Suspension, so ruht seine Kammermitgliedschaft während der Dauer der Suspension.

§ 7. Das freiwillige Ausscheiden eines Mitgliedes bedarf der Zustimmung der Kammer. Die Zustimmung soll nur aus wichtigen Gründen erteilt werden.

§ 8. Durch die Wahl werden die Gewählten auf drei Jahre zum Amte berufen.

Scheidet ein Mitglied vor dem Ablaufe der Wahlperiode aus, so findet eine Ersatzwahl solange nicht statt, als noch sieben Kammermitglieder vorhanden sind. Ergibt sich das Ausscheiden im letzten Halbjahre der Wahlperiode, so findet eine Ersatzwahl nicht statt, solange noch fünf Mitglieder vorhanden sind. Durch jede Ersatzwahl ist die Kammer auf den Bestand von neun Mitgliedern zu ergänzen. Die Ersatzwahl erfolgt für den Rest der Wahlperiode.

§ 9. Die Neuwahlen sollen innerhalb der letzten sechs Wochen vor dem Ablaufe der Wahlperiode, die Ersatzwahlen alsbald nach dem Eintritte des Bedürfnisses vorgenommen werden.

§ 10. Die Wahl erfolgt durch Abgabe von Stimmzetteln in einer am Sitze des Oberlandesgerichts vorzunehmenden Wahlverhandlung.

§ 11. Die Anberaumung und Leitung der Wahl obliegt dem Vorsitzenden der Notariatskammer, bei dessen Fehlen oder Verhinderung dem stellvertretenden Vorsitzenden und, wenn auch dieser fehlen oder verhindert sein sollte, dem nach seiner Ernennung zum Notar dienstältesten unbehinderten Mitgliede der Notariatskammer.

Hat die Neuwahl wegen Auflösung der Kammer oder aus einem sonstigen Grunde nach dem Ablaufe der Amtsdauer der letztgewählten Notariatskammer stattzufinden, so ist derjenige Notar zur Anberaumung und Leitung der Neuwahl berufen, dem diese Aufgabe zukommen würde, wenn die letzte Notariatskammer noch im Amte wäre.

§ 12. Der zur Leitung Berufene hat die übrigen Wahlberechtigten zur Wahlverhandlung zu laden.

Die Ladung soll enthalten:

1. die Angabe der Veranlassung zur Wahl und der Zahl der zu wählenden Mitglieder;
2. den Ort und die Zeit der Wahlverhandlung;
3. die Aufforderung an die Geladenen, ihre Stimmen bis zum Schlusse der Wahlverhandlung schriftlich abzugeben.

Die Zustellung der Ladungen geschieht mittels eingeschriebenen Briefes. Zwischen der Aufgabe der Briefe zur Post und dem Wahltermine soll eine Ladungsfrist von einem Monate liegen.

§ 13. Den Vorsitz in der Wahlverhandlung führt der zur Leitung der Wahl Berufene. Außer ihm müssen mindestens zwei wahlberechtigte Notare des Oberlandesgerichtsbezirks anwesend sein.

Der Vorsitzende eröffnet die Verhandlung, übernimmt die Stimmzettel und legt sie in die Wahlurne, eröffnet nach Schluß der Abstimmung die Stimmzettel und gibt das Wahlergebnis den Anwesenden bekannt. Zu seiner Unterstützung bei dem Wahlgeschäfte kann er einen oder mehrere von den anwesenden Notaren berufen.

§ 14. Die Abstimmung ist geheim; die Stimmzettel sollen nur die Bezeichnung der Gewählten enthalten und dürfen den Abstimmenden nicht ersehen lassen. Sie sollen so zusammengefaltet sein, daß ihr Inhalt bei dem Einlegen in die Wahlurne nicht ersichtlich wird.

§ 15. Die Stimmzettel werden entweder von den Abstimmenden selbst bei der Wahlverhandlung dem Vorsitzenden übergeben oder durch die Post oder durch Dritte bis zum Schlusse der Abstimmung verschlossen an ihn übermittelt.

In dem Umschlage, mit dem der Stimmzettel eingeschickt wird, soll ein zweiter Umschlag enthalten sein, der nur den Stimmzettel enthält, mit dem Amtssiegel des abstimmenden Notars geschlossen und mit der Aufschrift versehen ist:

„Stimmzettel des K. Notars N. N. zu der Notariatskammerwahl vom . . . . . .

N., K. Notar.“

Der Vorsitzende der Wahlverhandlung gibt, nachdem die Anwesenden persönlich ihre Stimme abgegeben haben, bekannt, welche Stimmzettel ihm verschlossen übermittelt worden sind, stellt fest, daß der Verschluß der Umschläge unversehrt ist, eröffnet die Umschläge, entnimmt ihnen die Stimmzettel und legt sie ungelesen in die Wahlurne.

§ 16. Zur Giltigkeit der Wahl ist nötig, daß mindestens die Hälfte der Wahlberechtigten abgestimmt hat.

§ 17. Gewählt ist, wer mehr als die Hälfte der abgegebenen Stimmen erhalten hat.

Soweit im ersten Wahlgange nicht die nötige Zahl gewählt ist, ist die Wahl in einem weiteren Wahlgange fortzusetzen, bei welchem bis zur Erfüllung der nötigen Zahl diejenigen als gewählt gelten, welche von den abgegebenen Stimmen verhältnißmäßig am meisten erhalten haben. Ist auch dann noch zwischen mehreren wegen Gleichheit der Stimmen die Wahl fraglich, so entscheidet unter diesen das Dienstalter und bei gleichem Dienstalter das Lebensalter.

Die Anberaumung des zweiten Wahlganges erfolgt sofort, wenn das Ergebnis des ersten bekannt gegeben ist, durch den Vorsitzenden. Sind bei der Wahlverhandlung zwei Drittel der Wahlberechtigten oder mehr anwesend, so kann die Anberaumung des zweiten Wahlgangs durch Verkündung erfolgen und die Wahl im unmittelbaren Anschluß an die erste stattfinden. Anderenfalls hat eine neue Ladung, und zwar für die Anwesenden durch Verkündung, für die übrigen schriftliche nach Maßgabe des § 12 zu erfolgen. Der Vorsitzende kann in diesem Falle die Ladungsfrist auf eine Woche abkürzen.

Die §§ 15 und 16 finden auch auf den zweiten Wahlgang Anwendung.

§ 18. Über jede Wahlverhandlung ist ein Protokoll zu errichten.

Das Protokoll soll den Hergang der Wahl und deren Ergebnis ersehen lassen. Es soll insbesondere ersehen lassen, wer persönlich und wer durch Übermittelung eines verschlossenen Stimmzettels abgestimmt hat.

Das Protokoll ist von dem Vorsitzenden und den von ihm zu seiner Unterstützung bei der Wahl berufenen Notaren und, wenn solche nicht berufen worden sind, von zwei anderen erschienenen Wahlberechtigten zu unterschreiben.

§ 19. Nach Beendigung der Wahl der Notariatskammermitglieder wählen diese alsbald aus ihrer Mitte einen Vorsitzenden, einen stellvertretenden Vorsitzenden, einen Schriftführer und einen stellvertretenden Schriftführer.

§ 20. Ist die Neubildung der Notariatskammer nach Maßgabe der §§ 13 bis 18 und des § 19 vollzogen, so erstattet der Vorsitzende der neuen Kammer und bei dessen Verhinderung der stellvertretende Vorsitzende hierüber Bericht.

Ebenso ist über jede Änderung im Bestande der Kammer alsbald zu berichten.

Der Personalbestand der Notariatskammern wird beim Beginne jeder Wahlperiode durch das Gesetz- und Verordnungsblatt bekannt gemacht.

§ 21. Das Amt der Vorsitzenden, Schriftführer und Mitglieder der Notariatskammer ist ein Ehrenamt und wird unentgeltlich geführt. Die baren Auslagen werden erstattet.

§ 22. Die Notariatskammern führen ein Dienstsiegel und zwar

1. als Oblaten- oder Lacksiegel das Ovalsiegel der Klasse IV,
2. als Schwarzdrucksiegel das Ovalsiegel der Klasse VIII,

beide mit der Umschrift:

„Notariatskammer N.“

§ 23. Aufgehoben sind:

1. die Verordnung über die rechtsrheinischen Notariatskammern vom 2. September 1862;
2. die für die Pfalz maßgebende Verordnung über die Bildung der Notariatskammern vom 2. nivôse XII;
3. alle Vorschriften, die zur Abänderung, Ergänzung und Ausführung dieser Verordnungen ergangen sind.

Die Vorschriften über die Postportofreiheit der Notariatskammern bleiben unberührt.

§ 24. Diese Verordnung tritt mit dem Tage ihrer Verkündung im Gesetz- und Verordnungsblatt in Kraft.

§ 25. Alsbald nach dem Inkrafttreten dieser Verordnung sind die ersten Neuwahlen für die Notariatskammern vorzunehmen.

Hiebei obliegt die Anberaumung und Leitung der Wahl in jedem Oberlandesgerichtsbezirke dem Vorsitzenden derjenigen seitherigen Notariatskammer, in deren Bezirke sich der Sitz des Oberlandesgerichts befindet. Im übrigen finden die Vorschriften des § 11 entsprechende Anwendung.

Die Wahl der Vorsitzenden und stellvertretenden Vorsitzenden, Schriftführer und stellvertretenden Schriftführer der Notariatskammern findet, so lange nicht das Wahlverfahren in den nach Artikel 123 Abs. 1 des Notariatsgesetzes festzustellenden Geschäftsordnungen geregelt ist, noch nach den bisherigen Bestimmungen oder Gebräuchen statt.

Die erste ordentliche Wahlperiode erstreckt sich von dem Inkrafttreten dieser Verordnung bis zum 31. Dezember 1902.

§ 26. Für das Recht zur Ablehnung der Wahl nach § 5 Nr. 2, 3 zählt auch die Zeit der Mitgliedschaft bei einer nach bisherigem Rechte bestehenden Notariatskammer.

§ 27. Die zur Durchführung dieser Verordnung weiterhin nötigen Vollzugs- und Übergangsbestimmungen werden von dem Staatsministerium der Justiz erlassen.

---

22. Dienstanweisung für die Notariatskammern.

Bekanntmachung des K. Staatsministeriums der Justiz vom 4. Mai 1900 (J.M.Bl. 1900 Nr. 17 S. 844 bis 851).

---

§ 1. Die Versammlungen der Notariatskammern finden, soweit nicht etwas Anderes bestimmt ist, am Sitze der Kammern statt.

Durch Kammerbeschluß kann jederzeit auch ein anderer Versammlungsort bestimmt werden.

§ 2. In jedem Geschäftsjahr soll wenigstens eine Notariatskammerversammlung stattfinden.

Im übrigen bleibt es den Kammern überlassen, nach Maßgabe des Bedürfnisses über die Abhaltung von Versammlungen zu bestimmen.

§ 3. Die Kammerbeschlüsse erfordern nicht immer eine vorgängige mündliche Verhandlung und Abstimmung. In einfacheren und minder wichtigen Angelegenheiten kann die Beschlußfassung auch in der Weise erfolgen, daß der Vorsitzende den schriftlichen Vorschlag unter den Mitgliedern zur Abgabe der Erklärungen und Stimmen in Umlauf setzt. Den Notariatskammern bleibt vorbehalten, hierüber in der Geschäftsordnung nähere Bestimmungen zu treffen.

§ 4. Gewöhnliche Geschäftsberichte und Aufschlüsse, geschäftsleitende Verfügungen, Anfragen und Ersuchen, die der Natur der Sache nach eine Beschlußfassung der Kammer nicht erfordern, ergehen lediglich vom Vorsitzenden oder stellvertretenden Vorsitzenden unter dem Namen und Siegel der Kammer.

§ 5. Der Vorsitzende oder stellvertretende Vorsitzende hat den laufenden Dienst, soweit ihm dessen Erledigung obliegt, an seinem Amtssitze zu führen. Befindet sich der Amtssitz nicht am Orte des Oberlandesgerichts, so hat der Vorsitzende unmittelbar nach der Wahl die Postanstalt des Ortes des Oberlandesgerichts zu ersuchen, anzuordnen, daß ihm die für die Notariatskammer einlaufenden Sendungen an seinen Amtssitz übermittelt werden. Außerdem hat der Vorsitzende in jedem Falle beim Antritte seines Amtes der Postanstalt seines Amtssitzes von seiner Erwählung Mitteilung zu machen.

Verläßt der Vorsitzende der Notariatskammer als beurlaubt seinen Amtssitz, so kann er die Führung der Geschäfte der Kammer beibehalten, wenn nicht Gründe der Zweckmäßigkeit entgegenstehen. Behält der Vorsitzende die Führung der Geschäfte auswärts bei, so hat er für die Nachsendung Sorge zu tragen; die bei Aufenthalt im Auslande für die Nachsendung erwachsenden Postgebühren fallen ihm persönlich zur Last.

§ 6. Im schriftlichen Verkehre mit den Ministerien und dem Oberlandesgericht ihres Bezirks hat die Notariatskammer die Form und die Ausdrucksweise einzuhalten, die vorgesetzten Stellen gegenüber geboten ist, im Verkehre mit sonstigen Zentral- und Kreisstellen die Form des Verkehrs mit ranghöheren Stellen, im übrigen die Form des Ersuchens und der Mitteilung.

§ 7. Die den Notariatskammern im Artikel 121 Nr. 1 des Notariatsgesetzes gegebene Pflicht, über die Wahrung der Standesehre durch die Notare zu wachen, bildet ihre erste und wichtigste Aufgabe. Die Notariatskammern sollen das Gefühl der Zusammengehörigkeit zu Gunsten der Disziplin nutzbar machen, indem sie durch ihre Thätigkeit bei den Notaren den Gedanken wach halten, daß jede ernstliche Pflichtverletzung das Ansehen des Standes schädigt, und deshalb die Standesgenossen mitverletzt.

§ 8. Die Notariatskammern sollen daher, wenn Anzeichen dafür bestehen, daß ein Notar durch dienstliches oder außerdienstliches Verhalten die Ehre des Standes gefährdet, sofort sich möglichst genaue Kenntnis über den Sachverhalt verschaffen und, wenn eine Gefährdung vorhanden ist, den Notar zur Abstellung veranlassen.

Hiebei sind die Notariatskammern — obwohl ihnen keine Disziplinarbefugnis zusteht — nicht nur berechtigt, sondern auch verpflichtet, ernste Mahnungen und Rügen ergehen zu lassen, wenn die gefährdende Handlung auf Leichtfertigkeit oder bösem Willen beruht oder wenn sie trotz Warnung fortgesetzt wird. Bleibt auch dieses erfolglos, oder zeigt sich, daß schon eine ernsthafte Verletzung der Standesehre vorliegt, so soll die Notariatskammer den Fall der Aufsichtsbehörde zur Einschreitung mitteilen.

§ 9. Die Notariatskammern sollen insbesondere dahin wirken, daß auch jeder Verdacht eines unlauteren Wettbewerbes oder gewinnsüchtiger Ausnützung des Amtes ferngehalten wird.

Sie sind befugt und verpflichtet, wenn sie bemerken, daß unter Mißbrauch der Freiheit der Wahl des Notars von außen her auf die Lauterkeit der Amtsführung eingewirkt wird, die nötigen Abhilfemaßregeln zu treffen und vorzuschlagen, und erforderlichenfalls Anzeige zu erstatten. Auch sonst sind die Notariatskammern befugt und berufen, zu vermitteln, und nötigenfalls Anzeige zu erstatten, wenn äußere Umstände die Interessen oder die Würde des Standes gefährden.

§ 10. Sind Streitigkeiten unter Notaren oder zwischen Notaren und Dritten von der Art oder dem Umfange, daß sie das Ansehen des Standes gefährden, so ist es Sache der Notariatskammer, auch ohne Anrufen der streitenden Teile einzugreifen und die zur Wahrung der Würde des Standes erforderlichen Maßregeln zu treffen.

§ 11. Die Notariatskammern können in den Fällen des Artikel 121 Nr. 2, 3 des Notariatsgesetzes und der §§ 8 bis 10 dieser Vorschriften die beteiligten Notare veranlassen, persönlich vor der Kammer zu erscheinen.

§ 12. Das Staatsministerium der Justiz wird wie bei der Vorbereitung des Notariatsgesetzes, der Geschäftsordnung für die Notariate und der Notariatsgebührenordnung auch künftig bei der Vorbereitung wichtiger Änderungen der allgemeinen Normen für den notariellen Dienst und die Dienst- und Standesverhältnisse der Notare die Notariatskammern mit ihrem Gutachten hören und behält sich vor, auch sonst in Einzelfragen die Gutachten einzelner oder aller Kammern einzuholen.

§ 13. Jede Notariatskammer hat am Schlusse des Geschäftsjahres dem Staatsministerium der Justiz einen Bericht über ihre Thätigkeit zu erstatten.

Der Bericht soll die wichtigeren Vorkommnisse des Jahres behandeln, etwa eingetretene Mißstände anzeigen und die Vorschläge zu deren Beseitigung enthalten. Er soll insbesondere bis auf weiteres Äußerungen darüber enthalten, wie die den notariellen Dienst berührenden neuen Gesetze, Verordnungen und Entschließungen gewirkt haben und ob sie nach der Anschauung der Kammer der Abänderung oder Ergänzung bedürfen.

Die Jahresberichte sollen durch Vermittelung der Präsidenten der Oberlandesgerichte, und zwar zum erstenmal im Dezember 1901, vorgelegt werden.

Den Notariatskammern bleibt es vorbehalten, in wichtigen und dringlichen Fällen auch während des Jahres Sonderberichte zu erstatten. Diese Berichte können unmittelbar in Vorlage gebracht werden.

§ 14. Damit die Notariatskammern den zur wirksamen Erfüllung ihrer Obliegenheiten nötigen genaueren Einblick in die Dienstverhältnisse bekommen, werden sie von allen das Notariatswesen betreffenden allgemeinen Anordnungen und Entschließungen Kenntnis erhalten, und zwar, soweit diese

Anordnungen und Entschließungen von dem Staatsministerium der Justiz oder dem Präsidenten des Oberlandesgerichts herrühren, in dessen Bezirke die Notariatskammer ihren Sitz hat, durch den Präsidenten des Oberlandesgerichts, soweit sie von dem Präsidenten eines im Bezirke der Notariatskammer gelegenen Landgerichts erlassen sind, durch diesen. Ebenso werden den Notariatskammern die gegen Notare ihres Bezirks ergangenen rechtskräftigen Disziplinarurteile mitgeteilt werden.

Das Staatsministerium der Justiz behält sich vor, den Notariatskammern auch von anderen das Notariatswesen betreffenden Entscheidungen und von den Ergebnissen der Prüfung des Geschäftsgangs der Notariate in geeigneten Fällen Kenntnis zu geben.

§ 15. Um den Notariatskammern zu ermöglichen, daß sie den Notaren ihres Bezirks im Bedürfnisfalle zur Ermittelung geeigneter Amtsverweser behilflich sind, wird ihnen künftig von der Erteilung der nach § 301 der Geschäftsordnung auszustellenden Verweserzeugnisse Kenntnis gegeben werden.

§ 16. Die Notariatskammern haben nach den im Justizministerialblatt enthaltenen Bekanntmachungen ein Verzeichnis der Notare des Bezirks herzustellen und auf dem Laufenden zu erhalten. In dem Verzeichnisse soll auch das Dienstalter und das Lebensalter vermerkt sein; die erforderlichen Aufschlüsse können von den Notaren selbst oder von dem Präsidenten des Oberlandesgerichts erholt werden.

§ 17. Die Pflichten, die den Vorsitzenden, Schriftführern und sonstigen Mitgliedern der Notariatskammern auf Grund des Notariatsgesetzes, der Notariatskammerordnung und dieser Vorschriften obliegen, sind Dienstpflichten, die ihnen als Notaren zukommen. Sie sind daher für die Verletzung dieser Pflichten ebenso dienstlich verantwortlich wie für die Außerachtlassung irgend einer anderen Amtspflicht.

Das Gleiche gilt für die Pflicht zur Annahme der Wahl zum Mitgliede, Vorsitzenden und Schriftführer der Notariatskammer.

§ 18. Die Pflichten, die nach dem Notariatsgesetze, der Notariatskammerordnung oder nach diesen Vorschriften den Notaren gegenüber den Notariatskammern obliegen, sind

Dienstpflichten, die den Notaren als solchen zukommen. Ihre Verletzung unterliegt der gleichen dienstlichen Ahndung wie die Verletzung einer sonstigen Dienstpflicht.

Die Notare sind den Notariatskammern die gleiche Achtung schuldig wie einer vorgesetzten Dienstesstelle.

§ 19. Die Notariatskammern können gegen einen Notar, der seine Pflicht ihnen gegenüber verletzt, die Dienstaufsichtsbehörde um ihr Einschreiten ersuchen. Im Falle der Ablehnung des Ersuchens steht ihnen die Beschwerde im Dienstaufsichtsweg offen.

§ 20. Glaubt ein Notar, durch eine Verfügung oder Mitteilung des Kammervorsitzenden zu Unrecht betroffen zu sein, so kann er hierüber einen Kammerbeschluß beanspruchen.

Erachtet sich ein Notar durch einen Kammerbeschluß verletzt, so kann er Beschwerde zum Staatsministerium der Justiz erheben. Dies gilt auch für die Kammerbeschlüsse über die Erhebung von Umlagen (Art. 123 Abs. 2 des Notariatsgesetzes).

§ 21. Das Staatsministerium der Justiz behält sich vor, von dem Stande und dem Gange der Notariatskammergeschäfte durch den Oberlandesgerichtspräsidenten oder dessen Stellvertreter oder durch einen besonders beauftragten Ministerialbeamten Kenntnis zu nehmen, auch zu diesem Zwecke die Anberaumung von Kammerversammlungen anzuordnen. Den Beauftragten ist der Zutritt zu den Versammlungen zu gewähren und bei den Verhandlungen auf Verlangen jederzeit das Wort zu erteilen.

§ 22. Von denjenigen Notariatskammern, welche bisher am Sitze der Oberlandesgerichte bestanden, gehen die Amtsbestände (Siegel, Bücher, Akten u. s. w.) ohne weiteres auf die neuen Kammern über. Wegen der Verfügung über die Amtsbestände der übrigen bisherigen Notariatskammern ist von deren Vorsitzenden oder stellvertretenden Vorsitzenden und, wenn beide fehlen sollten, von demjenigen Notar, der die Verwahrung zur Zeit hat, unmittelbar an das Staatsministerium der Justiz zu berichten.

Die Amtsbestände der künftigen Notariatskammern sind, soweit nicht die Kammern besondere Verfügung treffen, von deren Vorsitzenden zu verwahren.

§ 23. Diese Vorschriften treten gleichzeitig mit der Notariatskammerordnung vom 4. Mai 1900 in Kraft.

§ 24. Alsbald nach der Wahl und dem Zusammentritte der neuen Notariatskammern sind deren Geschäftsordnungen festzustellen.

Den Kammern wird anheimgegeben, vor der Feststellung mit einander ins Benehmen zu treten, um möglichste Gleichmäßigkeit zu erzielen.

§ 25. Soweit die Vorschriften über den Geschäftsgang der Kammern den von diesen selbst zu erlassenden Geschäftsordnungen vorbehalten sind, bleiben bis zum Zustandekommen dieser Geschäftsordnungen für jede Notariatskammer die Regeln maßgebend, welche bisher für die Notariatskammer am Sitze des Oberlandesgerichts galten.

V.

Versorgung der Notare und Notariatsgehilfen und ihrer Hinterbliebenen.

23. Vollzug der Artikel 127, 128 des Notariatsgesetzes.

K. Allerhöchste Verordnung vom 5. August 1900 Nr. 17906 (Ges.V.Bl. 1900 Nr. 49 S. 1017 f., J.M.Bl. 1900 Nr. 27 S. 1117).

Art. 1. Wer in den Landesteilen rechts des Rheins die Anstellung als Notar erlangt, wird mit der Ernennung zum Notar Mitglied des Pensionsvereins für Witwen und Waisen der Notare in den Landesteilen diesseits des Rheins.

Die seit dem Tage der Verkündung des Notariatsgesetzes vom 9. Juni 1899 in den Landesteilen rechts des Rheins angestellten Notare, welche noch nicht Mitglieder des im Abs. 1 bezeichneten Vereins sind, werden kraft dieser Verordnung Mitglieder mit Wirksamkeit vom Tage ihrer Ernennung an.

Art. 2. Die Gelder, welche auf grund der Verhängung von Zwangsstrafen, Ordnungsstrafen oder Disziplinarstrafen gegen Notare und Notariatsverweser in den Landesteilen rechts des Rheins eingehen, sind dem Pensionsvereine für Witwen und Waisen der Notare in den Landesteilen diesseits des Rheins zuzuwenden. Das Gleiche gilt hinsichtlich der seit dem 1. Januar 1900 schon eingegangenen Gelder.

Art. 3. Dehnt der Pensionsverein für Witwen und Waisen der Notare in den Landesteilen diesseits des Rheins durch eine Änderung seiner Satzung seine Wirksamkeit auf die Pfalz aus, so gelten vom Tage des Inkrafttretens dieser Änderung an die Bestimmungen der Artikel 1, 2 für das ganze Land und für alle Notare des Königreichs.

24. Pension und Unterstützung.

Bekanntmachung des K. Staatsministeriums der Justiz vom 4. August 1900 Nr. 29915 (J.M.Bl. 1900 Nr. 26 Seite 1085 bis 1114).

Die Satzung des Pensions- und Unterstützungs-Vereins der nichtrechtskundigen Gehilfen bei den Königlich bayerischen Notariaten wird hiemit zur allgemeinen Kenntnis gebracht.

Durch Entschließung des Staatsministeriums des Königlichen Hauses und des Äußern vom 31. vor. Mts. wurde auf grund Allerhöchster Ermächtigung für diejenigen Postsendungen, welche in Angelegenheiten des Pensions- und Unterstützungs-Vereins der nichtrechtskundigen Gehilfen bei den Königlich bayerischen Notariaten von dem Verwaltungsrate des Vereins aufgegeben oder von Behörden an den Verwaltungsrat gerichtet werden, die Portofreiheit auf den bayerischen Posten unter der Voraussetzung bewilligt, daß die Sendungen in der Aufschrift mit dem Vermerk „Angelegenheit des Pensionsvereins der nichtrechtskundigen Notariatsgehilfen" („Angel. d. Pens.-Ver. d. nichtrechtskund. Not.Geh.") versehen sind und im übrigen hinsichtlich der Ausfertigung den Erfordernissen des § 2 Ziff. 1 bis 3 der Königlichen Verordnung vom 23. Juni 1829, die Postportofreiheit in Amtssachen betreffend, entsprechen.

Im Anschlusse hieran erläßt das Staatsministerium der Justiz die folgenden Anordnungen:

1. Auf grund des Artikel 129 des Notariatsgesetzes wird bestimmt, daß nichtrechtskundige Personen als Notariatsgehilfen künftig nur dann verwendet werden dürfen, wenn sie dem Pensions- und Unterstützungs-Vereine der nichtrechtskundigen Gehilfen bei den Königlich bayerischen Notariaten angehören. Die Notare und Notariatsverweser dürfen deshalb Personen, welche wegen Überschreitung der in der Satzung bestimmten Altersgrenze oder aus einem sonstigen Grunde dem Vereine nicht beitreten können, als Notariatsgehilfen nicht aufnehmen und haben

Gehilfen, welche nicht alsbald nach ihrem Dienstantritte dem Vereine beitreten oder die Angehörigkeit zum Vereine nachträglich verlieren, aus dem Dienste zu entlassen.

Die Vorschrift des Abs. 1 findet keine Anwendung auf Schreibgehilfen, die nicht zu ständiger Verwendung, sondern nur zu vorübergehender Aushilfe aufgenommen werden, auf Schreibgehilfen, die das sechzehnte Lebensjahr noch nicht vollendet haben, und auf Personen, welche sich lediglich zum Zwecke der Ausbildung im Notariatskanzleidienste bei dem Notariate befinden. Die Vorschrift findet ferner keine Anwendung auf die dermalen im Dienste befindlichen Notariatsgehilfen, solange sie bei demselben Notariate bleiben; treten sie in ein anderes Notariat über, so ist, wenn sie nicht in diesem Zeitpunkte die in der Satzung bestimmte Altersgrenze überschritten haben, die Vorschrift des Abs. 1 zur Anwendung zu bringen.

Beilagen II. III.

2. Die Aufnahme eines nichtrechtskundigen Notariatsgehilfen in den Dienst und dessen Austritt aus dem Dienste sind unter Benützung der Formulare A und B alsbald unmittelbar dem Staatsministerium der Justiz und dem Verwaltungsrate des Pensions- und Unterstützungs-Vereins der nichtrechtskundigen Gehilfen bei den Königlich bayerischen Notariaten anzuzeigen. Auch über jede Änderung der Bezüge der Gehilfen ist dem Staatsministerium der Justiz und dem Verwaltungsrate des Vereins unmittelbar Anzeige zu erstatten.

3. Der Verkehr des Vorstands und des Verwaltungsrats des Vereins mit den ordentlichen Mitgliedern und der ordentlichen Mitglieder mit dem Vorstand und dem Verwaltungsrat erfolgt ausschließlich durch die Vermittelung der Notariate, bei denen die Mitglieder angestellt sind. Bei allen Gesuchen und Mitteilungen, welche die Notariatsgehilfen an den Vorstand oder den Verwaltungsrat richten, haben die Notare und Notariatsverweser die thatsächlichen Angaben zu prüfen und deren Richtigkeit auf dem Schriftstücke zu bestätigen. Die zum Nachweise der dauernden oder vorübergehenden Dienstunfähigkeit eines ordentlichen Mitgliedes erforderlichen amtsärztlichen Zeugnisse sind von Amtswegen zu erholen.

4. Die Notare und Notariatsverweser haben den in Vereinsangelegenheiten von dem Vorstand oder dem Verwaltungsrate des Vereins an sie gerichteten Ersuchen Folge zu leisten.
5. Die Einhebung der Vereinsbeiträge erfolgt durch die Vermittelung des Notariats und des rechnungsführenden Sekretärs desjenigen Amtsgerichts, in dessen Bezirke das Notariat seinen Sitz hat.

Der Notar oder Notariatsverweser zieht zu Beginn des Monats den Gehilfen die Beiträge am Funktionsbezug ab, verzeichnet sie in dem Formulare, welches ihm vom Vereinskassier zu diesem Zwecke zur Verfügung gestellt wird, und liefert spätestens bis zum 5. des Monats das ausgefüllte Formular und die Beiträge an den rechnungsführenden Sekretär des Amtsgerichts ab. Dieser legt das Verzeichnis der Beiträge der Notariatsgehilfen mit dem Verzeichnisse der Beiträge der Kanzlisten des Amtsgerichts, das er nach Nr. 8 der Bekanntmachung vom 11. Juli 1891 (JMBl. S. 141) an den Verwaltungsrat des Pensions- und Unterstützungs-Vereins der Kanzlisten bei den Justizbehörden Bayerns einzusenden hat, in einen und denselben Umschlag und sendet beide Verzeichnisse unter gemeinschaftlicher Adresse ab. Ebenso sendet er mittels der Postanweisung, die er zur Einsendung der Beiträge der Kanzlisten bei dem Amtsgerichte benützt, zugleich unausgeschieden die Summe der Beiträge der Notariatsgehilfen ein; auf der Rückseite des Postanweisungsabschnittes vermerkt er jedoch, welcher Teilbetrag auf jeden der beiden Vereine trifft. Diese Vereinfachung ist dadurch ermöglicht, daß dieselbe Person Kassier beider Vereine ist und derselbe Geschäftsraum im Justizpalaste zu München zur Abwickelung der laufenden Geschäfte beider Vereine dient. Der Portofreiheitsvermerk auf der Aufschrift der gemeinschaftlichen Sendungen kann lauten: „Angel. d. Pens.-Ver. d. Just.-Kanzl. u. d. nichtrechtskund. Not.Geh.“

Die Münchener Notariate haben die Beitragsverzeichnisse und die Beiträge in der Zeit vom 1. bis zum 10. jeden Monats unmittelbar an den Kassier des Vereins zu übergeben.

Der Kassier des Vereins hat über jede Einzahlung Quittung zu leisten.

6. Die Notare und Notariatsverweser haben diese Bekanntmachung gleichzeitig mit der Bekanntmachung über die Verbesserung der Lage der Notariatsgehilfen vom 30. vor. Mts. (J.M.Bl. S. 115) allen ihren nichtrechtskundigen Gehilfen zu eröffnen und die Gehilfen, soweit sie nach der Satzung ordentliche Mitglieder werden können, aufzufordern, ihre Aufnahme in den Verein zu beantragen; daß beides geschehen ist, soll von den Gehilfen durch Unterschrift bestätigt, die Bestätigung soll bei den Generalakten des Notariats verwahrt werden.

Die Notare und Notariatsverweser sollen ferner die hierauf von den Gehilfen gestellten Aufnahmeanträge an den Verein übermitteln. Die dazu nötige Zahl von Formularen wird ebenso wie die erforderliche Zahl von Abdrucken der Satzung (zur Aushändigung an die Gehilfen) den Notariaten demnächst von Amtswegen übersendet werden. Reichen die übersendeten Drucksachen nicht aus, so sind weitere bei dem Verwaltungsrate des Vereins zu erholen; überschüssige Exemplare können für späteren Bedarf zurückbehalten werden.

7. Bis zum 16. September d. Js. haben sämtliche Notariate — mit Ausnahme derer, die ständig auf Rechnung des Staates geführt werden, — unter entsprechender Verwendung des Formulars A über den Personalstand des Notariats an Gehilfen und darüber, ob die Gehilfen dem Vereine beigetreten sind, unmittelbar hierher zu berichten. Ist ein Gehilfe nicht beigetreten, so ist in dem Berichte der Grund kurz anzugeben.

Beilage I.

Satzung
des Pensions- und Unterstützungs-Vereins der nichtrechtskundigen Gehilfen bei den Königlich bayerischen Notariaten.

(Eingetragener Verein.)

Errichtet in der Gründungsversammlung vom 11. Juni 1900
Eingetragen in das Vereinsregister des K. Amtsgerichtes München I, Abteilung A für Civilsachen, am 5. Juli 1900.

Abschnitt I.

Zweck, Name und Sitz des Vereins.

§ 1. Zweck des Vereins ist

1. seinen ordentlichen Mitgliedern bei eintretender Berufsunfähigkeit sowie den Witwen und Waisen der ordentlichen Mitglieder Pensionen,
2. den ordentlichen Mitgliedern bei Krankheiten, welche vorübergehende Dienstunfähigkeit und Verlust des Gehaltsbezuges zur Folge haben, Unterstützungen nach Maßgabe der folgenden Bestimmungen zu gewähren.

§ 2. Der Verein führt den Namen „Pensions- und Unterstützungs-Verein der nicht rechtskundigen Gehilfen bei den Königlich bayerischen Notariaten (eingetragener Verein)", hat seinen Sitz in München und steht unter der Oberaufsicht des K. Staatsministeriums der Justiz.

Abschnitt II.

Mitgliedschaft.

§ 3. Der Verein zählt ordentliche Mitglieder und Ehrenmitglieder.

Ordentliches Mitglied kann jeder bei einem bayerischen Notariate gegen Gehalt angestellte Kanzleigehilfe (nicht rechtskundiger Notariatsgehilfe, Notariatsbuchhalter) werden, der das 16. Lebensjahr vollendet und das 35. Lebensjahr noch nicht überschritten hat.

Als Ehrenmitglieder können solche männliche Personen aufgenommen werden, welche durch freiwillige jährliche Beiträge, Schenkungen oder erhebliche Dienstleistungen den Vereinszweck fördern.

§ 4. Wer als ordentliches Mitglied aufgenommen sein will, hat an den Verwaltungsrat des Vereins einen schriftlichen, nach Formular Anlage A gefertigten Antrag zu richten, welchem ein amtliches Geburtszeugnis, sowie eine Bescheinigung der Dienstbehörde über die Aufnahme in den Dienst und den Betrag des Gehaltsbezuges beizulegen ist. Anlage A.

Anlage B.

§ 5 Die Aufnahme als Mitglied wird durch eine vom Vorsitzenden und einem weiteren Mitgliede des Verwaltungsrates unterschriebene Urkunde (Formular Anlage B) bescheinigt.

§ 6. Die Mitgliedschaft beginnt im Falle der Aufnahme für ordentliche Mitglieder am Tage des Einlaufs des Antrags (§ 4) beim Verwaltungsrate, — bei Ehrenmitgliedern am Tage des bezüglichen Beschlusses des Verwaltungsrates.

§ 7. Verläßt ein Mitglied freiwillig den Dienst, oder wird ein Mitglied ohne sein Verschulden aus dem Dienst entlassen, ohne sofort eine andere Stelle im Kanzleidienst eines bayerischen Notariats zu finden, so kann die Mitgliedschaft auf sechs Monate aufrecht erhalten werden, wenn das Mitglied sich binnen 14 Tagen nach dem Austritt aus dem Dienste durch schriftliche Erklärung gegenüber dem Verwaltungsrate verpflichtet, die Beiträge in Höhe des letzten Betrages derselben an den bisherigen Terminen fortzuzahlen, und wenn es dieselben pünktlich entrichtet. Doch werden die Ansprüche des Mitgliedes auf Pension für sich und seine Relikten während dieser Zeit auf die Hälfte der satzungsmäßigen Beträge herabgesetzt.

Wird derjenige, welcher auf diese Weise die Mitgliedschaft behalten hat, innerhalb der sechs Monate wieder in den Kanzleidienst eines bayerischen Notariats aufgenommen, so tritt er vom ersten Tage ab wieder in seine vollen Rechte ein.

§ 8. Erlangt ein Mitglied des Vereins im bayerischen Justizstaatsdienst eine Anstellung — sei es als pragmatischer Beamter oder als nichtpragmatischer, statusmäßiger oder nicht statusmäßiger Beamter oder Bediensteter —, so bleiben ihm die bereits erworbenen Rechte aufrecht erhalten, wenn es sich binnen 14 Tagen nach der Anstellung durch schriftliche Erklärung an den Verwaltungsrat verpflichtet, den Beitrag, welchen es bislang entrichtet, auch fernerhin zu bezahlen.

§ 9. Die Mitgliedschaft eines ordentlichen leistenden Mitgliedes erlischt:

1. mit dem Tage des Einlaufes der Erklärung bei dem Verwaltungsrat im Falle des freiwilligen Austrittes aus dem Verein;
2. mit dem 15. Tage nach dem Austritt aus dem Dienste, wenn in den Fällen der §§ 7 und 8 von dem Rechte der Fortsetzung der Mitgliedschaft kein Gebrauch gemacht wird;
3. mit dem Tage der Entlassung aus dem Dienste, wenn das Mitglied wegen strafgerichtlicher Verfolgung oder ehrenrühriger Handlungen seines Dienstes für immer entlassen, oder durch Verfügung des K. Staatsministeriums der Justiz von der Verwendung im Justizdienste ausgeschlossen wird;
4. vom Tage der That an, wenn das Mitglied in zurechnungsfähigem Zustand und in der Absicht, den Verlust der Dienstesfähigkeit oder den Tod herbeizuführen, eine Handlung begeht, welche den beabsichtigten Erfolg thatsächlich bewirkt hat.

§ 10. Jedes Mitglied kann aus dem Verein ausgeschlossen werden,

1. wenn es durch wissentlich falsche Angaben oder absichtliche Verschweigung wesentlicher Thatsachen die Aufnahme in den Verein oder die Anweisung einer Pension oder einer Krankenunterstützung erschlichen oder in den letzten beiden Beziehungen den Versuch hiezu gemacht hat;
2. wenn es in böser Absicht den Verein schädigt oder zu schädigen versucht;
3. wenn es ungeachtet erfolgter Mahnung mit der Entrichtung der Beiträge länger als einen Monat im Rückstande bleibt.

§ 11. Mit dem Erlöschen der Mitgliedschaft verliert das ordentliche Mitglied alle Ansprüche an den Verein. Eine Rückvergütung der Beiträge oder eines Teiles derselben findet nicht statt.

§ 12. Ein Mitglied welches die Mitgliedschaft gemäß § 9 Z. 1—3 oder § 10 Z. 3 verloren hat, kann, wenn alle Voraussetzungen zur Aufnahme gegeben sind, in den Verein wieder aufgenommen werden. Die in § 17 festgesetzte Wartezeit wird alsdann von der Erneuerung der Mitgliedschaft an gerechnet

War der Austritt aus dem Dienste durch die Einberufung zum Militärdienst im Frieden oder zum Kriegsdienste veranlaßt, so ist die Zeit der früheren Mitgliedschaft in die Wartezeit einzurechnen, wenn dies binnen 14 Tagen nach der Erneuerung der Mitgliedschaft schriftlich bei dem Verwaltungsrate beantragt wird.

Abschnitt III.

Pflichten der Mitglieder.

§ 13. Die ordentlichen Mitglieder scheiden sich in leistende und nicht leistende Mitglieder. Jedes ordentliche Mitglied gilt bis zum Tage des ersten Pensionsbezuges als leistendes Mitglied; die im Genusse der Pension stehenden Mitglieder gelten als nicht leistende Mitglieder.

§ 14. Voraussetzung der Eigenschaft eines leistenden Mitgliedes ist, vorbehaltlich der Bestimmungen in den §§ 7 und 8, die Fortdauer der Verwendung im Kanzleidienste bei einem bayerischen Notariate und die statutenmäßige Leistung der Vereinsbeiträge.

§ 15. Die ordentlichen leistenden Mitglieder sind zur Entrichtung von monatlichen Beiträgen verpflichtet.

Die monatlichen Leistungen betragen 3% des vollen Monatsgehaltsbezuges. Bei der Festsetzung dieses Bezuges bleiben etwaige Diäten für die Teilnahme bei auswärtigen Amtsgeschäften sowie vorübergehende Remunerationen außer betracht. Dagegen sind ständige Nebenbezüge auch bei wechselndem Ertrage (wie Tantiemen) einzurechnen und nach dem Durchschnitte des letztvergangenen Jahres anzusetzen.

Bei der Berechnung der Beiträge werden Bruchteile eines Pfennigs für einen vollen Pfennig gezählt.

§ 16. Die Beiträge sind an den Vereinskassier zu bezahlen. Bezüglich der Art und Weise dieser Einzahlungen sind die hierüber vom K. Staatsministerium der Justiz zu erlassenden Weisungen maßgebend.

Abschnitt IV.

Rechte der Mitglieder.

A. Pension.

§ 17. Das Recht der ordentlichen Mitglieder, dann der Witwen und Waisen derselben auf Gewährung einer Pension ist von dem Ablauf einer Wartezeit abhängig.

Die Wartezeit beträgt fünf Jahre vom Beginne der Mitgliedschaft (§ 6) an gerechnet.

§ 18. Wird ein Mitglied während der Wartezeit dienstunfähig, so hat es Anspruch auf Rückerstattung der vollen von ihm geleisteten Beiträge.

Stirbt ein Mitglied während der Wartezeit, so hat die zuletzt ihm angetraute Ehefrau, falls sie nicht von ihrem Ehemanne getrennt lebte, Anspruch auf Rückersatz der vollen vom Verlebten geleisteten Beiträge. Die ehelichen oder durch nachfolgende Ehe legitimierten Kinder des Verlebten haben nur dann Anspruch auf Rückerstattung der Beiträge, wenn sie noch im pensionsfähigen Alter stehen und die Mutter nicht mehr am Leben oder geschieden ist.

§ 19. Der Anspruch auf Gewährung einer Pension seitens eines ordentlichen Mitgliedes ist bedingt durch den Nachweis der eingetretenen, voraussichtlich die Dauer eines Jahres überschreitenden Dienstunfähigkeit.

Dieser Nachweis ist in der Regel durch die Vorlage der Justizministerialentschließung, mit welcher dem Mitglied eine fortlaufende Unterstützung aus Staatsmitteln wegen Dienstunfähigkeit gewährt wird, eventuell durch Vorlage amtsärztlicher Zeugnisse zu führen.

§ 20. Der Pensionsbezug beginnt an dem Tage, bis zu welchem der letzte Gehaltsbezug ausbezahlt wurde, und erlischt mit Ablauf des Monats, in welchem das Mitglied stirbt.

Er beträgt 30% des festen Jahresgehaltsbezuges ohne Einrechnung der Nebenbezüge (Diäten, Remunerationen), darf jedoch unter Zurechnung der dem Mitglied aus der Staatskasse gewährten Sustentation den Betrag des zuletzt bezogenen Diensteinkommens (§ 15 der Satzungen) nicht übersteigen. Der Pensionsbezug ist in monatlichen Raten zahlbar. Vorausbezahlung findet nicht statt.

Sobald die Pension, welche ein Mitglied nach den jeweils bestehenden Bestimmungen aus Staats- und Vereinsmitteln zu gewärtigen hat, die Höhe seines Diensteinkommens (§ 15) erreicht hat, ist das Mitglied vom nächstfolgenden 1. Januar ab von der Beitragspflicht befreit, wenn dasselbe ledig oder verwitwet ist; verheiratete Mitglieder haben die Hälfte ihrer bisherigen Beiträge zu entrichten.

Als **fester** Gehaltsbezug sind bei einem Bezug (ohne Remunerationen, Diäten u. s. w.) von 1800 ℳ und darüber 1440 ℳ, bei einem Bezuge von 1440 bis 1800 ℳ 8/10 des vollen, durch 100 teilbaren Jahresgehaltsbezuges,

von	1300—1400 ℳ	der Betrag	von	1080 ℳ,
„	1200—1300 ℳ	„ „	„	990 ℳ,
„	1100—1200 ℳ	„ „	„	900 ℳ,
„	1000—1100 ℳ	„ „	„	810 ℳ,
„	900—1000 ℳ	„ „	„	720 ℳ,
„	800— 900 ℳ	„ „	„	660 ℳ,
„	700— 800 ℳ	„ „	„	630 ℳ,
„	600— 700 ℳ	„ „	„	600 ℳ,

bei Bezügen von weniger als 600 ℳ ist der volle Betrag zu berechnen.

§ 21. Die Anweisung der Pension ist zunächst nur eine widerrufliche. Sie wird zu einer unwiderruflichen, wenn das Mitglied zwei Jahre lang dieselbe ununterbrochen bezogen hat.

Wird das Mitglied innerhalb der zwei Jahre wieder dienstfähig, so wird die Pension eingezogen. Der Verwaltungsrat kann innerhalb dieser zwei Jahre die periodische Vorlage amtsärztlicher Gutachten über den Gesundheitszustand und die Dienstfähigkeit verlangen. Kommt das Mitglied einem diesbezüglichen Auftrage nicht binnen 14 Tagen nach, so ist die Auszahlung der Pension sofort einzustellen. Erlangt innerhalb der zwei Jahre ein Mitglied wieder die Dienstfähigkeit und wird es im Notariatsdienste wieder verwendet, so gilt dasselbe vom Momente des Dienstantrittes wieder als leistendes Mitglied.

Erlangt ein Mitglied wieder die Dienstfähigkeit, kann dasselbe aber trotz eifrigen Bemühens nicht oder nicht sofort wieder Verwendung im Notariatsdienste finden, so bleiben dessen Rechte und Pflichten bis zum Wiedereintritt in einen solchen Dienst oder bis zum Wiedereintritte der Dienstunfähigkeit in der Schwebe.

§ 22. Bezieht ein im Pensionsgenusse stehendes Mitglied durch eigene Erwerbsthätigkeit ein Einkommen, welches unter Einrechnung seiner Pension den derselben zu grunde liegenden letzten festen Jahresgehaltsbezug (§ 20) überschreitet, so wird der Überschuß an der Pension gekürzt.

§ 23. Das Recht eines nicht leistenden Mitgliedes auf Pensionsbezug erlischt, wenn demselben infolge strafgerichtlicher Verurteilung rechtskräftig die bürgerlichen Ehrenrechte aberkannt werden.

In diesem Falle gilt bezüglich der Berechtigung der Ehefrau und der im pensionsfähigen Alter stehenden ehelichen Kinder das Gleiche, als wenn das betreffende Mitglied am Tage der Verfügung des Pensionseinzuges gestorben wäre (§§ 24—27).

Der Verwaltungsrat kann in diesem Falle besondere Anordnung treffen, daß die Verwendung der Bezüge der Kinder zu deren Erziehung und Unterhalt gesichert wird.

§ 24. Nach dem Ableben eines Mitgliedes erhält dessen Witwe, wenn sie nicht als der schuldige Teil von ihrem Ehemanne gerichtlich geschieden war, eine Witwenpension, welche erstmals für den auf den Tod des Mitgliedes folgenden Kalendermonat bezahlt wird.

Wenn das Mitglied außer einer später geheirateten Frau noch eine geschiedene Frau hinterläßt, so gebührt dieser die Witwenpension, wenn ihr vormaliger Ehemann während der bestandenen Ehe mit ihr schon Mitglied des Vereins war, sie auch nicht als schuldiger Teil geschieden wurde und keiner der Erlöschungsgründe des § 25 vorliegt. Andernfalls tritt bei sonst gegebenen Voraussetzungen die ihm zuletzt angetraute Ehefrau in den Bezug der Witwenpension.

Die Witwenpension beträgt 15% des von dem verstorbenen Ehemanne zuletzt bezogenen festen Jahresgehaltsbezuges (§ 20 Abs 4 und 5) und ist in monatlichen Raten zahlbar. Vorausbezahlung findet nicht statt.

In den Fällen des Abs. 1 und 2 wird die Aufhebung der ehelichen Gemeinschaft nach § 1575 des Bürgerlichen Gesetzbuchs der Scheidung gleich geachtet.

§ 25. Das Recht auf Witwenpension erlischt mit der Wiederverehelichung.

Dieses Recht erlischt ferner, wenn der Witwe oder im Falle des § 23 Abs. 2 der Ehefrau rechtskräftig infolge strafgerichtlicher Verurteilung die bürgerlichen Ehrenrechte aberkannt werden. In diesem Falle treten die ehelichen, im pensionsfähigen Alter stehenden Kinder in den Bezug der Pension der Doppelwaisen.

§ 26. Nach dem Ableben eines ordentlichen Mitgliedes erhalten die ehelichen sowie die durch nachfolgende Ehe legitimierten (nicht aber adoptierte oder eingekindschaftete) Kinder bis zur Vollendung des 14. Lebensjahres eine Waisenpension, welche erstmals für den auf den Tod des Vaters folgenden Kalendermonat bezahlt wird.

Die Waisenpension beträgt für jede Doppelwaise 3% und für jede Nichtdoppelwaise 1½% des von dem verstorbenen Vater zuletzt bezogenen festen Jahresgehaltsbezuges (§ 20 Abs. 4 und 5), jedoch mit der Maßgabe, daß der Gesamtbetrag der Pensionen der einfachen Waisen 6%, der Gesamtbetrag der Pensionen der Doppelwaisen 24% des bezeichneten Jahresgehalts des Vaters nicht übersteigen darf.

Kinder, deren Mutter als der schuldige Teil von ihrem Ehemanne gerichtlich geschieden worden war, sowie Kinder, welche eine Stiefmutter haben, gelten als Doppelwaisen. Die Aufhebung der ehelichen Gemeinschaft nach § 1575 des Bürgerlichen Gesetzbuchs wird der Scheidung gleichgeachtet.

Die Wiederverehelichung der Mutter ist ohne Einfluß auf die Pension der Kinder.

§ 27. Geht ein nicht leistendes Mitglied oder ein Mitglied, dessen Rechte und Pflichten nach § 21 in der Schwebe sind, eine Ehe ein, so sind die Hinterbliebenen aus derselben nicht pensionsberechtigt.

B. Krankenunterstützung.

§ 28. Die ordentlichen Mitglieder haben für sich nach Ablauf der in § 17 festgesetzten Wartezeit das Recht auf Gewährung einer Krankenunterstützung.

Der Anspruch auf dieselbe ist bedingt durch den Nachweis der eingetretenen, mit dem Verluste des Diensteinkommens verbundenen Erkrankung. Der Nachweis ist durch Vorlage eines amtsärztlichen Zeugnisses über die Krankheit und einer Bescheinigung der Dienstbehörde über die Entziehung des Diensteinkommens zu führen.

Die Krankenunterstützung beginnt mit dem Tage, an welchem infolge der Erkrankung das Diensteinkommen entzogen wurde, und wird auf die Dauer der Krankheit, längstens jedoch auf sechs Monate, gewährt.

Sie wird mit 20% aus dem in § 20 bestimmten festen Jahresgehaltsbezug in Monatsraten berechnet und in solchen bezahlt. Vorausbezahlung findet nicht statt.

Wenn ein Mitglied durch Krankheit sein Diensteinkommen verloren hat und nach wieder eingetretener Dienstfähigkeit nicht sofort wieder im Notariatsdienste Verwendung finden kann, so wird die in § 7 Abs. 2 festgesetzte Frist für die Erhaltung der Mitgliedschaft vom Tage der wieder eingetretenen Dienstfähigkeit an gerechnet.

Das erkrankte Mitglied ist verpflichtet, über die Fortdauer der Krankheit auf Verlangen des Verwaltungsrats amtsärztliche Zeugnisse vorzulegen.

Abschnitt V.

Vereinsvermögen.

§ 29. Das Vereinsvermögen wird gebildet aus

1. den Beiträgen der leistenden Mitglieder,
2. den Zuweisungen der Ehrenmitglieder,
3. Schenkungen und Erbschaften,
4. Zuschüssen aus Staatsmitteln.

Das Vermögen wird in einem Vereinsfond gesammelt und in mündelsicheren Wertpapieren angelegt.

Aus dem Vereinsfond werden sämtliche Pensionen und Unterstützungen, sowie die Verwaltungskosten bestritten.

Abschnitt VI.

Verwaltung des Vereins.

§ 30. Die Verwaltungsorgane des Vereins sind

1. der Vorstand,
2. der Verwaltungsrat,
3. die Mitgliederversammlung.

§ 31. Vorstand des Vereins ist der erste Vorsitzende des Verwaltungsrats.

Der Vorstand vertritt den Verein nach außen, insbesondere vor den Gerichten und sonstigen Behörden, und zeichnet für denselben. Nach innen ist er gemäß der Satzung an die Beschlüsse des Verwaltungsrats und der Mitgliederversammlung gebunden.

Im Verhinderungsfalle wird der Vorstand durch den zweiten Vorsitzenden des Verwaltungsrats oder ein anderes vom Verwaltungsrate bestimmtes Mitglied desselben vertreten.

§ 32. Der Verwaltungsrat besteht aus einem ersten Vorsitzenden, einem zweiten Vorsitzenden, einem ersten und zweiten Schriftführer, einem Kassier und vier Beisitzern.

Der Verwaltungsrat wird von der Mitgliederversammlung und zwar der erste und zweite Vorsitzende sowie der Kassier aus der Zahl der in München wohnenden Ehrenmitglieder, die Schriftführer und die Beisitzer in der Regel aus der Zahl der in München wohnenden ordentlichen Mitglieder auf die jeweilige Dauer der Verwaltungsperiode gewählt.

§ 33. Dem Verwaltungsrat obliegt die Leitung der Vereinsangelegenheiten, soweit sie nicht durch die Satzung dem Vorstand oder der Mitgliederversammlung übertragen ist.

Er entscheidet insbesondere über die Aufnahme der Mitglieder (der ordentlichen und der Ehrenmitglieder) und über den Ausschluß der ordentlichen Mitglieder (§§ 3—14 der Satzung); er setzt die Höhe der Beiträge des einzelnen Mitgliedes (§§ 15, 16 der Satzung) und ebenso die Leistungen des Vereins (§§ 17—28 der Satzung) fest; er vollzieht die Beschlüsse der Mitgliederversammlung, verwaltet das Vereinsvermögen, legt der Mitgliederversammlung den Voranschlag für die kommende Verwaltungsperiode vor und erstattet über die verflossene Verwaltungsperiode bezüglich seiner Geschäftsführung und Vermögensverwaltung der Mitgliederversammlung behufs Genehmigung Bericht. Er ist befugt, bei Zuwiderhandlung gegen die Vereinssatzung über ordentliche Mitglieder Ordnungsstrafen im Betrage von 2—5 ℳ zu verhängen.

§ 34. Der Verwaltungsrat faßt seine Beschlüsse auf dem Wege kollegialer Beratung, bei welcher außer einem der Vorsitzenden wenigstens noch vier Mitglieder des Verwaltungsrates anwesend sein müssen. Die Abstimmung erfolgt nach einfacher Stimmenmehrheit. Bei Stimmengleichheit entscheidet die Stimme des Vorsitzenden.

Die Beschlüsse des Verwaltungsrates werden außer von dem Vorsitzenden oder dessen Stellvertreter noch von einem weiteren Mitgliede des Verwaltungsrates gezeichnet. Das Gleiche gilt für die Aufnahmsurkunden (§ 5).

§ 35. Der Kassier hat sämtliche Kassageschäfte zu besorgen, das Vermögen bei der K. Filialbank in München zu hinterlegen (§ 43), sowie am Schlusse des Verwaltungsjahres den Rechnungsbericht zu stellen und dem Verwaltungsrate zur Prüfung zu unterbreiten.

Bei Verhinderung wird er durch ein vom Vorsitzenden zu bestimmendes anderes Mitglied des Verwaltungsrates vertreten.

Bezüglich der Art der Kasse- und Buchführung, des Kasseverschlusses und der Kasserevision sind die vom K. Staatsministerium der Justiz hierüber zu erlassenden Weisungen zu befolgen.

§ 36. Die Verwaltungsratsmitglieder leisten ihren Dienst in der Regel unentgeltlich.

Durch Beschluß des Verwaltungsrates können einzelnen Mitgliedern desselben, insbesondere den Schriftführern und dem Kassier, jedoch nicht den beiden Vorsitzenden, für besondere Dienstleistungen vorübergehende oder ständige Remunerationen gewährt werden. Ein solcher Beschluß unterliegt der Genehmigung durch das K. Staatsministerium der Justiz.

§ 37. Die Gesamtheit der Mitglieder übt ihre Rechte in der Mitgliederversammlung aus.

Zur Teilnahme an derselben sind mit gleichen Rechten alle ordentlichen und Ehrenmitglieder berechtigt.

Die Mitgliederversammlung wird vom Verwaltungsrate alle zwei Jahre im Monate September nach München berufen. Der Tag derselben wird mindestens vier Wochen vorher durch Ausschreibung im Justizministerialblatte unter Bekanntgabe der Tagesordnung veröffentlicht. Anträge und Beschwerden für die Tagesordnung sind spätestens sechs Tage vor der Versammlung bei dem Verwaltungsrat einzureichen.

Im Bedürfnisfalle kann vom Verwaltungsrat eine außerordentliche Mitgliederversammlung einberufen werden. Eine solche muß einberufen werden, wenn mindestens der zehnte Teil der Vereinsmitglieder unter Angabe des Zweckes und der Gründe darauf anträgt. Die Einberufung einer solchen außerordentlichen Mitgliederversammlung erfolgt wie die der ordentlichen Mitgliederversammlung. Anträge und Beschwerden sind auch hier mindestens sechs Tage vorher dem Verwaltungsrat einzureichen.

§ 38. Den Vorsitz in der Mitgliederversammlung führt der erste oder zweite Vorsitzende des Verwaltungsrates.

Die Mitglieder können sich in der Versammlung durch Delegierte vertreten lassen. Mitglieder des Verwaltungsrates sind als Delegierte nicht wählbar.

Als Delegierter darf auftreten jedes ordentliche Mitglied und zwar abgesehen von dem für seine Person ihm zustehenden Stimmrecht mit

einer weiteren Stimme, wenn er von mindestens 3,
2 weiteren Stimmen, „ „ „ „ 6,
3 „ „ „ „ „ „ 9,
4 „ „ „ „ „ „ 12,

u. s. w. ordentlichen Mitgliedern mit schriftlicher Vollmacht abgeordnet ist. Mehr als 12 Stimmen darf ein Delegierter nicht auf sich vereinigen.

Die Wahl der Delegierten muß dem Verwaltungsrat acht Tage vor der Versammlung unter Vorlage der Vollmachten bekannt gegeben werden. Beanstandungen im Vollmachtspunkt entscheidet die Versammlung.

Die Mitgliederversammlung ist beschlußfähig ohne Rücksicht auf die Zahl der erschienenen Mitglieder und Delegierten.

§ 39. Die Mitgliederversammlung hat die Mitglieder des Verwaltungsrates und für den Fall des Ausscheidens eines Schriftführers oder Beisitzers drei Ersatzmänner zu wählen. Sie beschließt insbesondere über die Erteilung der Entlastung an den Verwaltungsrat auf grund der vorgelegten Verwaltungs- und Rechnungsberichte, über den vom Verwaltungsrate vorgelegten Etat der kommenden Verwaltungsperiode, über Beschwerden der Mitglieder wegen der Höhe der Leistungen oder Verweigerung von Leistungen aus dem Vereinsvermögen und wegen Ausschlusses aus dem Verein, über Änderung der Satzung und über die Auflösung des Vereins.

Die Wahl der Verwaltungsratsmitglieder erfolgt einzeln durch Zuruf, wenn gegen diese Wahlart von keiner Seite eine Erinnerung erhoben wird. Bei Erhebung von Erinnerungen geschieht die Wahl durch Stimmzettel in geheimer Abstimmung.

Die Beschlüsse in der Mitgliederversammlung erfolgen mit einfacher Stimmenmehrheit. Bei Stimmengleichheit sind Anträge abgelehnt, bei Wahlen entscheidet das Los.

Ein Beschluß über die Auflösung des Vereins kann nur dann gefaßt werden, wenn mehr als die Hälfte aller ordentlichen Mitglieder in der Versammlung anwesend oder vertreten ist. Es bedarf zur Giltigkeit der Zustimmung von $^2/_3$ der Stimmen der anwesenden und vertretenen Mitglieder.

Über die Beschlüsse der Mitgliederversammlung wird ein fortlaufendes Protokoll geführt. Die einzelnen Protokolle werden vom Vorsitzenden und einem Schriftführer unterzeichnet.

Über die Wahl des Verwaltungsrates wird ein gesondertes Protokoll geführt, welches vom Vorsitzenden und einem Schriftführer unterzeichnet wird. Dieses Protokoll bildet den Ausweis des Verwaltungsrates.

§ 40. Die Wahl des ersten und zweiten Vorsitzenden, sowie des Kassiers, ferner alle Beschlüsse auf Abänderung der Satzungen über die Höhe der Leistungen der Mitglieder wie des Vereins, ferner die Auflösung des Vereins unterliegen der Genehmigung durch das K. Staatsministerium der Justiz.

Abschnitt VII.

Verwaltungsgrundsätze.

§ 41. Nach Ablauf eines jeden Verwaltungsjahres ist die Rechnung des Verwaltungsrates mit einem Ausweis über den Stand des Vereinsvermögens dem K. Staatsministerium der Justiz zur Prüfung vorzulegen.

§ 42. Von sechs zu sechs Jahren hat der Verein durch einen Sachverständigen eine versicherungstechnische Aufstellung des Vereins herstellen zu lassen, welche einerseits die Barwerte der laufenden und der zukünftigen Kosten des Vereins einschließlich der Verwaltungskosten, andererseits das ausgewiesene Vereinsvermögen, den Barwert der künftigen Beiträge der ordentlichen Mitglieder und den Barwert der Staatszuschüsse aufnimmt. Die Staatszuschüsse werden hiebei nach dem Durchschnitte der letzten sechs Jahre berechnet.

Auf grund dieser Aufstellung und des Gutachtens der Sachverständigen ist Beschluß über eine Änderung der Mitgliederbeiträge zu fassen.

§ 43. Das Vermögen des Vereins ist bei der K. Filialbank in München offen zu hinterlegen.

Die Einkünfte des Vereins sind, soweit sie nicht zur Bestreitung der laufenden Ausgaben erforderlich sind, sofort in mündelsicheren Wertpapieren anzulegen.

Der zur Bestreitung der laufenden und etwaigen unvorhergesehenen Ausgaben erforderliche Betrag ist gleichfalls bei der K. Filialbank in München anzulegen. Der Kassabarvorrat des Kassiers soll eine höhere Summe nicht beziffern, als beiläufig die Ausgaben eines Monats betragen.

Anweisungen an das Bankinstitut auf Herauszahlung von hinterlegtem Bargelde müssen vom Vorsitzenden des Verwaltungsrates oder dessen Stellvertreter gezeichnet werden.

Die Zurückziehung sämtlicher oder einzelner hinterlegter Wertpapiere kann nur mit Genehmigung des K. Staatsministeriums der Justiz erfolgen.

§ 44. Im Falle der Auflösung des Vereins ist aus dem Vereinsvermögen derjenige Betrag auszuscheiden und zurückzustellen, welcher nach dem Gutachten eines Sachverständigen auf grund versicherungstechnischer Berechnung erforderlich ist, um die satzungsmäßigen Pensionen der bereits im Pensionsbezug stehenden Mitglieder, Witwen und Waisen zu decken.

Reicht dazu das Vereinsvermögen nicht hin, so werden diese Pensionen im Verhältnis soweit gekürzt, daß für den Rest derselben das Vereinsvermögen volle Deckung bietet.

Abschnitt VIII.

Schlußbestimmungen.

§ 45. Die Beitragspflicht für die bis zum 1. Juli 1900 eingetretenen Vereinsmitglieder beginnt ebenso wie ihre Wartezeit am 1. Juli 1900.

Die Wartezeit und die Beitragspflicht der später eintretenden Mitglieder beginnt mit ihrer Mitgliedschaft (§ 6).

§ 46. In der Zeit bis zum 30. September 1900 einschließlich ist der Beitritt zum Verein auch solchen bei einem Notariate angestellten Gehilfen, welche das 35. Lebensjahr bereits überschritten, das 55. Lebensjahr aber noch nicht vollendet haben, unter den für alle Vereinsmitglieder giltigen Voraussetzungen gestattet.

§ 47. Die erstmalige Aufstellung des Verwaltungsrates bis zur Neuwahl eines Verwaltungsrates durch die Mitgliederversammlung erfolgt durch Entschließung des K. Staatsministeriums der Justiz. Die erste Mitgliederversammlung wird im Monate September 1901 in München abgehalten.

(Errichtet in der Gründungsversammlung vom 11. Juni 1900.)

Anlage A.

Antrag

zur Aufnahme als ordentliches Mitglied in den Pensions- und Unterstützungsverein der nicht rechtskundigen Gehilfen bei den Königlich bayerischen Notariaten.

Familienname ....

Taufname ....

Wohnort ....

Tag, Monat und Jahr der Geburt ....

Diensteсstellung ....

Dienstesbehörde ....

Monatlicher voller Gehaltsbezug
nach § 15 der Satzung berechnet ....

Der Unterzeichnete beantragt hiermit die Aufnahme als ordentliches Mitglied in den Pensions- und Unterstützungsverein der nicht rechtskundigen Gehilfen bei den Königlich bayerischen Notariaten, erkennt an, daß ihm die Satzung des Vereins bekannt ist und unterwirft sich derselben.

(Ort und Datum:) (Unterschrift:)

....

Bemerkungen: 1. Ist der Antragsteller minderjährig, so ist der Antrag von seinem gesetzlichen Vertreter unter Angabe dieser Eigenschaft mit zu unterzeichnen.

2 Diesem Antrag ist nach § 4 der Satzung ein amtliches Geburtszeugnis und eine Bescheinigung der Dienstesbehörde über die Aufnahme in den Dienst und über den Betrag des Gehaltsbezuges beizufügen.

Anlage B.

Pensions- und Unterstützungsverein
der nicht rechtskundigen Gehilfen bei den Königlich
bayerischen Notariaten.

Aufnahmsurkunde
für die ordentlichen Mitglieder.

Herr ....

ist auf grund seines Antrages vom .... und der mit demselben vorgelegten Bescheinigungen als ordentliches Mitglied in den Verein aufgenommen worden. Die Mitgliedschaft beginnt für ihn nach § 6 der Satzung des Vereins am ....

München, den ....

Der Verwaltungsrat
des Pensions- und Unterstützungsvereins
der nicht rechtskundigen Gehilfen bei den K. B. Notariaten.

(Unterschrift:)	(Unterschrift:)
....	....
Vorsitzender des Verwaltungsrates.	Mitglied des Verwaltungsrates.

Beilage II. Formular A.

Kgl. Notariat ....

Anzeige über die Aufnahme von Notariatsgehilfen.

Vor- und Zuname, Datum des Dienstantrittes	Geburtszeit Tag, Monat, Jahr	Religion	Familienstand			Frühere Dienst-verhältnisse	Bezahlung	Bemerkungen, insbesondere ob Mitglied des Pensions-vereins
			ledig verheiratet Witwer	Kinder				
				versorgte (Alter)	unversorgte (Alter)			

Beilage III. Formular B.

Kgl. Notariat ....

Anzeige über den Dienstaustritt von Notariatsgehilfen.

Vor- und Zuname, Datum des Dienstaustrittes	Geburtszeit Tag, Monat, Jahr	Seitherige Bezahlung	Genaue Angabe des Grundes des Dienstaustrittes	Bemerkungen

25. Die Verbesserung der Lage der Notariatsgehilfen.

Bekanntmachung d. K. St.-Min. d. Justiz v. 30. Juli 1900 Nr. 28967 (J.M.Bl. 1900 Nr. 26 S. 1115).

Auf grund Allerhöchster Ermächtigung wird bekannt gemacht, daß für die Gewährung staatlicher Unterstützungen an das Kanzleipersonal bei den Notariaten — die nichtrechtskundigen Notariatsgehilfen — bis auf weiteres die Grundsätze entsprechende Anwendung finden, welche in der Bekanntmachung vom 9. Juli 1891, die Verbesserung der Lage des Kanzleipersonals bei den Gerichten und Staatsanwaltschaften betreffend (JMBl. S. 133), unter Nr. 1 bis 3 und 5 bis 9 für die Gewährung von Unterstützungen an die Sekretariatsgehilfen und Gerichtsschreibergehilfen aufgestellt sind.

Die nach Nr. 9 der Bekanntmachung belegten Unterstützungsgesuche von Notariatsgehilfen oder von Hinterbliebenen solcher sind von den Notariaten auf dem Dienstwege vorzulegen.

An Notariatsgehilfen, die dem Pensions- und Unterstützungs-Vereine der nichtrechtskundigen Gehilfen bei den Königlich bayerischen Notariaten nicht beigetreten sind, obwohl ihnen der Beitritt nach der Satzung möglich war, werden Unterstützungen nicht verabfolgt. Auch deren Hinterbliebene haben keine Aussicht auf Erlangung einer staatlichen Unterstützung.

Die Notare und Notariatsverweser haben sämtliche im Dienste befindlichen nichtrechtskundigen Notariatsgehilfen auf diese Bestimmung aufmerksam zu machen.

26. Vollzug des Invalidenversicherungsgesetzes, hier die Versicherungspflicht der nichtrechtskundigen Notariatsgehilfen.

Autographierte Just.-Min.-Entschließung vom 16. November 1900 Nr. 41147.

Im Namen Seiner Majestät des Königs.

1. Seine Königliche Hoheit Prinz Luitpold, des Königreichs Bayern Verweser, haben mit allerhöchstem Signate vom 24. vor. Mts. die Ermächtigung zu erteilen geruht, daß denjenigen nichtstatusmäßigen Bediensteten, deren dienstliche Beschäftigung ihren Hauptberuf bildet, und denen im Falle der Versetzung in den Ruhestand thatsächlich eine Sustentation im Mindestbetrage der Invalidenrente nach den Sätzen der ersten Lohnklasse in Aussicht steht, durch Entschließung der beteiligten Staatsministerien eine Anwartschaft auf Pension im Mindestbetrage der Invalidenrente nach den Sätzen der ersten Lohnklasse zugesichert werde, unbeschadet der Gewährung einer Sustentation in höherem Betrage, sofern die in Aussicht gestellte Sustentation im Einzelfalle den Betrag jener Pension übersteigt.
2. Auf Grund dieser allerhöchsten Ermächtigung wird hiemit den nichtrechtskundigen Notariatsgehilfen die Anwartschaft auf Pension in dem bezeichneten Mindestbetrage zugesichert. Die Zusicherung wird jedoch nicht auf diejenigen Notariatsgehilfen erstreckt, welche dem Pensions- und Unterstützungsvereine der nichtrechtskundigen Gehilfen bei den Königlich bayerischen Notariaten nicht beigetreten sind, obwohl ihnen der Beitritt nach der Satzung möglich war.

   Die Zusicherung soll mit dem 1. Dezember 1900 in Wirksamkeit treten.
3. Infolge dieser Pensionszusicherung erlischt für die im Dienste befindlichen Notariatsgehilfen, denen die Zu-

sicherung erteilt ist, nach § 5 des Invalidenversicherungsgesetzes vom 13. Juli 1899 die Versicherungspflicht am 1. Dezember 1900. Für die Zeit bis zu diesem Termine sind die Beiträge weiter zu leisten. Im eigenen Interesse wie im Interesse der Notariatsgehilfen werden die Notare beim letztmaligen Einkleben der Beitragsmarken diese entwerten und, sofern nicht die Versicherung nach § 14 des Gesetzes freiwillig fortgesetzt wird, dafür sorgen, daß die Quittungskarten zur Ablieferung gelangen, weil auf diese Weise sicher dem sonst leicht möglichen Verlust und Mißbrauche der Karten vorgebeugt und den Notariatsgehilfen für den Fall späteren Übertritts in eine versicherungspflichtige Beschäftigung ihre Ansprüche, soweit es gesetzlich möglich ist, sicher gewahrt werden. Die Ablieferung hat bei der Gemeindebehörde gegen Aufrechnungsbescheinigung oder mittelst Schreibens unmittelbar an die Versicherungsanstalt des Kreises zu erfolgen.

Für Notariatsgehilfen, die vom 1. Dezember 1900 an oder später aufgenommen werden, tritt nach § 5 des Invalidenversicherungsgesetzes infolge der Pensionszusicherung die Versicherungspflicht nicht ein.

4. Eine Rückerstattung der für die Zeit bis zum 1. Dezember 1900 geleisteten Beiträge an die Notariatsgehilfen, für welche infolge der Pensionszusicherung die Versicherungspflicht erlischt und welche die Versicherung nicht nach § 14 des Gesetzes freiwillig fortsetzen, findet nach dem Gesetze nicht statt.

5. Auf Personen, welche im Kanzleidienst der Notariate nur vorübergehend aushilfsweise beschäftigt werden, oder deren Verwendung im Kanzleidienste der Notariate nur eine Nebenbeschäftigung für sie bildet, und denen hienach die Eigenschaft eines ordentlichen ständigen Notariatsgehilfen nicht zukommt, finden die Bestimmungen der Nr. 1 bis 3 keine Anwendung. Für diese Personen bleibt die Versicherungspflicht bestehen, soweit sie bisher bestand. Die Notare haben daher bezüglich dieser Personen wie bisher für die ordnungsmäßige Leistung der Beiträge zu sorgen und den sie treffenden Teil der Beiträge zu tragen.

Das Gleiche gilt hinsichtlich derjenigen Notariatsgehilfen, welche dem Pensionsvereine nicht beigetreten sind, obwohl ihnen der Beitritt nach der Satzung möglich war. Wird ein solcher Notariatsgehilfe nachträglich Mitglied des Pensionsvereins, so erwirbt er damit auch die Anwartschaft aus der in Nr. 2 gegebenen Pensions-Zusicherung; gleichzeitig erlischt für ihn die Versicherungspflicht.

6. Diese Entschließung ist den nichtrechtskundigen Notariatsgehilfen noch vor dem 1. Dezember d. Js. durch ihre Amtsvorstände bekannt zu geben. Die Bekanntgabe soll in den Generalakten vermerkt werden.

VI.

Gebühren.

27. Notariatsgebührenordnung.

Königl. Allerh. Verordnung vom 28 Dez. 1899 Nr. 41901 (Ges.V.Bl. 1899 Nr. 63 S. 1183—1205, J.M Bl. 1899 Nr. 22 Seite 761 bis 787).

Erster Abschnitt.

Allgemeine Vorschriften.

Art. 1. Die Vergütung für die Amtshandlungen der Notare bestimmt sich nach den Vorschriften dieser Gebührenordnung. Auf die Notariatsverweser finden diese Vorschriften, soweit nicht in einzelnen Fällen ein Anderes bestimmt ist, gleichmäßige Anwendung.

Art. 2. Für die Geltendmachung und Beitreibung der Gebühren und Auslagen der Notare und für das Armenrecht sind die Vorschriften des Notariatsgesetzes, für die Verjährung die Vorschriften des Bürgerlichen Gesetzbuchs, für die Buch- und Registerführung die Vorschriften der Geschäftsordnung maßgebend.

Art. 3. Gebühren werden, soweit nicht in besonderen Vorschriften ein Anderes bestimmt ist, nur in Parteisachen erhoben.

Für Amtshandlungen, welche unabhängig von dem Ansuchen Beteiligter von Amtswegen vorzunehmen sind, wie Eintragungen in die vorgeschriebenen Dienstregister, Anzeigen an Behörden, Vorlegung von Urkunden und Akten an solche, dürfen keine Gebühren angesetzt werden. Dasselbe gilt für Zustellungen, die von Amtswegen zu erfolgen haben.

Art. 4. Für die Berechnung seiner Gebühren und Auslagen, die Übersendung der Rechnungen, die Aufforderung und Mahnung zur Zahlung, endlich für die Quittung kann der Notar weder Gebühren noch Auslagen verrechnen. Wird die Übersendung der Quittung gewünscht, so können die Auslagen für die Post oder den Boten in Ansatz kommen.

Art. 5. Für jedes Geschäft ist ohne Rücksicht auf die Zahl der dabei Beteiligten nur eine Gebühr zu erheben.

Art. 6. Geschäfte, deren Wirksamkeit an eine Bedingung geknüpft ist, sind wie unbedingte zu behandeln.

Art. 7. Die Gebühr bildet die Vergütung für die gesamte, zur Erledigung des Geschäfts erforderliche Thätigkeit des Notars. Für einzelne zur Abwickelung eines Geschäfts gehörende Handlungen, wie Ladung von Beteiligten zu Amt, Bestellung von Zeugen und Sachverständigen, vorbereitende Besprechungen und Korrespondenzen, Prüfung von Büchern, Registern, Akten, Urkunden, Rechnungen, Einsicht von Grund- und Hypothekenbüchern dürfen besondere Gebühren nicht verrechnet werden.

Art. 8. Wird ein Amtsgeschäft am Krankenlager oder zur Nachtzeit vorgenommen, so erhöht sich die Gebühr des Notars um ein Viertel. Die Erhöhung findet auch beim Zusammentreffen beider Erhöhungsgründe nur einmal statt.

Wird ein am Tage begonnenes Geschäft auf Wunsch der Beteiligten in die Nachtzeit hinein fortgesetzt, so gilt es als zur Nachtzeit vorgenommen, wenn es mehr als eine Stunde über den Beginn der Nachtzeit hinaus in Anspruch genommen hat. Der Notar kann in diesem Falle die erhöhte Gebühr nur dann beanspruchen, wenn er die Beteiligten vor der Fortsetzung in die Nachtzeit hinein auf den Eintritt der Gebührenerhöhung aufmerksam gemacht hat.

Welche Zeit als Nachtzeit zu gelten hat, bestimmt die Geschäftsordnung.

Art. 9. Die Notariatsgebühren werden entweder nach festen Sätzen oder nach dem Werte des Gegenstandes des Geschäfts oder endlich nach Maßgabe der von dem Notar auf die Erledigung des Geschäfts verwendeten Zeit bemessen. (Feste Gebühren, Wertgebühren, Zeitgebühren).

Art. 10. Die zum Zwecke der Erhebung der Staatsgebühr festgestellte Gegenstandssumme ist auch für die Notariatsgebühren maßgebend, wenn gleichzeitig Staatsgebühren und Notariatsgebühren nach dem Werte des Gegenstandes erhoben werden.

Anderenfalls erfolgt die Bestimmung der Gegenstandssumme nach den besonderen Vorschriften dieser Verordnung und in Ermangelung von solchen besonderen Vorschriften nach vernünftigem Ermessen.

Art. 11. Bei der Berechnung der Gebühren nach dem Werte bleiben Bruchteile eines Pfennigs außer Ansatz. Pfennigbeträge, die nicht durch zehn teilbar sind, werden auf zehn aufgerundet.

Art. 12. Die volle Werkgebühr beträgt bei Gegenständen im Werte

1.	bis zu	100 Mark				1,—	Mark
2.	von mehr als	100 Mark	bis	200	Mark	1,80	„
3.	„ „ „	200	„	„	300 „	2,70	„
4.	„ „ „	300	„	„	400 „	3,60	„
5.	„ „ „	400	„	„	500 „	4,50	„
6.	„ „ „	500	„	„	600 „	5,40	„
7.	„ „ „	600	„	„	900 „	6,30	„
8.	„ „ „	900	„	„	1200 „	7,20	„
9.	„ „ „	1200	„	„	1500 „	8,10	„
10.	„ „ „	1500	„	„	1800 „	9,—	„
11.	„ „ „	1800	„	„	2200 „	10,50	„
12.	„ „ „	2200	„	„	2700 „	12,—	„
13.	„ „ „	2700	„	„	3300 „	13,50	„
14.	„ „ „	3300	„	„	4000 „	15,—	„
15.	„ „ „	4000	„	„	4800 „	16,50	„
16.	„ „ „	4800	„	„	5700 „	18,	„
17.	„ „ „	5700	„	„	6700 „	19,50	„
18.	„ „ „	6700	„	„	7800 „	21,—	„
19.	„ „ „	7800	„	„	8900 „	22,50	„
20.	„ „ „	8900	„	„	10,000 „	24,—	„
21.	„ „ „	10,000	„	„	12,000 „	27,—	„
22.	„ „ „	12,000	„	„	14,000 „	30,—	„
23.	„ „ „	14,000	„	„	16,000 „	33,—	„
24.	„ „ „	16,000	„	„	18,000 „	36,—	„
25.	„ „ „	18,000	„	„	20,000 „	39,—	„
26.	„ „ „	20,000	„	„	23,000 „	42,—	„
27.	„ „ „	23,000	„	„	26,000 „	44,—	„
28.	„ „ „	26,000	„	„	29,000 „	46,—	„
29.	„ „ „	29,000	„	„	32,000 „	48,—	„
30.	„ „ „	32,000	„	„	35,000 „	50,—	„
31.	„ „ „	35,000	„	„	38,000 „	52,—	„
32.	„ „ „	38,000	„	„	41,000 „	54,—	„
33.	„ „ „	41,000	„	„	44,000 „	56,—	„
34.	„ „ „	44,000	„	„	47,000 „	58,—	„
35.	„ „ „	47,000	„	„	50,000 „	60,—	„

Die ferneren Wertklassen steigen um je 10,000 Mark und die Gebühren um je 6 Mark; beträgt der Wert des Gegenstandes mehr als 400,000 Mark, so steigt die Gebühr von da ab nur mehr um je 1 Mark in jeder Klasse.

Art. 13. Für die Berechnung der Zeitgebühr kommt nicht bloß die zur Vornahme des Geschäftes selbst, sondern auch die zu den notwendigen Vorarbeiten (Besprechungen, Akteneinsicht, Prüfung von Rechnungen &c.) verwendete Zeit in Anschlag, mit Ausnahme der Zeit für die nach Art. 30, 35, 134 des Notariatsgesetzes erforderliche Einsicht des Grundbuchs und des Hypothekenbuchs.

Art. 14. Die Zeitgebühr wird nach Stunden bemessen. Ist die insgesamt für ein Geschäft aufgewendete Zeit geringer als eine Stunde oder ergibt sich bei der Zusammenrechnung außer vollen Stunden noch ein Bruchteil, so wird zur vollen Stunde aufgerundet.

Art. 15. Die Zeitgebühr beträgt 2 Mark für jede Stunde.

Art. 16. Nimmt ein Geschäft, für das eine Wertgebühr anzusetzen wäre, soviel Zeit in Anspruch, daß die Zeitgebühr dafür sich höher berechnen würde als die Wertgebühr, so kann der Notar die Zeitgebühr beanspruchen.

Diese Bestimmung findet keine Anwendung, wenn die Gegenstandssumme nicht mehr beträgt als 200 Mark.

Art. 17. So oft der Notar die Zeitgebühr verrechnet, soll er beim Gebührenvermerk auf der Urkunde und im Gebührenregister angeben, wie viel Zeit das Geschäft in Anspruch genommen hat.

Art. 18. Enthält eine Urkunde mehrere der Wertgebühr unterliegende Rechtsgeschäfte, welche von einander unabhängig sind oder nicht notwendig eines aus dem anderen fließen, so wird für jedes dieser Rechtsgeschäfte eine besondere Gebühr geschuldet.

Auf Verbindlichkeiten, welche nur als Bedingungen des Hauptvertrags erscheinen oder zur Erfüllung der Leistung oder Gegenleistung desselben bedungen oder übernommen werden, insbesondere auch auf Bürgschaften und Pfandbestellungen findet vorstehende Bestimmung keine Anwendung.

Art. 19. Für Geschäfte, welche zwar begonnen, aber ohne Schuld des Notars nicht vollendet worden sind, erhält der Notar die Zeitgebühr.

Bei Geschäften, die im Falle ihrer Erledigung nicht mit der Zeitgebühr hätten bewertet werden können, darf die Gebühr des Abs. 1 nur bis zur Höhe von Dreiviertel der für die Erledigung zustehenden Gebühr gefordert werden.

Art. 20. Für alle Amtsgeschäfte, über welche in dieser Verordnung keine Bestimmung getroffen ist, erhält der Notar die Zeitgebühr.

Art. 21. Ist ein von einem Notar vorgenommenes Amtsgeschäft nutzlos oder unwirksam, so hat der Notar keine Gebühren zu beanspruchen, wenn er die Nutzlosigkeit oder Unwirksamkeit verschuldet hat.

Das Gleiche gilt von der Erstattung nutzloser Auslagen.

Zweiter Abschnitt.

Beurkundung von Rechtsgeschäften, von sonstigen Erklärungen, von Vorgängen und von Thatsachen.

Art. 22. Für die Beurkundung von Kauf-, Tausch-, Übergabs- und Teilungsverträgen, Gesellschaftsverträgen, Miet-, Pacht- und Werkverträgen wird die volle Wertgebühr erhoben.

Verträge, durch welche sich jemand verpflichtet, das Eigentum an einem Grundstück oder an einer beweglichen Sache zu übertragen oder ein den Grundstücken gleichstehendes Recht zu bestellen oder zu übertragen, ferner Verträge, durch welche sich jemand verpflichtet, sein gegenwärtiges Vermögen oder einen Bruchteil seines gegenwärtigen Vermögens oder sonst eine Vermögensmasse oder einen Bruchteil davon zu übertragen, sind mit der Gebühr des Absatz 1 zu belegen, wenn nicht in den nachfolgenden Artikeln etwas anderes bestimmt ist.

Art. 23. Für die Vornahme von öffentlichen Versteigerungen, einschließlich der zugehörigen Beurkundung, wird die anderthalbfache Wertgebühr erhoben.

Wird bei einer öffentlichen Versteigerung von Grundstücken der Zuschlag auf die für die einzelnen Grundstücke gelegten Gebote erteilt, so ist die Gebühr nach den Einzelpreisen zu berechnen.

Bei der öffentlichen Versteigerung von beweglichen Sachen und von Nutzungen, für welche nicht die sich auf Grundstücke beziehenden Vorschriften gelten, ist die Gebühr stets aus dem Gesamterlöse zu berechnen.

Art. 24. Für die Beurkundung eines Schuldversprechens oder Schuldanerkenntnisses, eines Bürgschaftsversprechens, einer Schuldübernahme, einer Forderungsabtretung wird bis zu einer Gegenstandssumme von 2200 Mark die Hälfte, bei höherer Gegenstandssumme zwei Drittel der vollen Wertgebühr erhoben; ebenso für die Beurkundung des Versprechens, ein Pfandrecht an einer beweglichen Sache zu bestellen, für die Beurkundung der Bestellung, Belastung oder Übertragung eines Erbbaurechts, einer Dienstbarkeit, einer Reallast, einer Hypothek oder eines sonstigen Rechts an einem Grundstück und für die Beurkundung des Versprechens, ein solches Recht zu bestellen, zu belasten oder zu übertragen.

Art. 25. Für die Beurkundung von Eheverträgen wird die Hälfte der vollen Wertgebühr, jedoch nicht weniger als 4 Mark, nicht mehr als 40 Mark erhoben.

Die Gegenstandssumme wird nach dem gesamten beiderseitigen Rein-Vermögen beim Abschlusse des Ehevertrages berechnet.

Ist die Größe des Vermögens nicht ersichtlich und weigern sich die Beteiligten darüber eine Angabe zu machen, so beträgt die Gebühr 10 Mark.

Art. 26. Für die Beurkundung eines Vertrages zwischen Brautleuten oder Ehegatten, durch den lediglich über die religiöse Erziehung der Kinder verfügt wird, steht dem Notar eine Gebühr von 2 Mark zu.

Wird in einem vom Notar beurkundeten Ehevertrag außer anderen Vertragsbestimmungen auch über die religiöse Erziehung der Kinder eine Verfügung getroffen, so steht hiefür dem Notar keine besondere Gebühr zu.

Art. 27. Für die Beurkundung von Testamenten, Erbverträgen und Erbverzichtsverträgen wird die Hälfte der vollen Wertgebühr, jedoch nicht weniger als 4 Mark, nicht mehr als 40 Mark erhoben.

Die Gebühr wird nach dem Werte des Gegenstandes oder des Vermögens berechnet, worüber verfügt ist.

Ist der Wert nicht ersichtlich und weigern sich die Beteiligten, ihn anzugeben, so beträgt die Gebühr 10 Mark.

Ist ein Ehevertrag mit einem Erbvertrage verbunden, so kommt nur eine Gebühr und zwar die höhere zur Erhebung.

Art. 28. Für die Beurkundung von Vereinbarungen zwischen dem Vater eines unehelichen Kindes und diesem über den Unterhalt für die Zukunft oder über eine an Stelle des Unterhalts zu gewährende Abfindung, sowie für die Beurkundung einer Vereinbarung zwischen dem Vater eines unehelichen Kindes und der Mutter über die der Mutter aus der Beiwohnung und der Entbindung entstandenen Ansprüche wird die Zeitgebühr erhoben.

Art. 29. Für die Beurkundung von Leibrenten- und Versicherungsverträgen wird die Hälfte der vollen Wertgebühr erhoben.

Als Wertgegenstand gilt bei Versicherungsverträgen die versicherte Summe, bei Leibrenten der Kaufpreis und in Ermangelung eines solchen der zehnfache Betrag der Rente.

Art. 30. Für die Beurkundung von Schenkungen und Schenkungsversprechen, dann von Stiftungsgeschäften wird die Hälfte der vollen Wertgebühr erhoben.

Für die Beurkundung der Errichtung von Familienfideikommissen kommt dem Notar die volle Wertgebühr zu.

Art. 31. Vergleiche unterliegen als Verträge bei ihrer notariellen Beurkundung der Gebührenbewertung nach Maßgabe ihres Inhalts.

Art. 32. Für die Beurkundung von Vollmachten, Einwilligungs- und Genehmigungserklärungen wird eine Gebühr von 1 Mark erhoben, wenn die Vornahme des Geschäfts nicht mehr als eine Stunde in Anspruch nimmt, andernfalls gelangt die Zeitgebühr zur Erhebung.

Art. 33. Für die Beurkundung von einseitigen Erklärungen, die zur Mittheilung an Dritte bestimmt sind, wie Anzeigen und Androhungen, Aufforderungen, Anfechtungen, Zurückweisungen, Kündigungen, Widerrufs- und Rücktrittserklärungen wird die Zeitgebühr erhoben.

Für die Übergabe der Erklärung an den Gerichtsvollzieher zum Zwecke der Zustellung nach § 132 des B.GB. hat der Notar keine Gebühr zu beanspruchen.

Art. 34. Für die Beurkundung von Empfangsbekenntnissen (Quittungen), ferner für die Beurkundung von Stundungen, Schulderlassen oder Verzichten wird, wenn die Gegenstandssumme mehr als 200 Mark beträgt, die Zeitgebühr, anderenfalls eine Gebühr von 1 Mark erhoben. Das Gleiche gilt für die Beurkundung von Erklärungen in Hypothekensachen in den Landesteilen r. d. Rh.

Art. 35. Für die Beurkundung von Erklärungen, welche dem Vormundschaftsgerichte, dem Nachlaßgerichte oder einer anderen Behörde gegenüber abzugeben sind, wird, soweit nicht besondere Vorschriften bestehen, die Zeitgebühr erhoben.

Art. 36. Für die Beurkundung der Aussagen von Zeugen und Sachverständigen und für die Beurkundung von Schätzungen wird die Zeitgebühr erhoben, ebenso für die Beurkundung von Erklärungen, die unter Eid oder unter Versicherung an Eidesstatt abgegeben werden.

Art. 37. Für die Beurkundung von thatsächlichen Vorgängen wie Besitzergreifung, Übergabe oder Vorzeigung von Gegenständen, Anbieten der Erfüllung einer Verbindlichkeit oder der Annahme einer Leistung, Geldvorzählung u. dgl., ferner für die Beurkundung von Zuständen, z. B. Vorhandensein und Beschaffenheit einer Sache, Leben und Gesundheitszustand einer Person wird die Zeitgebühr erhoben, soweit nicht in besonderen Vorschriften für einzelne Fälle anders bestimmt ist.

Art. 38. Für die Aufnahme von Vermögensverzeichnissen und Inventaren wird die Zeitgebühr erhoben.

Beträgt jedoch bei Vermögensverzeichnissen der Wert des ausgewiesenen Vermögens unter Abzug der Schulden mehr als 50,000 Mark und die Zahl der aufgezählten Vermögens- und Schuldposten mehr als hundert, so hat der Notar die Hälfte der vollen Wertgebühr nach dem reinen Werte des ausgewiesenen Vermögens zu beanspruchen.

Art. 39. Für die Vornahme von Siegelungen und Entsiegelungen wird die Zeitgebühr erhoben.

Art. 40. Für die Beurkundung des Hergangs bei Verlosungen und bei Auslosungen von Wertpapieren wird die volle Gebühr nach dem Gesamtwerte der verlosten oder ausgelosten Gegenstände, jedoch nicht mehr als 300 Mark erhoben.

Art. 41. Für die Aufnahme des Protokolls über die Sitzungen der Generalversammlungen oder der Aufsichtsräte von Aktiengesellschaften oder Kommanditgesellschaften auf Aktien, sowie für die Aufnahme des Protokolls über die Sitzungen der Mitgliederversammlungen sonstiger Gesellschaften und Vereinigungen oder ihrer Organe, wird die volle Wertgebühr, jedoch nicht mehr als 300 Mark erhoben.

Sofern nicht ein bestimmter Wertgegenstand erhellt, wird als Wertgegenstandssumme der Betrag von 20000 Mark angenommen.

Art. 42. Für die Aufnahme eines Wechselprotestes, einschließlich der Eintragung des Protestes in das Protestregister, kommt dem Notar eine Gebühr von 5 Mark zu.

Art. 43. Für die zum Zwecke der Feststellung des Datums einer Privaturkunde (Art. 33 des Ausf.-Ges. zur CPO.) erteilte Bescheinigung über die Vorlage einer Urkunde wird eine Gebühr von 1 Mark erhoben.

Die Gebühr umfaßt auch die Vergütung für die Eintragung in das vorgeschriebene Buch.

Art. 44. Für Zeugnisse über Gegenstände der amtlichen Wirksamkeit des Notars, z. B. über das Vorhandensein einer Notariatsurkunde, ferner für Lebensbescheinigungen und ähnliche einfache Zeugnisse, die nicht in Protokollform niedergelegt werden und nicht mehr als eine Seite zu zwanzig Zeilen mit durchschnittlich zwölf Silben in Anspruch nehmen, wird eine Gebühr von 1 Mark erhoben.

Für umfangreichere Zeugnisse und Bescheinigungen und für solche, die in Protokollform gebracht sind, wird die Zeitgebühr erhoben.

Dritter Abschnitt.

Beglaubigung von Unterschriften und Handzeichen.

Art. 45. Für die Beglaubigung einer Unterschrift oder eines Handzeichens erhält der Notar eine Gebühr von 1 Mark.

Sind gleichzeitig die Unterschriften oder Handzeichen mehrerer Personen unter einer und derselben Urkunde zu beglaubigen, so ist für die zweite und jede weitere Person 50 Pfennig anzusetzen.

Für die Beglaubigung von Unterschriften und Handzeichen unter Schriftstücken, welche Rechtsgeschäfte der im Artikel 22, 24 bezeichneten Art enthalten, erhält der Notar vier Zehntel der Gebühr, welche ihm für die Beurkundung dieser Rechtsgeschäfte zustünde, mindestens aber die in Absatz 1 und 2 bezeichnete Gebühr.

Art. 46. Beglaubigt der Notar Unterschrift oder Handzeichen von Beteiligten unter einer von ihm selbst entworfenen Urkunde, so kann er neben der Gebühr für den Entwurf eine Gebühr für die Beglaubigung nicht beanspruchen.

Vierter Abschnitt.

Vermittelung der Auseinandersetzung. Zwangsversteigerung.

Art. 47. Für die Vermittelung der Auseinandersetzung in Ansehung eines Nachlasses in dem Verfahren nach § 86 bis 98 des Gesetzes über die Angelegenheiten der freiwilligen Gerichtsbarkeit werden fünf Zehnteile, im Falle der Beteiligung eines minderjährigen Erben zwei Zehnteile der Sätze des § 8 des Reichsgerichtskostengesetzes erhoben. Die Gebühr kann um zwei Zehnteile erhöht werden, wenn die Thätigkeit des Notars eine besonders weitläufige und schwierige war.

Die Berechnung der Gebühr erfolgt aus dem Werte des Nachlasses nach Abzug der Schulden.

Die Gebühr umfaßt die Vergütung für die Anfertigung des Auseinandersetzungsplans, für die Beurkundung und die Bestätigung der Auseinandersetzung und für alle vorausgegangenen Verhandlungen und Verfügungen.

Die Erhebung der Zeitgebühr an Stelle der Gebühr des Abs. 1 ist ausgeschlossen.

Art. 48. Auf die Vermittelung der Auseinandersetzung in Ansehung des Gesamtguts einer ehelichen Gütergemeinschaft oder einer fortgesetzten Gütergemeinschaft im Verfahren nach § 99 des Gesetzes über die Angelegenheiten der freiwilligen

Gerichtsbarkeit finden die Vorschriften über die Gebühren für die Vermittelung der Auseinandersetzung in Ansehung eines Nachlasses entsprechende Anwendung. Wird die Auseinandersetzung mit der Teilung des Nachlasses eines Ehegatten verbunden, so wird der Wert des Gesamtguts nur zu dem Bruchteil in Ansatz gebracht, welcher den Anteil des überlebenden Ehegatten bildet.

Art. 49. Wird der Antrag auf Vermittelung der Auseinandersetzung in den Fällen der Artikel 47, 48 vor der Erledigung des Verfahrens zurückgezogen, so kommt dem Notar für seine Thätigkeit im Verfahren die Zeitgebühr bis zum Betrage der Hälfte der für die Durchführung der Vermittelung anzusetzenden Gebühren, wenn aber der Antrag erst nach der Anfertigung des Verteilungsplanes zurückgezogen wird, bis zum Betrage von drei Viertel jener Gebühren zu.

Art. 50. Beurkundet der Notar außerhalb des Verfahrens nach § 86 ff., § 99 des Gesetzes über die Angelegenheiten der freiwilligen Gerichtsbarkeit ein Übereinkommen der Beteiligten über die Auseinandersetzung in Ansehung eines Nachlasses oder in Ansehung des Gesamtguts einer ehelichen Gütergemeinschaft oder einer fortgesetzten Gütergemeinschaft, so richten sich die Gebühren nach Artikel 22 dieser Verordnung.

Art. 51. Die Gebühr des Notars für die Führung des Testamentsvollstreckeramts bemißt sich nach den Vorschriften des § 2221 des Bürgerlichen Gesetzbuchs.

Art. 52. Wird dem Notar auf grund des Artikel 25 des Ausführungsgesetzes zu der Grundbuchordnung und zu dem Gesetz über die Zwangsversteigerung und die Zwangsverwaltung die Ausführung einer Versteigerung übertragen, so erhält er für die gesamte Thätigkeit im Verfahren bis zum Versteigerungstermine mit Einschluß der Beurkundung von Anträgen, Erklärungen und Vereinbarungen der Beteiligten eine Gebühr von 15 Mark.

Für die Versteigerung selbst einschließlich der Beurkundung derselben und der Erteilung des Zuschlags erhält der Notar die im Artikel 23 bestimmte Gebühr.

Die Gebühr des Absatz 1 fällt an mit der Bestimmung des Versteigerungstermins. Wird das Verfahren vor der Bestimmung des Versteigerungstermins eingestellt oder aufgehoben, so entfällt die Gebühr.

Art. 53. Wird unter Versagung des Zuschlags ein neuer Versteigerungstermin bestimmt, so erhält der Notar für das Verfahren bis zu dem neuen Versteigerungstermin eine Gebühr von 5 Mark.

Fünfter Abschnitt.

Verwahrung von Privaturkunden und von Testamenten. Eröffnung von Testamenten.

Art. 54. Für die Verwahrung einer Urkunde, die nicht ein Testament oder einen Erbvertrag enthält, und für die Rückgabe einer solchen zur Verwahrung übernommenen Urkunde an den Beteiligten wird je eine Gebühr von 2 Mark erhoben.

Die Gebühr für die Übernahme umfaßt die Vergütung für die Beurkundung der Übernahme, die Erteilung des Hinterlegungsscheins und die Verwahrung, die Gebühr für die Rückgabe, die Vergütung für das Aufsuchen, die Rückgabe und die über die Rückgabe aufgenommene Urkunde.

Für die vorübergehende Verwahrung von Urkunden, die dem Notar zum Zwecke der Vorbereitung eines Amtsgeschäfts übergeben sind, wird keine Gebühr erhoben.

Art. 55. Für die Übernahme eines Testaments in amtliche Verwahrung — einschließlich der zugehörigen Beurkundung — wird eine Gebühr von 3,50 Mark erhoben.

Die gleiche Gebühr gelangt für die Rückgabe eines in amtliche Verwahrung genommenen Testaments zur Erhebung.

Die amtliche Verwahrung von Testamenten und Erbverträgen, die von dem Notar beurkundet sind, erfolgt gebührenfrei.

Für die Erteilung des Hinterlegungsscheins über die in amtliche Verwahrung genommenen Testamente und Erbverträge hat der Notar in jedem Falle eine Gebühr von 1 Mark zu beanspruchen.

Art. 56. Für die nach § 2259 des Bürgerlichen Gesetzbuchs vorzunehmende Ablieferung eines in seiner amtlichen Verwahrung befindlichen Testamentes an das Nachlaßgericht erhält der Notar eine Gebühr von 1 Mark.

Die gleiche Gebühr erhält der Notar für die Übersendung eines bei ihm errichteten oder verwahrten Testamentes an eine andere Verwahrungsbehörde zum Zwecke der Übernahme in die amtliche Verwahrung.

Art. 57. Für die nach Maßgabe des bisherigen Rechts vorzunehmende persönliche Übergabe eines bei ihm verschlossen hinterlegten Testaments oder Erbvertrags an das Nachlaßgericht erhält der Notar die Zeitgebühr.

Art. 58. Für die Eröffnung eines Testaments oder Erbvertrags erhält der Notar eine Gebühr von 3,50 Mark.

Die Gebühr umfaßt die Vergütung für die Vorbereitung und Anberaumung des Termins, die Ladungen, die Eröffnungsverhandlung und das darüber aufgenommene Protokoll.

Für die Bekanntgabe des Inhalts eines Testaments oder Erbvertrages an einen Beteiligten, welcher bei der Eröffnung nicht zugegen gewesen ist, werden die in Artikel 44 vorgesehenen Gebühren erhoben.

Für die Abgabe der Akten an das Nachlaßgericht nach Erledigung der Eröffnung steht dem Notar keine Gebühr zu. Für die Zurückbehaltung der Testamentsabschrift erhält er nur die Schreibgebühr.

Sechster Abschnitt.

Zustellung, Behändigung, Vorlegung von Urkunden.

Art. 59. Soweit der Notar nach den dafür bestehenden Vorschriften Zustellungen von Amtswegen vorzunehmen hat, stehen ihm dafür keine Gebühren zu.

Art. 60. Für die Übersendung und Aushändigung der an die Beteiligten zu verabfolgenden Urkunden (Urschriften, Ausfertigungen und Abschriften) erhält der Notar keine Gebühr.

Die Auslagen sind ihm zu vergüten.

Art. 61. Für die Vornahme und Beurkundung von Zustellungen und mündlichen Eröffnungen, die der Notar persönlich auf Ersuchen Beteiligter an Dritte macht, wird die Zeitgebühr erhoben.

Art. 62. Legt der Notar auf Ersuchen der Beteiligten eine von ihm beurkundete oder beglaubigte Erklärung einer anderen Behörde vor, so hat er für die Vorlegung eine Gebühr von 1 Mark zu beanspruchen. Die Gebühr entfällt, wenn der Notar die Urkunde schon von Amtswegen vorzulegen hat.

Siebenter Abschnitt.

Gestattung der Einsicht, Erteilung und Beglaubigung von Abschriften und Ausfertigungen. Vollstreckungsklausel. Schreibgebühren.

Art. 63. Für die Gestattung der Einsicht einer in der Urkundensammlung des Notariats verwahrten Urkunde erhält der Notar eine Gebühr von 0,50 Mark.

Kann bei dem Ersuchen um Gestattung der Einsicht der Jahrgang der Errichtung der Urkunde nicht angegeben werden, so erhöht sich die Gebühr des Notars auf 1,50 Mark.

Ersucht bei oder unmittelbar nach der Einsichtnahme der Einsichtnehmende um die Erteilung einer Abschrift oder einer Ausfertigung der eingesehenen Urkunde, so ist die Gebühr für die Einsichtnahme auf die für die Abschrift oder die Ausfertigung zu erteilende Gebühr anzurechnen.

Art. 64. Wird vom Erblasser die Einsicht eines verschlossen in der Verwahrung des Notariats befindlichen Testaments oder Erbvertrags begehrt, so steht dem Notar für die gesamte Verhandlung (Aufsuchung, Eröffnung, Vorlegung zur Einsicht, neuerlicher Verschluß und Protokoll) die Zeitgebühr zu.

Art. 65. Für die Gestattung der Einsicht in die Verlassenschaftsakten des älteren Rechts der Landesteile r. d. Rh., für die Gestattung der Einsicht in die Akten über die Vermittelung der Auseinandersetzung in Ansehung eines Nachlasses oder des Gesamtgutes einer ehelichen oder fortgesetzten Gütergemeinschaft, in die Testaments-Eröffnungs- und Zwangsversteigerungsakten, endlich in das Wechselprotestregister und das

Buch für die Eintragungen zur Feststellung des Datums von Privaturkunden kann eine Gebühr nicht beansprucht werden.

Art. 66. Für die Erteilung einer Abschrift erhält der Notar eine Gebühr von 1 Mark, wenn die Abschrift nicht mehr als vier Seiten hat, andernfalls für jede weitere Seite 0,20 Mark mehr. (Schreibgebühr.)

Auf die Seite sind mindestens zwanzig Zeilen von durchschnittlich zwölf Silben zu rechnen. Angefangene Seiten werden für voll berechnet.

Für den Beglaubigungsvermerk kann keine besondere Gebühr in Ansatz gebracht werden.

Art. 67. Für die Erteilung einer beglaubigten Abschrift von einer Urkunde, die dem Notar zum Zwecke der Beglaubigung der Abschrift vorgelegt worden ist, wird die gleiche Gebühr erhoben, wie für die Erteilung einer Abschrift einer Urkunde aus der Urkundensammlung des Notars.

Wird außer der Hauptschrift auch die Abschrift dem Notar vorgelegt und nur um die Beglaubigung der Übereinstimmung ersucht, so steht doch dem Notar die gleiche Gebühr zu, wie wenn die Abschrift von ihm angefertigt worden wäre.

Die Vorschriften im Absatz 1 und 2 finden entsprechende Anwendung auf die Auszüge.

Art. 68. Für die Erteilung einer Ausfertigung steht dem Notar die gleiche Gebühr zu wie für die Erteilung einer Abschrift.

Für die Erteilung der Vollstreckungsklausel erhält der Notar nur dann eine besondere Gebühr, wenn die Prüfung des Eintrittes einer Thatsache oder einer Rechtsnachfolge notwendig war. (Civilprozeßordnung §§ 726 bis 729.) Die Gebühr beträgt 1 Mark.

Art. 69. Für die Herstellung der Urschrift der Urkunden erhält der Notar keine Schreibgebühr.

Art. 70. Bei der Vermittelung der Auseinandersetzung in Ansehung eines Nachlasses oder des Gesamtguts einer ehelichen oder fortgesetzten Gütergemeinschaft und im Zwangsversteigerungsverfahren bemessen sich die Schreibgebühren des Notars nach § 80 des Reichsgerichtskostengesetzes.

Achter Abschnitt.

Nebengeschäfte.

Art. 71. Für die Erteilung eines mündlichen oder schriftlichen Rates steht dem Notar keine Gebühr zu.

Die Gebühr für die Erteilung eines von einem Beteiligten verlangten ausführlichen schriftlichen Gutachtens richtet sich nach der Vereinbarung mit dem Beteiligten, mangels eines solchen nach billigem Ermessen. Für Gutachten über Gegenstände, die nicht zur Zuständigkeit der Notare gehören, haben die Notare nach dieser Verordnung keine Gebühren zu beanspruchen.

Art. 72. Für das Entwerfen von Privaturkunden steht dem Notar dieselbe Gebühr zu, welche er für die notarielle Beurkundung zu erhalten hätte.

Errichtet der Notar späterhin auf grund des Entwurfes eine öffentliche Urkunde, so hat er für diese Beurkundung nur die Zeitgebühr zu beanspruchen, wenn diese geringer ist als die sonst anzusetzende Gebühr.

Art. 73. Für die Bearbeitung von Liquidationen und Berechnungen hat der Notar die Zeitgebühr zu beanspruchen.

Art. 74. Für die Abfassung öffentlicher Bekanntmachungen wird eine Gebühr von 1 Mark erhoben. Umfaßt jedoch die öffentliche Bekanntmachung mehr als eine Seite von zwanzig Zeilen mit durchschnittlich zwölf Silben, so wird für jede weitere ganz oder teilweise in Anspruch genommene Seite gleichfalls 1 Mark vergütet.

Neunter Abschnitt.

Auslagen.

Art. 75. An baren Auslagen werden erhoben:

1. Die Post- und Telegraphengebühren;
2. die durch Einrückung einer Bekanntmachung in öffentliche Blätter entstehenden Kosten;
3. die an Zeugen, Sachverständige, Auskunftspersonen, Dolmetscher, Ausrufer und sonstige notwendige Hilfspersonen zu zahlenden Beträge;

4. die an andere Behörden oder Beamte, insbesondere an den zugezogenen zweiten Notar oder an Rechtsanwälte für deren Thätigkeit zu zahlenden Beträge;
5. die zur Entrichtung der dem Staate und den Gemeinden anfallenden Gebühren gemachten Vorschüsse.

Art. 76. Für das zu den Urkunden, Ausfertigungen und sonstigen Schriftstücken verwendete Papier kann eine besondere Gebühr nicht in Anspruch genommen werden.

Die Kosten einer besonderen Ausstattung der Urkunde, insbesondere die Kosten, welche durch Verwendung von Pergamentpapier oder Pergament entstehen, können jedoch in Ansatz gebracht werden. Ebenso die Auslagen für die zum Schutze der Ausfertigungen wichtigerer Urkunden gebräuchlichen Decken (Mäntel).

Art. 77. Für die Verpackung von Schriftstücken, die an Beteiligte zu senden sind, sowie für die Adresse können Auslagen nicht berechnet werden.

Art. 78. Für die Bestellung von Schriftstücken an die Beteiligten dürfen in der Regel höhere Auslagen als die gewöhnlichen Postgebühren nicht angesetzt werden. Posteinschreibe- oder Versicherungs-Gebühren können nur angesetzt werden, wenn die Einschreibung oder Versicherung von den Beteiligten verlangt oder nach den Umständen erforderlich war. Höhere Botenlöhne können nur angesetzt werden, wenn besondere, vom Notar nicht zu vertretende Umstände — wie Dringlichkeit der Sache, Notwendigkeit erhöhter Sicherheitsmaßregeln wegen außergewöhnlicher Wichtigkeit u. dgl. — die Besorgung durch einen besonderen Lohnboten erfordern.

Für die persönliche Besorgung der Bestellung einer Urkunde durch den Notar kann, sofern es sich nicht um einen förmlichen Zustellungsakt handelt, nichts verrechnet werden.

Art. 79. Wird ein Notar als zweiter Notar zu einer Beurkundung herangezogen, so hat er für seine Mitwirkung die Zeitgebühr und daneben gegebenen Falles die Reisekosten zu beanspruchen.

Art. 80. Für jeden bei einer notariellen Beurkundung zugezogenen Zeugen kann die demselben gezahlte Gebühr bis zum Betrage von 0,50 Mark für jede angefangene Stunde in Rechnung gestellt werden.

Das Gleiche gilt für die zugezogenen Vertrauenspersonen und Auskunftspersonen.

Den Beteiligten bleibt es unbenommen, sich mit Zeugen, Vertrauenspersonen und Auskunftspersonen über die Vergütung selbst zu vereinbaren.

Art. 81. Für Dolmetscher und Sachverständige kann die denselben unter Einhaltung der in den §§ 3 bis 11 der Gebührenordnung für Zeugen und Sachverständige enthaltenen Grundsätze gezahlte Entschädigung verrechnet werden.

Den Beteiligten bleibt anderweitige Vereinbarung über die Vergütung vorbehalten.

Art. 82. Ergibt sich bei Versteigerungen das Bedürfnis, einen Ausrufer beizuziehen und wird dieser nicht von den Beteiligten selbst gestellt, so kann für den beigezogenen Ausrufer die ortsübliche Gebühr in Ansatz gebracht werden.

Zehnter Abschnitt.

Entfernungsgebühren, Reisekosten.

Art. 83. Nimmt der Notar ein Amtsgeschäft an einem Orte vor, der außerhalb der Amtsräume, jedoch weniger als drei Kilometer von seinem Amtssitz entfernt liegt, so hat er für die daraus entstehende Zeitversäumnis Vergütung zu beanspruchen.

Unterliegt das auswärts vorgenommene Geschäft ohnehin der Zeitgebühr, so ist die Zeit für den Hin- und Rückweg der Zeit der Vornahme des Geschäfts hinzuzurechnen. Andernfalls kommt dem Notar für die auf Hin- und Rückweg verwendete Gesamtzeit die Zeitgebühr besonders zu. Hat der Notar auf seinem Gange mehrere Geschäfte erledigt, so sind die Ganggebühren entsprechend zu verteilen.

Art. 84. Bei der Vornahme von Dienstgeschäften an Orten, die außerhalb des Amtssitzes gelegen und von diesem nicht weniger als drei Kilometer entfernt sind, hat der Notar neben den Notariatsgebühren Entschädigung durch Tagegelder und Ersatz der Reisekosten zu beanspruchen.

Art. 85. Die Tagegelder können auf so lange beansprucht werden als das vorzunehmende Geschäft — die Reisezeit mit eingerechnet — auswärts dauert.

Erfolgt die Hin= und Rückreise an demselben Tage und erstreckt sich die notwendige Abwesenheit zur Geschäftsvornahme auf nicht länger als sechs Stunden, so kann nur die Hälfte des Tagegelds beansprucht werden.

Art. 86. Das Tagegeld beträgt für den ganzen Tag 11 Mark.

Art. 87. Als Reisekosten dürfen, vorbehaltlich der Bestimmungen der Artikel 90, 91 nur die wirklich entrichteten Auslagen in Aufrechnung gebracht werden.

Art. 88. Bei allen Dienstreisen, welche ohne Nachteil für den Reisezweck durch Benützung von Eisenbahnen oder Dampfschiffen zurückgelegt werden können, haben die Notare nur auf Vergütung der Kosten dieser Beförderungsgelegenheit Anspruch. Auf Eisenbahnen gebührt ihnen ein Platz in der zweiten, auf Dampfschiffen in der ersten Klasse.

Art. 89. Soweit die Benützung der Eisenbahnen oder Dampfschiffe nicht möglich oder nicht thunlich erscheint, kann der Notar sich in gleicher Weise, wie die Richter des Amtsgerichts eines Gefährtes bedienen. Er soll sich, wenn möglich, den Akkorden anschließen, die nach § 12 der Verordnung vom 11. Februar 1875, die Aufrechnung der Tagegelder und Reisekosten bei auswärtigen Dienstgeschäften der Beamten und Bediensteten des Civilstaatsdienstes betr., abgeschlossen werden.

Art. 90. Ein Notar, der mit eigenem Wagen und eigenen Pferden versehen ist, darf, wenn er sich dieses Gefährtes zu Dienstreisen bedient, die Kosten in Aufrechnung bringen, welche nach den Vorschriften der vorhergehenden Artikel erwachsen wären, wenn er sich eines gemieteten Beförderungsmittels bedient hätte.

Art. 91. Legt ein Notar bei einer Dienstreise den Weg zu Fuß oder unter Benützung des Fahrrads zurück, so hat er Anspruch auf eine Reisekostenvergütung von 0,20 Mark für jeden vollen Kilometer des Hin= und Rückwegs. Bruchteile von Kilometern kommen nicht in Anschlag.

Würden die Kosten bei Benützung von Eisenbahn, Dampfschiff, Gefährt geringer sein, so kann die Reisekostenvergütung nur in dem geringeren Betrage beansprucht werden.

Art. 92. Nimmt der Notar bei einer und derselben Dienstreise mehrere Geschäfte mit verschiedenen Beteiligten vor, so hat er die Reisegebühren nur einmal zu beanspruchen.

Art. 93. Haben mehrere Personen, die bei verschiedenen Geschäften beteiligt sind, eine und dieselbe Dienstreise veranlaßt, so sind die Reisegebühren unter sie nach Verhältnis der ihnen zur Last fallenden Notariatsgebühren zu verteilen.

Das Gleiche gilt, wenn auf der Reise erst andere Geschäfte hinzukommen.

Art. 94. Für die Beförderung des notwendigen Reisegepäcks werden dem Notar die thatsächlich erwachsenen Auslagen vergütet.

Art. 95. Die Richter und Gerichtsschreiber der Amtsgerichte erhalten für auswärtige Geschäfte, die sie als Notariatsverweser vornehmen, Tagegelder und Reisekosten ausschließlich nach denjenigen Normen vergütet, welche für die Vornahme auswärtiger Geschäfte im Richteramt oder Gerichtsschreiberamt gelten.

Art. 96. Dienstreisen zum Zwecke der nach Artikel 30 des Notariatsgesetzes vorgeschriebenen Einsicht des Grundbuchs oder des Hypothekenbuchs sind nur dann zulässig, wenn die Beteiligten schriftlich erklärt haben, daß sie die persönliche Einsichtnahme durch den Notar der Erholung und Einsichtnahme eines Auszugs vorziehen und bereit sind, die erwachsenden Reisekosten zu tragen. Die Höhe der erwachsenden Reisekosten ist den Beteiligten vorher bekannt zu geben.

Elfter Abschnitt.

Hinterlegungsgebühren.

Art. 97. Für die Übernahme, Verwahrung und Ablieferung von Geldern, Wertpapieren und Kostbarkeiten nach Artikel 4 des Notariatsgesetzes erhalten die Notare Hinterlegungsgebühren nach Maßgabe der folgenden Bestimmungen.

Art. 98. Die Gebühr enthält die Vergütung für die gesamte Thätigkeit des Notars. Für die Korrespondenz über die Übernahme, die Bescheinigung über den Empfang, die Verzeichnung und Verrechnung, die verzinsliche oder unverzinsliche Hinterlegung bei öffentlichen Banken und die Wiedereinziehung der Werte von diesen, für die wegen der Ablieferung gepflogenen schriftlichen oder mündlichen Verhandlungen mit den Beteiligten, mit Behörden oder Dritten, endlich für die Verhandlung bei der Ablieferung selbst darf keine besondere Gebühr in Ansatz gebracht werden. Die thatsächlich erwachsenen Postportoauslagen — einschließlich der allenfallsigen Versicherungskosten — dürfen aufgerechnet werden.

Art. 99. Die Gebühr wird nach dem Werte des hinterlegten Betrages oder Gegenstandes berechnet.

Als Gegenstandssumme gilt auch für die Gebühr des Notars die zum Zwecke der Bemessung der staatlichen Hinterlegungsgebühr ermittelte Summe.

Art. 100. Die Gebühr beträgt in der Regel:
für den Betrag bis zu 2000 Mark 1/4 vom Hundert,
darüber hinaus für den Mehrbetrag 1/8 vom Hundert.

Art. 101. Die Gebühr beträgt, wenn dem Notar die Einnahme, Aufbewahrung und Ablieferung der Strichgelder aus einer Versteigerung obliegt,

a) bei Versteigerung von unbeweglichen Gegenständen:
für den Betrag bis zu 2000 Mark 1 vom Hundert,
darüber hinaus für den Mehrbetrag 1/2 vom Hundert;

b) bei Versteigerung von beweglichen Gegenständen:
für den Betrag bis zu 2000 Mark 2 vom Hundert,
darüber hinaus für den Mehrbetrag 1 vom Hundert.

Art. 102. Auch bei der Berechnung der Gebühr in den Fällen der Artikel 100, 101, werden Pfennigbeträge, die nicht durch zehn teilbar sind, auf zehn aufgerundet.

Art. 103. Für die Übernahme, Aufbewahrung und Ablieferung von Werten unter 20 Mark werden Gebühren nicht erhoben.

Art. 104. Soweit bestimmt ist, daß die Notare bei der Berechnung und Erhebung der aus Anlaß ihrer Amtsgeschäfte dem Staate und den Gemeinden anfallenden Gebühren mitzuwirken haben, haben die Notare von den Beteiligten für die Einnahme, Aufbewahrung und Ablieferung dieser Gebühren Hinterlegungsgebühren nicht zu beanspruchen.

Zwölfter Abschnitt.

Schlußbestimmungen.

Art. 105. Aufgehoben sind:

1. die Notariatsgebührenordnung für die Pfalz vom 9. April 1822;
2. die Verordnung vom 11. Juli 1823 über die Notariatsgebühren in der Pfalz;
3. die Verordnung vom 29. Januar 1854, die Gebühren der Notare in der Pfalz betreffend;
4. die Notariatsgebührenordnung für die Landestheile rechts des Rheins vom 30. November 1875;
5. die Verordnung von 12. Dezember 1875, die Gebühren der Notare und Notariatszeugen in der Pfalz betreffend;
6. die Verordnung vom 21. Dezember 1877, die Gebühren der Notare in der Pfalz betreffend;
7. die Verordnung vom 15. September 1879, die Gebühren der Notare betreffend;
8. die Verordnung vom 13. Mai 1880, die Gebühren der Notare in der Pfalz betreffend;
9. die Verordnung vom 29. Juni 1886, die Gebühren der Notare betreffend.

Art. 106. Die im Regierungsbezirke der Pfalz üblichen Gebühren für die Anfertigung der Bordereaux und für die Übersendung der Bordereaux an die Hypothekenämter bleiben bis zu dem Zeitpunkt, in welchem das Grundbuch als angelegt anzusehen ist, aufrecht erhalten.

Ebenso können im Regierungsbezirke der Pfalz die für die Anfertigung von Heblisten bei Versteigerungen üblichen Gebühren weiter bezogen werden.

Art. 107. Die Vorschriften dieser Verordnung über die Gebühren bei der Zwangsversteigerung treten, soweit sie die Schiffe betreffen, am 1. Januar 1900, im übrigen für jeden Grundbuchbezirk mit dem Zeitpunkt in Kraft, in welchem das Grundbuch als angelegt anzusehen ist. Bis zu diesem Zeitpunkte haben bei Zwangsversteigerungen hinsichtlich der Gebühren noch die seitherigen Bestimmungen Anwendung zu finden. Das Gleiche gilt für das Verfahren, welches gemäß

§ 15 des Einführungsgesetzes zu dem Gesetz über die Zwangsversteigerung und die Zwangsverwaltung noch nach den Landesgesetzen zu erledigen ist, sowie für die Zwangsversteigerung eines gemeinschaftlichen Grundstücks zum Zwecke der Aufhebung der Gemeinschaft nach den Art. 41, 113 des Gesetzes, Übergangsvorschriften zum Bürgerlichen Gesetzbuche betreffend.

Die Erlassung besonderer Vorschriften über die Gebühren der Notare bei der Beurkundung und Beglaubigung von Verträgen und Erklärungen, für welche das Grundbuchrecht maßgebend ist, bleibt für später vorbehalten.

Art. 108. Ist ein Notar in den Landesteilen r. d. Rh. nach dem Inkrafttreten dieser Verordnung noch auf grund des bisherigen Landesrechts als Verlassenschaftskommissär thätig, so gebührt ihm für Korrespondenzen und Berichte, welche ihm als Verlassenschaftskommissär obliegen, dann für die von ihm in dieser Eigenschaft auszustellenden Zeugnisse wie bisher eine Vergütung von 1 bis 4 Mark.

Art. 109. Gegenwärtige Verordnung tritt mit dem 1. Januar 1900 in Kraft.

Art. 110. Das Staatsministerium der Justiz ist beauftragt, nach Ablauf von drei Jahren über die Wirkungen dieser Verordnung und darüber zu berichten, ob nach den gemachten Erfahrungen eine Änderung dieser Verordnung angezeigt erscheint. Bis zu dieser Zeit ist das Staatsministerium der Justiz ermächtigt, im Fall des Bedürfnisses einzelne Änderungen und Ergänzungen vorzunehmen.

28. Gebühren in Grundbuchsachen.

Königlich Allerhöchste Verordnung vom 28. Juli 1900, die Gebühren der Notare in Grundbuchsachen betr., Nr. 28634 (Ges.V.Bl. 1900 Nr. 44 Seite 741—744; J.M.Bl. 1900 Nr. 24 Seite 1043—1047).

Art. 1. Für die Beurkundung der Erklärungen über die Auflassung eines Grundstücks (§ 925 des Bürgerlichen Gesetzbuchs) erhält der Notar dann, wenn die Erklärungen im unmittelbaren Anschluß an den Vertrag, durch den sich der eine Teil verpflichtet, das Eigentum zu übertragen, z. B. den Kaufvertrag (§ 313 des Bürgerlichen Gesetzbuchs) in ein und derselben Urkunde beurkundet werden, keine besondere Gebühr. Die Vergütung für die Beurkundung der Auflassung ist in diesem Falle in der Gebühr enthalten, welche dem Notar nach Artikel 22, 23 der Notariatsgebührenordnung für die Beurkundung des der Auflassung zu grunde liegenden Vertrags zusteht.

Art. 2. Für die Beurkundung der Auflassung erhält der Notar die Zeitgebühr (Art. 13 ff. der Notariatsgebührenordnung):

1. wenn die Urkunde über den der Auflassung zu grunde liegenden Vertrag zwar von dem Notar selbst aufgenommen ist, die Beteiligten aber die Aufnahme einer besonderen Urkunde über die Auflassung verlangen;
2. wenn die Urkunde über den der Auflassung zu grunde liegenden Vertrag von einer anderen bayerischen Behörde aufgenommen ist;
3. wenn die Verpflichtung zur Übertragung des Eigentums nicht auf einem nach § 313 des Bürgerlichen Gesetzbuchs der gerichtlichen oder notariellen Beurkundung bedürftigen Vertrage, sondern auf einem anderen Rechtsverhältnisse (z. B. einem Vermächtnisse) beruht.

Art. 3. In allen übrigen Fällen erhält der Notar für die Beurkundung der Auflassung die volle Wertgebühr

(Art. 12 der Notariatsgebührenordnung). Das Gleiche gilt dann, wenn in den Fällen des Artikel 2 die Gegenstandssumme nicht mehr beträgt, als 200 Mark.

Art. 4. Die Vorschriften der Artikel 1 bis 3 finden entsprechende Anwendung auf die Beurkundung der Erklärungen, die zur Übertragung des Eigentums an einem buchungsfreien Grundstücke nach Artikel 83 des Ausführungsgesetzes zum Bürgerlichen Gesetzbuch erforderlich sind.

Art. 5. Für die Beurkundung der nach § 873 des Bürgerlichen Gesetzbuchs zur Belastung eines Grundstücks mit einem Rechte sowie zur Übertragung oder Belastung eines solchen Rechtes erforderlichen Erklärungen (Eintragungsbewilligungen) erhält der Notar keine besondere Gebühr, wenn die Erklärungen im unmittelbaren Anschluß an das Rechtsgeschäft, auf dem sie beruhen, (z. B. den Darlehensvertrag, das Schuldbekenntnis, die Forderungsabtretung) in ein und derselben Urkunde beurkundet werden.

Wird die Eintragungsbewilligung für sich allein beurkundet, so steht dem Notar dafür die Gebühr des Artikel 24 der Notariatsgebührenordnung zu. Auf diese ist jedoch, wenn beide Geschäfte innerhalb eines Jahres bei demselben Notariate beurkundet wurden, die für die Beurkundung des grundlegenden Geschäfts entrichtete Gebühr insoweit anzurechnen, als die für die Eintragungsbewilligung zu entrichtende Wertgebühr die Zeitgebühr übersteigt.

Art. 6. Für die Beurkundung der Erklärungen über die Aufhebung eines Rechtes an einem Grundstücke (Löschungsbewilligungen) und über die Änderung des Ranges oder des Inhalts eines Rechtes wird, wenn die Gegenstandssumme mehr als 200 Mark beträgt, die Zeitgebühr, andernfalls eine Gebühr von 1 Mark erhoben.

Das Gleiche gilt für die Beurkundung aller derjenigen Geschäfte in Grundbuchsachen, für welche weder in der Notariatsgebührenordnung noch in dieser Verordnung besondere Bestimmungen getroffen sind.

Art. 7. Für die Beurkundung von Eintragungsanträgen, welche im Zusammenhange mit den zu grunde liegenden Rechtsgeschäften oder den Eintragungsbewilligungen in ein und derselben Urkunde stattfindet, werden keine besonderen Gebühren erhoben. Das Gleiche gilt für die Eintragungsanträge, welche der Notar im Anschluß an eine von ihm vorgenommene Beurkundung oder Beglaubigung auf grund besonderer Ermächtigung seitens der Beteiligten oder auf grund des § 15 der Grundbuchordnung stellt.

Für die selbständige Beurkundung von Eintragungsanträgen erhält der Notar die Gebühr nach Artikel 6 dieser Verordnung.

Art. 8. Für die Beglaubigung der zur Belastung eines Grundstücks mit einem Rechte oder zur Übertragung oder Belastung eines solchen Rechtes (also insbesondere zur Bestellung und Übertragung von Hypotheken) erforderlichen Erklärungen erhält der Notar $^{8}/_{10}$ der Gebühr, die ihm für die Beurkundung dieser Erklärungen zusteht, mindestens aber die im Artikel 45 Abs. 1, 2 der Notariatsgebührenordnung vorgesehene Gebühr.

Für sonstige Beglaubigungen in Grundbuchsachen erhält der Notar einschließlich die Gebühr des Artikel 45 Abs. 1, 2 der Notariatsgebührenordnung.

Art. 9. Für die Erteilung eines Teilhypothekenbriefs, Teilgrundschuldbriefs, Teilrentenschuldbriefs erhält der Notar die gleiche Gebühr wie für die Erteilung einer Abschrift oder Ausfertigung.

Art. 10. Für Auszüge und Abschriften, die dem Grundbuchamte zur Aufnahme unter die Grundbuch-Anlagen vorzulegen sind, erhält der Notar eine Schreibgebühr von 0,20 Mark für die Seite.

Für sonstige den Beteiligten zu erteilende Abschriften und Ausfertigungen sind die Vorschriften in den Artikeln 66 bis 68 der Notariatsgebührenordnung maßgebend.

Art. 11. Für die Einsicht des Grundbuchs, die Erholung von Aufschlüssen über den Inhalt des Grundbuchs, die Erholung von Auszügen aus dem Grundbuche, ferner für die Vorlegung der von ihm errichteten oder beglaubigten Urkunden an das Grundbuchamt und den darüber etwa weiter erwachsenden Schriftwechsel mit dem Grundbuchamt, endlich für die Benachrichtigung der Beteiligten von den Bekanntmachungen des Grundbuchamts erhält der Notar keine Gebühr.

Die Auslagen sind ihm zu vergüten, jedoch darf weder für die Vorlagebogen noch für das zum Schriftwechsel und zur Versendung sonst verwendete Material etwas verrechnet, noch eine Schreibgebühr angesetzt werden.

Art. 12. Die Vorlegung der Urschriften von Urkunden über Geschäfte, die buchungsfreie, auch nach der Beurkundung nicht einzutragende Grundstücke betreffen, ist als Amtssache vollkommen kostenfrei.

Das Gleiche gilt für die Anbringung der vorgeschriebenen Vermerke auf den Urschriften, Ausfertigungen und Abschriften und in den Registern.

Art. 13. Soweit in dieser Verordnung nicht besondere Vorschriften enthalten sind, welche von denen der Notariatsgebührenordnung abweichen oder sie ergänzen, sind die Vorschriften der Notariatsgebührenordnung auch in Grundbuchsachen für die Notariate maßgebend.

Art. 14. Diese Verordnung tritt am 1. August 1900 in Kraft.

Die Vorschrift des Artikel 110 der Notariatsgebührenordnung vom 28. Dezember 1899 ist auf sie entsprechend anzuwenden.

---

29. Die Tantiemen der Notare.

Autographierte Entschließung der kgl. Staatsministerien der Justiz und der Finanzen vom 2. Januar 1900, Nr. 29804.

Gemäß § 11 Absatz 3 der Kgl. Allerhöchsten Verordnung vom 23. Dezember 1899, die Ausführung des Reichs-Gerichtskostengesetzes und des Gesetzes über das Gebührenwesen betreffend, sind die Kgl. Staatsministerien der Justiz und der Finanzen befugt, in den Fällen, in welchen die Vermittelung der Auseinandersetzung in Ansehung eines Nachlasses oder einer ehelichen Gütergemeinschaft oder einer fortgesetzten Gütergemeinschaft durch den Notar stattfindet (Art. 165 des Gesetzes über das Gebührenwesen), wenn die Auseinandersetzung Grundstücke oder diesen gleichstehende Rechte zum Gegenstande hat, dem Notar aus den von ihm nach Art. 146 des Gesetzes über das

Gebührenwesen percipierten und der Staatskasse verrechneten Gebühren von der Vorschrift im Abs. 2 abweichende Tatiemen zu gewähren.

Auf grund dieser Allerhöchsten Ermächtigung werden vom 1. Januar 1900 an bis auf Weiteres die Tantiemen der Notare in den obenbezeichneten Fällen auf

10 Prozent bei einer Gebühr bis zu 300 Mark einschließlich festgesetzt. Beträgt die Gebühr mehr als 300 Mark, so bemißt sich die Tantieme aus dem diese Summe übersteigenden Betrage nach den Vorschriften im § 11 Abs. 2 der Kgl. Allerhöchsten Verordnung vom 23. Dezember 1899.

Behufs Bestimmung des Tantiemensatzes (§ 11 Abs. 2 der erwähnten Verordnung) sind die von dem Notare bei der Vermittelung von Auseinandersetzungen percipierten Staatsgebühren in den Betrag der von ihm im Laufe des Jahres percipierten übrigen Staatsgebühren einzurechnen. Beträgt daher beispielsweise die von dem Notare percipierte und der Staatskasse verrechnete Jahreseinnahme an Gebühren 85000 Mark, hierunter 5000 Mark für die Vermittelung von Auseinandersetzungen, so erhält der Notar aus den erwähnten 5000 Mark die Tantieme nach Abs. 2 dieser Bekanntmachung, aus den weiter von ihm percipierten Staatsgebühren von 75000 Mark eine Tantieme von 2 Prozent und aus dem Restbetrage von 5000 Mark eine solche von 1 Prozent.

Die Notare sind verpflichtet, die für die Vermittelung von Auseinandersetzungen gewährte Tantieme in jedem einzelnen Falle in der hiefür eröffneten Rubrik 26 des Gebührenregisters vorzumerken. Die Richtigkeit des Tantiemenansatzes ist gelegentlich der Revision des Gebührenregisters zu prüfen.

Am Schlusse des Jahres haben die Rentämter über die im Laufe desselben bei jedem einzelnen Notare nach Abs. 2 dieser Bekanntmachung zum Anfalle gelangten Tantiemen eine Übersicht herzustellen und dieselbe gleichzeitig mit der vergleichenden Übersicht über den Anfall an Gebühren und Strafen für das IV. Quartal der Regierungsfinanzkammer vorzulegen. Letztere wird die Resultate dieser Übersichten bis zum Schlusse des Monats Januar jeden Jahres, erstmals sohin im Januar 1901, in eine Hauptübersicht, ausgeschieden nach den einzelnen Notaren, zusammenstellen lassen und diese Hauptübersicht dem Staatsministerium der Finanzen in Vorlage bringen.

30. Führung von Notariaten auf Rechnung des Staates, hier die Verrechnung der Notariatsgebühren.

Bekanntmachung der K. Staatsministerien der Justiz und der Finanzen vom 19. Januar 1900 Nr. 2628 (J.M.Bl. 1900 Nr. 6 Seite 461, F.M.Bl. 1900 Nr. 3 Seite 89).

Im § 8 Abs. 2 der Instruktion zum Vollzuge des Reichsgerichtskostengesetzes und des Gesetzes über das Gebührenwesen ist für den Fall der Führung von Notariaten auf Rechnung des Staates (§§ 112, 113 des Notariatsgesetzes) bestimmt, daß die Notariatsverweser neben dem Staatsgebührenregister Formular A, welches die nach dem Gebührengesetze anfallenden Staatsgebühren, dann die örtlichen Besitzveränderungsabgaben enthält, für die nach der Notariatsgebührenordnung anfallenden und zur Staatskasse zu erhebenden Gebühren das in der Geschäftsordnung für die Notariate vorgeschriebene Notariatsgebührenregister zu führen und monatlich dem Rentamte zur Abrechnung vorzulegen haben.

Zur Erleichterung der Geschäftsbehandlung ist diesem Notariatsgebührenregister für den Fall der Führung der Notariatsgeschäfte auf Rechnung des Staates auf der Vorderseite eine Gebrauchsanweisung und auf der Rückseite ein Abrechnungsformular beigefügt worden.

Das so ergänzte besondere Gebührenregister-Formular (Formular IXa) wird hiemit unter dem Beifügen bekannt gegeben, daß die darin enthaltenen Vorschriften gleich den Vorschriften der Instruktion zum Vollzuge des Reichsgerichtskostengesetzes und des Gebührengesetzes und denen der Geschäftsordnung für die Notariate bei der Geschäftsbehandlung zu beachten sind.

31. Die Erhebung der Gebühren für die von den Notaren vorgenommenen Eröffnungen von Testamenten.

Bekanntmachung der K. Staatsministerien der Justiz und der Finanzen vom 6. Dezember 1900 Nr. 28784 (J.M.Bl. 1900 Nr. 34 Seite 1256, F.M.Bl. 1900 Nr. 29 Seite 468).

Für die von den Notaren vorgenommenen Eröffnungen von Verfügungen von Todeswegen (Testamenten oder Erbverträgen) werden nach Art. 166 des Gebührengesetzes in der Fassung der Bekanntmachung vom 11. November 1899 die im Art. 111 daselbst bestimmten Gebühren erhoben. Die Erhebung dieser Gebühren obliegt nach dem § 1 Abs. 2 und dem § 13 Abs. 1 der K. Verordnung vom 23. Dezember 1899 zur Ausführung des Gerichtskostengesetzes und des Gebührengesetzes (JMBl. 1900 S. 335, FMBl 1899 S. 291) den Notaren (vgl. § 21 der Vollzugsinstruktion vom 25. Dezember 1899 zum Gebührengesetze, JMBl. 1900 S. 343, FMBl. 1899 S. 300).

Da die Gebühr sich nach dem reinen Werte des Nachlasses berechnet, muß der Notar auf die Feststellung dieses Wertes bedacht sein (vgl. § 19 der bezeichneten Vollzugsinstruktion). Das Protokoll über die Eröffnung der Verfügung von Todeswegen (§§ 248, 253 der Geschäftsordnung für die Notariate) hat, sofern ein Beteiligter bei der Eröffnung anwesend war, eine Angabe über den Wert des Nachlasses zu enthalten.

Erscheinen die Beteiligten in dem Eröffnungstermine nicht oder können oder wollen die erschienenen Beteiligten den Wert des Nachlasses nicht oder noch nicht angeben oder hält der Notar die von den Beteiligten gemachten Angaben als dem wahren Werte nicht entsprechend, so hat er von der Erhebung der Gebühr Umgang zu nehmen und hievon bei der Übersendung der Akten an das Nachlaßgericht (§§ 251, 253 der Geschäftsordnung für die Notariate) diesem Mitteilung zu machen. Das Nachlaßgericht hat sodann für die Festsetzung des Wertes Sorge zu tragen (vgl. Art. 43 des Gebührengesetzes); die Erhebung der Gebühr obliegt in diesem Falle dem Gerichtsschreiber.

Die Erhebung der ihm selbst anfallenden Gebühren und Auslagen bleibt Sache des Notars.

32. Die Ablieferung der Gebühreneinnahmen an die Rentämter.

Bekanntmachung des K. Staatsministeriums der Finanzen vom 29 Oktober 1900 Nr. 23638 (J.M.Bl. 1900 Nr. 33 Seite 1228 bis 1229, F.M.Bl. 1900 Nr 25 Seite 423 f.).

Gemäß § 12 Abs. 1 der Bekanntmachung vom 25. Dezember vor. Js., die Instruktion zum Vollzuge des Reichsgerichtskostengesetzes und des Gesetzes über das Gebührenwesen betreffend (JMBl. 1900 S. 344, Amts-Bl. d. K. Staatsministeriums des Innern 1900 S. 44, FMBl. 1899 S. 300), hat die Ablieferung ärarialischer Gelder an das Rentamt schon während des Monats in runden Summen stattzufinden, sobald dieselben bei den Notaren den Betrag von 2000 M., bei den größeren Gerichtsschreibereien und den Gerichtsvollziehereien den Betrag von 1000 M., bei den Bezirksämtern, den kleineren Gerichtsschreibereien und den Gerichtsvollziehern den Betrag von 500 M. erreicht haben.

Wie dem K. Staatsministerium der Finanzen bekannt geworden ist, wird diese Bestimmung von einigen percipierenden Beamten — und wohl auch von den Rentämtern — dahin aufgefaßt, als ob eine Ablieferung während des Monats nur dann zulässig sei, wenn mindestens Beträge in der im § 12 Abs. 1 der Instruktion bezeichneten Höhe abgeliefert werden können.

Da es jedoch behufs Fernehaltung aller überflüssigen Kassenbestände sowie im Interesse der Verminderung der Verantwortlichkeit der percipierenden Beamten erwünscht ist, daß letzteren auch die Ablieferung geringerer Beträge an das Rentamt ermöglicht werde, wird im Einverständnisse mit den K. Staatsministerien der Justiz und des Innern darauf aufmerksam gemacht, daß Ablieferungen während des Monats erfolgen *müssen*, sobald die percipierten Staatsgelder die Höhe der im § 12 Abs. 1 der Instruktion erwähnten Summen erreicht haben, daß aber auch Ablieferungen in kleineren runden Summen jeweils stattfinden *dürfen*.

33. Die Führung von Notariaten auf Rechnung des Staates, hier die Tagegelder und Reisekosten zugezogener Protokollführer.

Bekanntmachung der K Staatsministerien der Justiz und der Finanzen vom 21. Januar 1901 Nr. 3276 (J.M.Bl. 1901 Nr. 5 Seite 206—207, F.M.Bl. 1901 Nr. 4 Seite 211).

Bei denjenigen Notariaten, welche nach Artikel 95 Absatz 2 des Notariatsgesetzes ständig auf Rechnung des Staates geführt werden, haben sich Zweifel darüber ergeben, ob zu auswärtigen Dienstgeschäften von dem Notariatsverweser Gerichtsschreiberei-bedienstete des Amtsgerichts zum Niederschreiben des Protokolls zugezogen werden können und welche Vergütung den Zugezogenen für die Beteiligung an dem auswärtigen Dienstgeschäfte gebührt. Zur Beseitigung dieser Zweifel wird Nachstehendes eröffnet:

1. Ist die Zuziehung eines Protokollführers nach den Umständen des Geschäfts erforderlich, wie z. B. bei Versteigerung einer großen Zahl von Grundstücken, Grundabtretung zu Eisenbahnbauten, Testamenten u. dgl., so unterliegt es keinem Bedenken, daß zum Niederschreiben des Protokolls vom Notariatsverweser Gerichtsschreiberei-bedienstete zugezogen werden. Der Notariatsverweser hat sich deshalb vorher, sofern nicht Gefahr im Verzug ist, an den Vorstand des Amtsgerichts zu wenden, und dieser hat dem Ersuchen stattzugeben, wenn keine dienstlichen Bedenken bestehen.
2. Den zugezogenen Gerichtsschreibereibediensteten gebührt eine Vergütung für ihre Mitwirkung dann nicht, wenn der Ort der Geschäftsvornahme weniger als drei Kilometer vom Amtsitz entfernt ist.

   Ist der Ort, an dem das auswärtige Geschäft vorgenommen wird, von dem Amtsitze drei Kilometer weit oder weiter entfernt, so gebührt den zugezogenen Gerichtsschreibereibediensteten Ersatz der Reisekosten und Tagegeld nach den Bestimmungen der Allerhöchsten Verordnung vom 11. Februar 1875 (JMBl. S. 49, FMBl. S. 37).
3. Die Liquidationen der zugezogenen Protokollführer sind gleichzeitig mit den Liquidationen der Notariatsverweser bei den Rentämtern einzureichen und wie diese nach

Nummer 5 bis 7 der Vorschriften für die Verrechnung der Notariatsgebühren und die Führung des Notariatsgebührenregisters im Falle der Führung der Notariatsgeschäfte auf Rechnung des Staates (JMBl. 1900 S. 463, FMBl. 1900 S. 91) zu behandeln.

4. Den Beteiligten können die Kosten für die Zuziehung von Protokollführern nach der Notariatsgebührenordnung nicht auferlegt werden. Dies gilt auch für den Fall der Führung der Notariatsgeschäfte auf Rechnung des Staates. Die Tagegelder und die Reisekosten des Protokollführers bleiben daher zu Lasten der Staatskasse. Doch werden ausscheidbare Reisekosten für die Protokollführer in der Regel nicht erwachsen.

34. Die Verrechnung von Tagegeldern und Reisekosten bei Amtstagen der Notare.

Autographierte Entschließung des K. b. Staatsministeriums der Justiz vom 20. Februar 1901 Nr. 6828.

Die nach dem Berichte vom 9. l. M. gestellte Frage, ob den Notaren bei der Abhaltung von Amtstagen Tagegelder und Reisekosten zukommen, ist zu verneinen.

Die Artikel 84, 92, 93 der Notariatsgebühren-Ordnung sind auf den Fall der Abhaltung von Amtstagen nicht anwendbar. Den Beteiligten können bei der Abhaltung von Amtstagen durch die Notare Tagegelder und Reisekosten so wenig aufgerechnet werden wie ihnen Tagegelder und Reisekosten bei der Abhaltung von Amtstagen durch die Gerichte oder Verwaltungsbehörden zur Last gelegt werden könnten. Denn in dem einen wie in dem anderen Falle handelt es sich nicht darum, daß einzelne Dienstgeschäfte auswärts vorgenommen werden sollen, sondern um die zeitweilige Verlegung der Amtsstelle selbst nach auswärts. Die bei dieser Gelegenheit am Sitze des Amtstages vorgenommenen Geschäfte können deshalb den Beteiligten gegenüber nicht als auswärtige Dienstgeschäfte in Betracht kommen.

Mit Rücksicht auf die prinzipielle Tragweite dieser Sätze sieht sich das Staatsministerium der Justiz nicht veranlaßt, etwa auf grund des Art. 110 Satz 2 der Notariatsgebühren-ordnung eine Änderung zu gunsten der Notare eintreten zu lassen, zumal die Abhaltung von Amtstagen jeweils den Notaren lediglich gestattet und nicht etwa von Dienstaufsichtswegen zur Pflicht gemacht ist.

---

35. Die Gewährung des Armenrechts in Notariatssachen, hier die Vergütung der Tagegelder und Reisekosten aus der Staatskasse.

Bekanntmachung d. K. St.-Min. d. Justiz u. d. Finanzen v. 21. Januar 1901 Nr. 3276 (J.M.Bl. 1901 Nr. 5 S. 207 bis 208, F.M.Bl. Nr. 4 S. 213).

Nach Artikel 54 des Notariatsgesetzes werden den Notaren bei auswärtigen Dienstgeschäften in Armensachen Tagegelder und Reisekosten aus der Staatskasse vergütet. Wegen der rechnerischen Behandlung dieser Vergütungen wird nachstehendes angeordnet:

1. Die Notare haben über die Tagegelder und Reisekosten, deren Vergütung sie nach Artikel 54 des Notariatsgesetzes beanspruchen, die für den Fall auswärtiger Dienstgeschäfte allgemein vorgeschriebenen Liquidationen (JMBl. 1875 S. 66, FMBl. 1875 S. 54) anzufertigen und monatlich gleichzeitig mit der Ablieferung der Staatsgebühren an das Rentamt abzugeben. In der Liquidation ist in der Bemerkungsspalte zu sagen, daß für das Geschäft das Armenrecht bewilligt worden ist und die Vergütung nach Artikel 54 des Notariatsgesetzes beansprucht wird.

   Die in dem Liquidationsformulare für die Gebührnisse des zugezogenen Aktuars vorgesehene Spalte ist leer zu lassen, da der Notar für diesen zum Ansatze von Gebühren nach der Notariatsgebührenordnung nicht berechtigt ist und deshalb hiefür auch eine Vergütung nach Artikel 54 des Notariatsgesetzes nicht beanspruchen kann.

2. Die Rentämter legen die Liquidationen mit dem Quartalsakte den Regierungsfinanzkammern vor und diese haben die liquidierten Tagegelder und Reisekosten auf den allgemeinen Etat der Justiz Ziff. VIII Kap. 1 lit. G § 6 zur Verausgabung einzuweisen.
3. Die Notare haben die vereinnahmten Vergütungen im Notariatsgebührenregister bei dem Vortrage des Geschäfts als Einnahme einzutragen und in der Bemerkungsspalte anzuführen, daß es sich um eine Vergütung nach Art. 54 des Notariatsgesetzes handelt.

36. Die Portoauslagen der Notare.

Autographierte Entschließung des K. Staatsministeriums der Justiz vom 10. März 1901 Nr. 8987.

Die Porti für Zustellungen bei Testamentseröffnungen sind, wenn diese Zustellungen nicht in den Formen der Civilprozeßordnung, sondern etwa in der Form eingeschriebener oder uneingeschriebener Briefe erfolgen, als Nachlaßkosten von den Beteiligten zu tragen und zu ersetzen, während die Porti für Zustellungen, die in solchen Sachen als Zustellungen von Amtswegen in den Formen der Civilprozeßordnung nach Orten außerhalb Bayerns ergehen, weder von den Beteiligten zu tragen, noch vom Staate zu vergüten sind, sondern dem Notar als Entgänge verbleiben. Das Letztere ergibt sich schon aus dem Mangel einer gesetzlichen Bestimmung, welche die Vergütung anordnen würde, aber auch aus der Tendenz des Notariatsgesetzes und der Notariatsgebührenordnung, nach der der Notar aus der Gesamtheit seiner Einnahmen die Vergütung seiner Gesamtthätigkeit suchen soll (Vgl. hiezu den Art. 54 des Notariatsgesetzes, der auf dem Gebiete des Armenrechts gerade solche kleine Rückvergütungen ausschließt). Ebensowenig sieht sich das Staatsministerium der Justiz veranlaßt, etwa aus Billigkeitsrücksichten für die Vergütung einzutreten. Die Entgänge dieser Art sind zu geringfügig und allzusehr außer Verhältnis zu der Gesamtheit der Einnahmen der Notare, als daß von zwingenden Billigkeitsgründen gesprochen werden könne.

VII.

Erbschaftssteuerwesen.

---

37. Vollzug des Erbschaftssteuergesetzes.

Auszug aus der Bekanntmachung der K. Staatsministerien der Justiz und der Finanzen vom 27. Dezember 1899 Nr. 29641 ff. (J.M.Bl. 1900 Nr. 7 Seite 467, F.M.Bl. 1899 Nr. 30 S. 341 ff.).

I. Zuständigkeit.

§ 1. Nach Art. 28 des Gesetzes über die Erbschaftssteuer obliegt die Berechnung, Erhebung und Verwaltung der Erbschaftssteuer den Rentämtern unter der Leitung der Regierungsfinanzkammern und unter der Oberaufsicht des Staatsministeriums der Finanzen.

In rechtlich schwierigen und zweifelhaft gelagerten Fällen haben die Rentämter an die vorgesetzte Regierungsfinanzkammer zu berichten, welch' letztere denselben sodann, veranlaßten Falls nach vorheriger Einvernahme des Regierungsfiskalates, die erforderliche Weisung zugehen lassen wird.

§ 2. Die Zuständigkeit der einzelnen Rentämter bemißt sich in der Regel nach dem Wohnsitz des Erblassers. Sie erstreckt sich unabhängig von dem Wohnsitz der Steuerpflichtigen auf alle zu ein und derselben Nachlaßsache gehörigen Anfälle.

Hatte der Erblasser mehrere Wohnsitze, so ist dasjenige Rentamt zuständig, in dessen Bezirk das Gericht sich befindet, welches mit dem Nachlasse befaßt ist.

Hatte der Erblasser bei seinem Ableben einen Wohnsitz in Bayern nicht, so richtet sich die Zuständigkeit nach dem Wohnsitze der Steuerpflichtigen.

Gründet sich die Steuerpflicht lediglich darauf, daß sich das angefallene Vermögen in Bayern befindet (Art. 7 Abs. 2, Art. 8 Abs. 3, Art. 9 Ziff. 2 des Ges.), so ist für die Zuständigkeit der Ort der belegenen Sache entscheidend. Befinden sich in einem solchen Falle die Vermögensteile in mehreren Rentamtsbezirken, so ist jedes Rentamt für den in seinem Bezirk belegenen Teil zuständig. Die Regierungsfinanzkammer ist jedoch befugt, auf Antrag der Steuerpflichtigen oder eines der beteiligten Rentämter nach Rücksichten der Zweckmäßigkeit das zur Behandlung des Gesamtanfalls zuständige Rentamt zu bestimmen. Sind die beteiligten Rentämter verschiedenen Regierungsfinanzkammern untergeordnet, so steht die Entscheidung über die gestellten Anträge dem Staatsministerium der Finanzen zu.

Die Vorschriften des vorstehenden Absatzes finden entsprechende Anwendung,

a) wenn im Falle des Abs. 2 das Nachlaßgericht nicht thätig geworden ist;

b) wenn im Falle des Abs. 3 die bei einer Nachlaßsache beteiligten Steuerpflichtigen in verschiedenen Rentamtsbezirken wohnen.

§ 3. Bezüglich der Zuständigkeit des Stadtrentamtes München II und des Rentamts Nürnberg II zur Berechnung, Erhebung und Verwaltung der Erbschaftssteuer bleiben die Finanzministerialbekanntmachungen vom 5. Oktober 1879 und vom 5. November 1892 — Fin.-Min.-Blatt 1879 S. 400 und 1892 S. 247 — maßgebend.

II. Verfahren.

§ 6. Alsbald nach Einlauf der Mitteilung der Ortspolizeibehörde, des Gerichts oder des Notars, spätestens aber drei Wochen, nachdem dem Rentamt Kenntnis von dem Todesfall geworden ist, hat dasselbe den aus diesen Mitteilungen zu entnehmenden Erben, Vermächtnisnehmern u. s. w. eine Anleitung zur Steuerfallsanmeldung (Formular II) mit der daraufgedruckten Belehrung über die weitern Pflichten des Erwerbers eines steuerpflichtigen Anfalls als Dienstessache zu übersenden. Sendungen nach Orten außerhalb Bayerns sind zu frankieren.

Diese Zusendung kann unterbleiben, wenn inhaltlich der Mitteilungen nur steuerfreie Anfälle in Frage kommen würden, oder bei Todesfällen, welche wenigstens der Regel nach einen Erbfall überhaupt nicht im Gefolge haben, z. B. wenn die Sterbfallanzeige ein Kind betrifft, dessen beide Eltern sich noch am Leben befinden und keinerlei Anhaltspunkte gegeben sind, daß dasselbe eigenes Vermögen besessen hat.

Die Zusendung hat auch zu unterbleiben, wenn aus der in Gemäßheit von Art. 31 des Gesetzes von dem Gericht oder den dort weiter bezeichneten Personen gemachten Mitteilungen ersichtlich ist, daß den Beteiligten bei Gelegenheit einer in der Nachlaßsache gepflogenen Verhandlung die bezügliche Anleitung schon ausgehändigt wurde.

(Vergl. § 8 und das dazu gehörige Formular III.)

§ 7. Die im Art. 30 des Gesetzes vorgeschriebene Anmeldung kann nicht nur durch den Anfallsberechtigten oder dessen gesetzlichen Vertreter (Art. 35 des Ges.), sondern auch durch einen Miterben, Vorerben, einen Mitvermächtnisnehmer u. s. w., sowie durch eine der in Art. 27 des Gesetzes bezeichneten Personen (Testamentsvollstrecker, gesetzliche Vertreter, Bevollmächtigte der Erbinteressenten, Nachlaßpfleger, Verwalter von Familienstiftungen) erfolgen (Art. 30 Abs. 2 des Ges.). In jedem Falle jedoch hat die Anmeldung innerhalb zweier Monate von dem Zeitpunkte an gerechnet zu geschehen, in welchem der Steuerpflichtige oder dessen gesetzlicher Vertreter von dem Anfall Kenntnis erhalten hat.

Über die erfolgte Anmeldung, welche sofort mit dem Präsentatum versehen werden muß, ist auf Verlangen gebührenfreie Bescheinigung zu erteilen (Art. 30 Abs. 3 des Ges.).

Bei welchem Rentamt die Anmeldung zu geschehen hat, bemißt sich nach den Vorschriften in den §§ 2 und 3. Anmeldungen, welche bei einem nicht zuständigen Rentamt einkommen, sind nach Beisetzung des Präsentatums sofort von kurzer Hand an das zuständige Rentamt abzugeben.

§ 8. In Ansehung der im Art. 31 des Gesetzes vorgeschriebenen Mitteilungen der Gerichte und Notare wird Folgendes bestimmt:

Wird eine Verfügung von Todeswegen (Testament oder Erbvertrag) von einem Gericht eröffnet, so obliegt dem Gerichte die Mitteilung; wird eine Verfügung von Todeswegen von einem Notar eröffnet, so obliegt dem Notare die Mitteilung; wird eine Verfügung von Todeswegen von einem nichtbayerischen

Gericht eröffnet und gemäß § 2261 des Bürgerlichen Gesetzbuchs einem bayerischen Gerichte übersendet, so obliegt diesem die Mitteilung. Der Richter oder Notar, welcher Beteiligten von dem Inhalte der Verfügung von Todeswegen bei der Eröffnung Kenntnis gibt, soll den anwesenden erbschaftssteuerpflichtigen Beteiligten die im § 6 bezeichnete Anleitung zur Steuerfallsanmeldung aushändigen.

Stellt ein Gericht einem erbschaftssteuerpflichtigen Erben, Vorerben oder Nacherben einen Erbschein aus, so hat es hievon dem Rentamt Mitteilung zu machen.

Bestätigt ein Gericht oder ein Notar bei der Auseinandersetzung in Ansehung eines Nachlasses eine vorgängige Vereinbarung oder den Auseinandersetzungsplan (§§ 91, 93 des Gesetzes über die Angelegenheiten der freiwilligen Gerichtsbarkeit), so haben sie hievon, sofern erbschaftssteuerpflichtige Personen beteiligt sind, dem Rentamt Mitteilung zu machen.

Die Mitteilung der Verfügung von Todeswegen hat die Angabe der bedachten Personen und der Zuwendungen, die Mitteilung von der vorgängigen Vereinbarung oder dem Auseinandersetzungsplane hat die Angabe des die erbschaftssteuerpflichtige Person betreffenden Teiles zu enthalten; bei der Mitteilung der Ausstellung eines Erbscheins genügt die Angabe der Ausstellung und die Bezeichnung des Erben, dem der Erbschein ausgestellt worden ist.

Für die bezeichneten Mitteilungen wird eine Frist von sechs Wochen festgesetzt. Die Frist beginnt in den im Abs. 4 bezeichneten Fällen mit der Erlassung des Beschlusses ohne Rücksicht auf den Zeitpunkt des Eintritts der Rechtskraft.

Eine Frist von sechs Wochen wird auch für die Mitteilungen der übrigen im Art. 31 des Gesetzes bezeichneten Personen festgesetzt. Die Frist beginnt für sie mit dem Tage, an welchem sie mit dem Nachlasse befaßt werden.

Formular III gibt ein Beispiel für eine dem Rentamt zu machende Mitteilung.

§ 10. Erscheint es dem Rentamt oder der vorgesetzten Aufsichtsbehörde (Art. 28 des Ges.) geboten oder doch zweckdienlich, von den einschlägigen Nachlaßverhandlungen oder wenigstens von den für die Nachlaßverteilung maßgebenden

Verfügungen von Todeswegen Einsicht zu nehmen, so sind die betreffenden Akten oder Aktenstücke im Requisitionswege zu erholen (Art. 31 des Ges.).

Inwieweit es geboten erscheint, von einzelnen Nachlaßverhandlungen Auszüge oder Abschriften zu den rentamtlichen Akten zu nehmen, bleibt dem Ermessen des Rentamts anheimgegeben, welchem auch die Fertigung der Abschriften obliegt.

Wird die Einsichtnahme von Urkunden nötig, welche sich nicht in den Nachlaßakten befinden, so sind die Beteiligten nach Art. 33 des Gesetzes gehalten, diese Urkunden in Urschrift und, wenn dieses nicht thunlich, in beglaubigter Abschrift vorzulegen.

§ 12. Wird vom Rentamt Sicherheitsleistung aus der Masse verlangt (Art. 17, 20, 22 und 26 des Ges.), so sind die Beteiligten zur Erklärung aufzufordern, in welcher Weise sie die Sicherheit zu leisten gedenken. Findet das Rentamt die gemachten Vorschläge nicht annehmbar, so hat es mittelst förmlichen Beschlusses Entscheidung darüber zu treffen, mit welchen der im Nachlasse vorhandenen Vermögensbestandteilen die verlangte Sicherheit zu leisten ist.

Die in Art. 27 des Gesetzes bezeichneten Personen sind verpflichtet, die in ihren Händen befindlichen Nachlaßbestandteile, welche vom Rentamt zur Sicherheitsleistung bestimmt wurden, an dieses auszuhändigen.

Läßt der Verpflichtete den Auftrag des Rentamts unvollzogen, so hat dasselbe die Verwirklichung der verfügten Sicherstellung nötigenfalls im Wege der administrativen Zwangsvollstreckung zu bethätigen.

Die zur Sicherheitsleistung erlegten Gelder oder Wertpapiere sind als rentamtliche Depositen nach Maßgabe der desfalls bestehenden Vorschriften zu behandeln.

. . . .

§ 26. Von den Kosten für die nötigen Formularpapiere sind:

a) die Kosten für die Formulare VI und VII von den Rentamtmännern aus ihren Nebenbezügen zu bestreiten;
b) die Kosten für die Formulare I, II, IV und V aber auf Regiekosten der Erbschaftssteuer zu übernehmen.

Da die Aushändigung der Anleitung (Formular II) am zweckmäßigsten durch die mit der Behandlung der Verlassenschaft betrauten Behörden und Personen (Art. 31 des Ges.) gelegentlich der in der Sache gepflogenen ersten Behandlung geschieht, wie dies auch im § 8 Abs. 2 gegenwärtiger Instruktion vorgesehen ist (vergl. auch das in dem Formular III gegebene Beispiel), so haben die Rentämter Sorge zu tragen, daß die in ihrem Amtsbezirk befindlichen Amtsgerichte und Notare mit der erforderlichen Anzahl dieser Formularpapiere versehen werden und daß ihren späteren Ansuchen um Nachlieferung jederzeit schleunigst Rechnung getragen wird.

§ 27. Die Aenderungen des Gesetzes vom 18. August 1879 über die Erbschaftssteuer, welche durch das Ausführungsgesetz zum Bürgerlichen Gesetzbuch getroffen worden sind, treten gemäß Art. 176 dieses letzteren Gesetzes gleichzeitig mit dem Bürgerlichen Gesetzbuch in Kraft; soweit jedoch für einen nach dem Inkrafttreten des Bürgerlichen Gesetzbuchs eintretenden Anfall die Vorschriften des bisherigen bürgerlichen Rechtes maßgebend bleiben, gilt gemäß Art. 169 des erwähnten Ausführungsgesetzes das Gleiche auch von den seitherigen Bestimmungen des Gesetzes über die Erbschaftssteuer.

Hienach haben im Hinblick auf Art. 158, 213 des Einführungsgesetzes zum Bürgerlichen Gesetzbuche die Vorschriften des Erbschaftssteuergesetzes in der bisherigen Fassung vom 18. August 1879 auch vom 1. Januar 1900 an noch in allen denjenigen Fällen zur Anwendung zu kommen, in welchen der Erblasser bereits vor dem Inkrafttreten des Bürgerlichen Gesetzbuchs gestorben oder für tot erklärt worden ist.

Die Vorschriften der Art. 7 bis 9 des Erbschaftssteuergesetzes in der Fassung vom 11. November l. Js. gelten jedoch gemäß Art. 169 des Ausführungsgesetzes zum Bürgerlichen Gesetzbuch vom 1. Januar 1900 an in allen Fällen und zwar auch dann, wenn für die erbrechtlichen Verhältnisse eines Anfalls die bisherigen Gesetze maßgebend sind.

Die vor dem Inkrafttreten des Bürgerlichen Gesetzbuchs vereinkindschafteten Kinder stehen in Ansehung der Erbschaftssteuerpflicht den ehelichen Kindern gleich.

---

38. Vollzug des Erbschaftssteuergesetzes.

Bekanntmachung der K. Staatsministerien der Justiz u. der Finanzen vom 6. Oktober 1900 Nr. 36511 (J.M.Bl 1900 Nr. 30 Seite 1168, F.M.Bl. 1900 Nr. 24 S. 406).

Zur Beseitigung von Zweifeln über die Auslegung des § 8 der gemeinschaftlichen Bekanntmachung vom 27. Dezember 1899 (JMBl. 1900 S. 467, FMBl. 1899 S. 341) werden die Nachlaßgerichte und die Notariate hiemit darauf aufmerksam gemacht, daß sie die Ausstellung eines Zeugnisses über die Fortsetzung der Gütergemeinschaft (§ 1507 des B.GB., Art. 29 des Übergangsgesetzes zum B.GB.) dem Rentamte nicht mitteilen müssen.

Auch die Bestätigung der Auseinandersetzung in Ansehung des Gesamtguts einer fortgesetzten Gütergemeinschaft braucht dem Rentamte nicht mitgeteilt zu werden.

Selbstverständlich muß aber, wenn etwa bei der fortgesetzten Gütergemeinschaft auf grund der §§ 1512, 1513 des Bürgerlichen Gesetzbuchs Verfügungen von Todeswegen zu berücksichtigen sind, von diesen dem Rentamte Kenntnis gegeben werden. Auch muß, wenn ein Anteil an dem Gesamtgut einer ehelichen oder einer fortgesetzten Gütergemeinschaft zu einem Nachlasse gehört und die Auseinandersetzung in Ansehung des Gesamtguts stattfindet, von der Bestätigung dieser Auseinandersetzung dem Rentamt Anzeige erstattet werden.

Gesammt-Register.

Die fettgedruckten arabischen Zahlen verweisen auf die durchlaufend von 1—38 nummerierten Gesetze, Verordnungen, Bekanntmachungen 2c., die daneben stehenden Zahlen auf die Paragraphen dieser Gesetze 2c.

A.

Abfindung über den Unterhalt eines außerehelichen Kindes und die Ansprüche der Mutter, Gebühr **27**, 28
Abkürzungen **2**, 138
Ablieferung eines Testamentes an Nachlaßgericht, Notariatsgebühr **27**, 56
— s. Testament, Gelder, Wertpapiere
— der Gebühreneinnahmen an Rentämter **32**
Abnahme von Eiden, Versicherungen an Eidesstatt, s. Eid Notariatsgebühr **27**, 36
— von Siegeln, s. Siegel Notariatsgebühr **27**, 39
Abrundung der Pfennigbeträge **27**, 11
Abschriften, Erteilung von — aus Urkunden und Akten **1**, 22; **2**, 200
Gebühr für — zum Grundbuchamt **28**, 10
Beglaubigung von — **1**, 33, 34; **2**, 160, 173, 216—222
Anspruch auf — infolge Einsicht **2**, 200
Zustellung von — **2**, 204
Aufnahme von Eintragsbestätigungen und Vermerken des Grundbuchamts in — **15**, 27, 28
— Schreibgebühr **27**, 66
Abtretung einer Forderung, Gebühr **27**, 24
Abwesenheit des Notars vom Amtssitze bei auswärtigen Geschäften Gebühr **27**, 85
— Suspensionsgrund **1**, 94
— der Steigerer **2**, 225
— bei Testamentseröffnung **2**, 250
— des Ehegatten bei Beurkundung von Rechtsgeschäften **2**, 89
— Pfleger **2**, 259
Adressen bei notariellen Schriftstücken **27**, 77
Änderungen, Angabe der — der Hauptschrift bei notarieller Beglaubigung einer Abschrift **1**, 34; **2**, 216—219
Berichtigung der — **2**, 131—136, 216, 217, 218
unwesentliche — **2**, 135
Akten, Vorschriften über Sammlung von — **2**, 58, 62—68
Vorschriften über Ordnung der — **2**, 62—68
Vorschriften über Verwahrung von — **2**, 58—61, 68, 71
— Generalakten **2**, 69
Ausscheidung und Vernichtung von — **2**, 72
Akteneinsicht s. Einsicht
Aktiengesellschaften, Notariatsgebühr für —, Generalversammlungsprotokolle und Aufsichtsratssitzungen **27**, 41
Alimentationsvereinbarung, Gebühr **27**, 56
Alphabetverzeichnis **2**, 42—44, 47

Amt, öffentliches besoldetes, Führung eines — durch Notar **1,** 12
Amtsausübung, allgemeine Vorschriften **2,** 12, 13
— auf Ersuchen **2,** 13
Zeit der — **2,** 14—17
Ort der — **2,** 18—22
Amtsbestände, Übernahme der — **2,** 5, 6, 7, 9; **3,** 4
Sicherung der — **2,** 312
Amtsbezirk der Notariate **1,** 6; **3**
Amtsblätter, Sammlung, Anschaffung, Verwahrung von — **2,** 73
Amtseid der Notare **1,** 10; **2,** 2
— der Notariatsverweser **1,** 105; **2,** 307
Amtsführung **2,** 12—22
— Allgemeine Amtspflicht **2,** 12, 13
Allgemeine Vorschriften über — **2,** 12—22
— Zeit **2,** 14—17
— Ort **2,** 18—22
Amtsgeheimnis der Notare **1,** 21; **15,** 5
Amtsgeschäfte der Notare, Verweigerung der Vornahme von — **1,** 14—17; **2,** 20, 77, 80, 86, 95, 206, 208
Zeit und Ort der Vornahme von — **1,** 18, 19; **2,** 14—22
Vornahme von — im Auftrag des Nachlaßgerichts **2,** 274
Amtspflicht, Verletzung der — s. Haftung, allgem. Vorschriften **2,** 12, 13
Amtshandlungen im öffentlichen Interesse gebührenfrei **27,** 3
Amtsschild der Notariate **5**
Amtssiegel der Notariate **4**
— s. Siegel
Amtssitz der Notare **1,** 11, 19; **3,** 3
Amtssprache bei Beurkundung **2,** 96—98
Amtstage des Notars **1,** 19
Gebühr für —, Tagegelder, Reisekosten **27,** 83—93
Verrechnung von Tagegeldern rc. bei — **34**
Amtsübergabe **2,** 5, 10, 11
Amtsübernahme des Notars **1,** 103; **2,** 1—11
— des Testamentsvollstreckers **1,** 13; **2,** 256
— des Notariatsverwesers **1,** 101; **2,** 308
— Vermerk im Register **2,** 8
— Einberufung **2,** 1, 3
— Beeidigung **2,** 2, 3
Anbietung der Erfüllung einer Verbindlichkeit, Gebühr **27,** 37
Androhungen an Dritte, Gebühr **27,** 33
Anfechtungen, Gebühr **27,** 33
Anhängige Notariatssachen **1,** 136
Anlegung von Siegeln, Gebühr **27,** 39 s. Siegel
Annahme an Kindesstatt, Zeitgebühr **27,** 35
— einer Leistung, Gebühr für Beurkundung **27,** 37
Anstellung der Notare s. Ernennung
Anwesenheit des Notars, der Beteiligten und Mitwirkenden bei Errichtung einer Urkunde **2,** 169, 170
Anzeigen an Dritte, Gebühr **27,** 33
Archive s. Sammelarchive
Armenrecht gegenüber dem Notar **1,** 53, 54
— bei notariellen Geschäften **27,** 2
Gewährung des — in Notariatssachen **35**
Arrest, Vormerkung von Hypotheken im Wege der — Vollziehung **19**
Arrogation s. Annahme an Kindesstatt
Aufbewahrung von Geldern, Wertpapieren und Kostbarkeiten durch den Notar **1,** 4; **2,** 276
— von Geldern, Hinterlegungsgebühr des Notars **27,** 97—104
Aufforderung an Dritte, Gebühr **27,** 33
Aufhebung eines Erbvertrags oder Testaments, Notariatsgebühr **27,** 27, s. Testament, Widerruf
Auflassung Vorlage der — Erklärung **15,** 21—23
Gebühr für Beurkundung der

Erklärung über — eines Grundstücks im Anschluß an Kaufvertrag 28, 1
— Zeitgebühr 28, 2
Aufschreibbuch für Behändigung von Urkunden, Akten 2, 25, 53
Aufsichtsrat, Mitgliedschaft des Notars im — einer Unternehmung 1, 13
Sitzung des —, Gebühr 27, 41
Auseinandersetzung s. Vermittelung
Verzeichnis über — von Nachlaß- und Gütergemeinschaftsmassen 2, 25, 51
— Zustellung der Auseinandersetzungsakten 2, 203
Beurkundung freiwilliger — 2, 254—261
— eines Nachlasses oder einer Gütergemeinschaft, Notariatsgebühr 27, 47
— Schreibgebühr 27, 70
— Tantiemen 29
Ausfertigungen notarieller Urkunden, Erteilung 1, 39, 41; 2, 179, 185; Gebühr 27, 68
— Form und Inhalt 1, 40
Zahl der — 1, 42
Zustellung von — 2, 204
— Vermerk auf Urschrift 1, 43, 2, 187
— für Rechtsnachfolger 2, 182
Verweigerung der Erteilung von — 1, 44
Gebühr für — zum Grundbuchamt 28, 10
— vollstreckbare 1, 45; 2, 186, 187
— als Ersatz für Urschriften 1, 46, 47; 2, 179
Aufnahme von Eintragsbestätigungen des Grundbuchamts in — 15, 27, 28
notarielle Beglaubigung der Abschrift von — 1, 34
Vermerk der — 2, 180—184, 187
Aushändigung von Akten, Urkunden, Urschriften 1, 38; 2, 53, 173—178, 192, 200, 204, 227, 287, 290
— an die Beteiligten, Gebühr 27, 60
— aufgehobener Erbverträge an Beteiligte 12
— Vermerk im Aufschreibbuch 2, 25, 53
Vermerk im Geschäftsregister 2, 33, 12
— an die Post 2, 203
— gegen Barzahlung 2, 224, 290
Auskunftsperson bei Feststellung der Identität 2, 75
— Unterschrift 2, 76
— bei Beglaubigung der Unterschrift eines fremdländischen Schriftstückes 2, 208
— Gebühren derselben bei not. Akten 27, 80
Auslagen des Notars 1, 50—56; 27, 2, 75
— des Notars in Grundbuchsachen 28, 11
Auslassungszeichen 2, 134
Auslosungen, Gebühr 27, 40
Ausrufer, Gebühr bei Versteigerung 27, 75, 82
Aussagen von Zeugen und Sachverständigen s. deren Beurkundung, Gebühr 27, 36
Ausschabungen, Angabe der — der Hauptschrift bei notarieller Beglaubigung einer Abschrift 1, 34; 2, 131, 219
— in Registern 2, 24
Ausscheidung von Akten 2, 72
Ausschlagung einer Erbschaft, Gebühr 27, 35
Außerordentlicher Urlaub 2, 294
— Geschäftszeit 2, 14
Ausstreichen in Urkunden 2, 131—133, 135
Auszug aus einem Schriftstücke, Beglaubigung des — 1, 34; 2, 220
Einsicht eines — aus Grundbuchs 2, 94; 15, 23
Einsicht eines — aus Hypothekenbuch 16
Gebühr für — zum Grundbuchamt 28, 10

B.

Beamteneigenschaft der Notare 1,8
Bedingungen des Hauptvertrags, Gebühr 27, 18
Befähigung zum Notariatsverweser 1, 96; 2, 301
— s. auch Fähigkeit, Notariatsverweser
Beglaubigung, öffentliche, Zuständigkeit der Notare 1, 1
— von Abschriften und Auszügen 1, 33, 34; 2, 160, 173, 216—222
— von Unterschriften, Handzeichen 1, 35; 2, 205—215; Gebühr 27,45
— Vermerk 2, 211—213
— einer Anmeldung zum Handelsregister 14
— von Erklärungen in Grundbuchsachen 15, 10, 12, 18—20, 23, Gebühr 28,8
Begonnene Geschäfte, Gebühr 27, 19
Behördeneigenschaft der Notariate 1, 6
Beitreibung der Notariatsgebühren s. hier
Bekanntgabe s. Eröffnung
Veröffentlichung der — einer Versteigerung 18
öffentliche —, Gebühr 27, 74
Benachrichtigung der Beteiligten in Grundbuchsachen durch den Notar 15, 26
Berechnungen, Notariatsgebühr für deren Bearbeitung 27, 73
Berichterstattung durch die Notariatskammern 1, 122; 22, 12, 13
— an die Notariatskammern 1, 124
Berichtigung in Urkunden 2, 131—137
nachträgliche — 2, 136
Beschwerde in Notariatssachen 1, 60—62
— im Dienststrafverfahren gegen Notare 1, 81, 85
Besetzung der Notariate 1, 7; 3, 2
Besichtigung, Dienstaufsicht bei — 20, 4, 7, 14
Besitzergreifung, Notariatsgebühr für deren Beurkundung 27, 37
Besitzveränderungen, Mitteilung der Notare an Rentamt 15, 32
Besoldung der Notare 1, 48
— der Notariatsverweser 1, 111—113; 2, 304
Verbot der Übernahme eines Amtes mit — 1, 12
Bestätigung, Notwendigkeit der — bei Beurkundung von Rechtsgeschäften 2, 86—89
— Form der notariellen Urkunden 2, 152
— der Auseinandersetzung, Gebühr, 27, 47
Bestellung von Schriftstücken an die Beteiligten, Gebühr 27, 78
Beurkundung, öffentliche, Zuständigkeit des Notars 1, 1
notarielle — rechtsgeschäftlicher Erklärungen 1, 27—30
— nicht rechtsgeschäftlicher Erklärungen 1, 31; 2, 27
notarielle — des Ganges der Verhandlung einer Genossenschaft, Gesellschaft mit beschränkter Haftung, eines Vereins 1, 32
— letztwilliger Verfügungen 2, 228—238
— von Zustellungen, Lebensbescheinigungen, anderen einfachen Zeugnissen 1, 33; 2, 160, 173
— von Geschäften in Grundbuchsachen 1, 30; 28, 6
— Verfahren bei Beurkundung 2, 74—204
— allgemeine Vorschriften 2, 74
— eines Ehevertrags 13
— der Anmeldung eines Geschäftszweiges 14
Blätter, amtliche 2, 73
Bogen, mehrerer Urkunden — 2, 150
Buch zur Feststellung des Datums von Privaturkunden 2, 25, 50
— Gebühr für Eintragung 27, 43
— Aufschreibbuch 2, 25, 53
— Vormerkungsbuch 2, 25, 55
Buchführung in Hinterlegungssachen 2, 56
— der Notare bei Gebühren 27, 2

Buchstaben, Zahlen bei Urkunden in — 2, 139, 141, 143, 144
— lateinische 2, 146
Bürgschaften der Notare 1, 68
— als Bedingungen des Hauptvertrags, Gebühr 27, 18
Bürgschaftsversprechen, Gebühr 27, 24

C.

Cession s. Abtretung
Citate aus fremden Sprachen in notariellen Urkunden 2, 146
Civilkammer, Zuständigkeit zur Entscheidung 1, 58
— Besetzung dabei 1, 58
— bei Beeidigung eines Notars 2, 2
— Verhängung von Ordnungsstrafen 1, 80
Civilsenat des obersten Landgerichts, Zuständigkeit zur Entscheidung über Beschwerde gegen landgerichtliche Entscheidung 1, 60

D.

Dampfschiffe, Benützung durch den Notar bei auswärtigen Amtsgeschäften, Gebühr 27, 88
Datum, Buch zur Feststellung des — einer Privaturkunde 2, 25, 50
— Verfahren bei Feststellung des — einer Privaturkunde 2, 271
— einer Privaturkunde, Feststellung derselben, Gebühr 27, 43
Depositenwesen bei den Notaren 1, 4, 66; 2, 276 — s. Aufbewahrung
Deutsche Sprache, Amtssprache 2, 96
Dolmetscher für eine der — unkundige Person 2, 97
Dienstaufsicht über die Notare 1, 63—66; 20
— Zuständigkeit zur Führung der — 1, 63; 20, 1, 2
Zweck der — 20, 3
Umfang der — 1, 64; 20, 1, 2, 18, 19
Mitwirkung von Gerichtsbeamten bei — 20, 17
Verpflichtungen der Notare in Ansehung der — 1, 65; 20, 16
— Befugnisse der Finanzbehörden 1, 66
— im laufenden Dienste 20, 4—6
— bei Besichtigungen 20, 4, 7, 14, 20, 23
— bei Visitationen 20, 4, 8—13, 15, 20
Reiseaversum bei — 20, 20
— Vormerkungsbuch 20, 21
— Vorlage eines Auszuges 20, 22
— über die Notariatsverweser 1, 116
Dienstbarkeit, Gebühr für die Beurkundung einer Bestellung, Belastung oder Uebertragung einer Dienstbarkeit 27, 24
Diensteid der Notare 1, 10; 2, 2
— der Notariatsverweser 1, 105; 2, 307
Diensteinkommen der Notare 1, 48
Dienstentlassung der Notare 1, 70—73
Dienstleistung der Notare 1, 14—17
Dienstreisen des Notars, Tagegelder und Reisekosten 27, 83, 84, 85
— zum Zwecke der Einsicht des Grundbuchs 27, 96
Dienststrafrecht gegen die Notare 1, 67—79
— Begriff des Dienstvergehens 1, 67, 68
— Ordnungsstrafen, Disziplinarstrafen 1, 69—74
— s. auch Dienstvergehen
Dienststrafverfahren gegen die Notare, Veranlassung der Einschreitung im — gelegentlich der Ausübung der Dienstaufsicht 1, 64, 66
Durchführung des — 1, 80—85
Kosten des — 1, 90
— s. auch Ordnungsstrafen, Disziplinarstrafen
Dienstvergehen der Notare, Begriff 1, 67, 68
— Ordnungs- u. Disziplinarstrafen 1, 69—75
— Verjährung der Strafverfolgung 1, 75

Dienstvergehen der vom Amte enthobenen Notare 1, 76
— der Notare in früheren Dienstverhältnissen 1, 77
— Einfluß der Erhebung der öffentlichen Klage im strafgerichtlichen Verfahren 1, 78, 79
— der Notariatsverweser 1, 116, 117
Dienstverhältnisse der Notare 1, 12, 13
Disziplin Handhabung der — über Notare 20
Disziplinarkammer, -gerichtshof s. Notariatsdisziplinarkammer, -gerichtshof
Disziplinarsachen der Notare s. Disziplinarstrafen
— der Notariatsverweser 1, 116
Disziplinarstrafen gegen Notare 1, 69—74
Zuständigkeit für die Verhängung von — 1, 83
Berufung im — Verfahren 1, 84, 85
— Anwendung der Vorschriften des Richterdisziplinargesetzes auf das Verfahren 1, 84
Ueberweisung der Gelder — an die Versorgungsvereine der Notare 1, 128
Dolmetscher, Beiziehung bei Beurkundung 2, 97—102, 109
— Beeidigung 2, 97
— Feststellung im Protokoll 2, 97—99
Fähigkeit als — 2, 100
Gebühren für — 27, 81
Dorftestament, Verwahrung von — 9
Errichtung von — 10
Durchstreichungen, Angabe der — der Hauptschrift bei der Beglaubigung von Abschriften 1, 34; 2, 219

E.

Ehefrau, Bezeichnung der — in not. Urkunden 2, 163
Ehevertrag, Eintragung des — in Güterrechtsregister 13
Notariatsgebühr bei Beurkundung von — 27, 25
Ehrentitel der Notare, Verlust der — 1, 73, 76
Eid, Zuständigkeit der Notare zur Abnahme von Versicherungen an Eidesstatt, zur eidlichen Vernehmung von Zeugen und Sachverständigen, zur Abnahme von — 1, 3
Verfahren bei Abnahme von — 2, 262—266
— Gebühren für Beurkundungen &c., die unter Versicherung an Eidesstatt abgegeben werden 27, 36
— s. auch Amtseid, Diensteid
Eigentumsübertragung an bayerischen Grundstücken s. Auflassung
Einkommen s. Diensteinkommen
Einnahmen, Ablieferung der — der Gebühren an Rentämter 32
Einschaltungen, Angabe der — der Hauptschrift bei notarieller Beglaubigung einer Abschrift 1, 34
— in Register 2, 24
Einseitige Erklärungen, Gebühr 27, 33
Einsicht des Grundbuchs durch Notare 1, 30; 2, 90—95, 210; 15, 2-7; Gebühr 27, 13; 28, 11
Bezeichnung der Geschäfte, die zur — verpflichten 2, 90, 91, 92
Feststellung der — im Protokoll 2, 95
— des Hypothekenbuchs durch Notare 1, 134; 2, 90—95, 285; 16
— der Beilagen 2, 92
— durch Gehilfen 2, 93; 15, 5
Dienstreisen zum Zwecke der — 27, 96
— eines Auszugs 2, 94
— der Akten und Urkunden des Notars 1, 22; 2, 189—191; 27, 63, 65
— Anspruch auf beglaubigte Abschrift 2, 200
Vorsichtsmaßregeln bei — 2, 192
Versendung von Büchern, Urkunden &c. zur — 2, 193—198
— in letztwillige Verfügung 2, 199
— Gestattung eines verschlossenen

Testaments oder Erbvertrags Gebühr 27,64
— des Rentamts in Nachlaßakten 36,10
Eintragungsanträge, Gebühr 28,7
Eintragungsbewilligung, Gebühr 28,5, 7
Einwilligungserklärungen, Gebühren 27,32
Eisenbahn, Gebühr für Benützung durch den Notar bei auswärtigen Amtsgeschäften 27,88
Empfangsbekenntnisse, Gebühr 27, 34
Entfernungsgebühren des Notars 27,83—96
Enthebung, vorläufige, der Notare s. Suspension, Zwangsenthebung
Entmündigte Personen, Verzeichnis über — 2,57
— Prüfung der Geschäftsfähigkeit 2,80
Entsiegelungen, Gebühr für — 27,39
Erbbaurecht, Gebühr für die Beurkundung, Bestellung oder Uebertragung eines — 27,24
Erbrecht, Aufrechterhaltung von erbrechtlichen Vorschriften der Notariatsgesetze 1,132
Erbschaftssteuer, Mitwirkung der Notare in — 37; 38
Erbvertrag, Beurkundung und Eröffnung von — 2,253; 8
— s. letztwillige Verfügung
— Zuständigkeit zur Eröffnung 1,1; 8
— amtliche Verwahrung durch die Notare 1,1; 8
— Gebühr 27,55
— Einsicht der — 1,22
— Verbot der Ablieferung noch nicht verkündeter — in die Sammelarchive 1,119
— Hinausgabe der Urschriften aufgehobener — an die Beteiligten 12
— Gebühr für Errichtung von — 27,27
— Gebühr für Eröffnung von — 27,58; 31
Gebühr für Uebergabe von — an das Nachlaßgericht 27,56,57
Erbverzicht, Gebühr 27,27
Erfüllungsanerbieten, Gebühr 27,37
Erhebung von Gebühren für die von den Notaren vorgenommenen Eröffnungen von Testamenten 31
Erklärungen in Hypothekensachen, Gebühr 27,34
— welche einer anderen Behörde gegenüber abzugeben sind 27,35
Ernennung der Notare 1,8, 9
Eröffnung von Testamenten und Erbverträgen 1,1; 2,242—253; 8; Gebühr 27,58; 31
— widerrufener Testamente 11
Zustellung bei — 2,203
Porti für Zustellungen bei — 36
Errichtung, Gebühr für — eines Testaments 27,27
Ersatzpflicht der Notare und Notariatsverweser gegenüber dem Staate wegen Verletzung der Amtspflicht 1,126
— s. Haftung
Erwerbsunternehmung, Verbot der Verwaltung einer — durch den Notar 1,13
Mitgliedschaft im Aufsichtsrat einer — 1,13
Expropriation s. Zwangsabtretung

F.

Fähigkeit zum Amte eines Notars 1,9
— als Dolmetscher 2,100
— als Vertrauensperson 2,102
— als Geschäftszeuge 2,106—115
Fahrrad, Benützung durch den Notar bei Dienstreisen, Gebühr 27,91
Familienfideikommisse, Gebühr 27,30
feste Gebühr des Notars 27,9
Festsetzung der Notariatsgebühren s. hier
Feststellung der Identität der Beteiligten 2,75—77
nachträgliche — 2,137
— der Einsicht im Protokoll 2,95

Feststellung des Zustands von Personen und Sachen 2, 267—269
— des Datums von Privaturkunden 2, 271; Gebühr 27, 43
Finanzbehörden, dienstaufsichtliche Befugnisse der — gegenüber den Notaren 1, 66; 2, 190
Forderungsabtretung, Gebühr 27, 24
Form, äußere — der Urkunden 1, 36; 2, 118—130
— notarieller Urkunden 2, 152
Formulare 2, 123—128
Fortsetzung einer unterbrochenen Verhandlung 2, 172
Freiwillige Zuziehung eines Geschäftszeugen, zweiten Notars 2, 115, 117
— Versteigerung, Gebühr 27, 23
Fremdwörter in Urkunden 2, 151
Führung des Amtes 2, 12—22
— der Register 2, 23—55
— des Güterrechtsregisters 13
— des Handelsregisters 14
— von Notariaten auf Rechnung des Staates 30, 33
Füllstriche 2, 130
Fuhrwerk, Benützung durch Notare bei Dienstreisen 27, 89, 90, 91

G.

Ganggebühr des Notars 27, 83, 84
Gebühren, Mitwirkung der Notare bei Berechnung und Erhebung der aus Anlaß ihrer Amtsgeschäfte anfallenden — des Staates und der Gemeinden 1, 5; 2, 290
Buchführung u. Registerführung bei — 2, 56
Sammlung, Verwahrung der — Akten 2, 70
Ablieferung der Einnahmen der — an die Rentämter 32
— Retentionsrecht 2, 290
— Vorschuß der Gebühren 2, 291
f. Notariatsgebühren
Gebührenregister der Notare 1, 56; 2, 54
Gebührenwesen 2, 287—292
Besorgung des — bei Verwesung eines unbesetzten Notariats durch einen Gerichtsbeamten 1, 108
— Rechnungsstellung und Quittung 2, 287
— Rückstände 2, 288
— Vereinbarung, Uebertragung der Kosten 2, 289
Gefährte, Benützung durch den Notar bei auswärtigen Geschäften 27, 89
— eigenes des Notars für Benützung von Dienstreisen 27, 90
Gehaltsansprüche f. Besoldung.
Gehilfen der Notare 1, 20, 109
Einsicht des Grundbuchs durch — 2, 93; 15, 5
— f. Notariatsgehilfen
Geld f. Aufbewahrung, Uebernahme
— Abkürzungen 2, 138
— Ablieferung von 2, 276
Anführung von — in Urkunden 2, 147
— Hinterlegungsgebühr des Notars 27, 97
Geldstrafen gegen Notare 1, 70, 128
Geldvorzählung, Gebühr für Beurkundung 27, 37
Gemeindegebühren f. Gebühren
Buchführung bei Erhebung und Berechnung von — 2, 56
Genehmigung, Prüfung der Frage der Notwendigkeit einer — 2, 86—89
— von Berichtigungen 2, 132—135
Ort des Vermerks der — im Protokoll 2, 165, 171
— Erklärung Gebühr 27, 32
Generalakten 2, 69
Generalversammlung, Gebühr 27, 41
Genossenschaft f. Versammlung
Gerichtliche Entscheidung in Notariatssachen 1, 57—62
Gerichtsschreiber, rechtskundige als Notariatsverweser 1, 97
— Tagegelder und Reisekosten bei Zuziehung zur Errichtung einer notariellen Urkunde 33
Gerichtsvollzieherakten, Auslagen des Notars 27, 75

Geschäftsfähigkeit der Beteiligten 2, 78—81
— der Voll- u. Minderjährigen 2, 79
— der geschäftsunfähigen und geschäftsbeschränkten Personen 2, 80
— Vertreter für solche 2, 84
— schwer kranker Personen 2, 81
Geschäftsführung der Notare 1, 12—23
Geschäftsordnung für die Notare 1, 3. 23, 30, 36, 46, 56, 139
— der Notariatskammern 1, 123; 21, 25; 22, 3, 24, 25
Geschäftsräume der Notare 1, 11, 19, 106; 2, 18—22
Geschäftsregister der Notare 1, 23
Führung der — 2, 25—44
— Art der Anlage 2, 26
Aufnahme in — 2, 27—30
— Einträge 2, 31—40; 15, 29
— Bemerkungen 2, 40; 15, 29
— Abschluß 2, 41
— alphabetisches Namensverzeichnis 2, 42—44
Geschäftszeuge 2, 101—115
Geschäftszweig, Anmeldung zum Handelsregister 14
Gesellschaft mit beschränkter Haftung s. Versammlung, Vereine
— Beschlüsse der Mitgliederversammlung Gebühr 27, 41
— Verträge Gebühr 27, 22
Gesetzblätter Anschaffung, Sammlung, Verwahrung von — 2, 73
Gewerbebetrieb durch einen Notar verboten 1, 13
Gewicht Abkürzung in Urkunden 2, 138
— Bezeichnung 2, 148
Glaubhaftmachung einer Behauptung durch Versicherung an Eidesstatt, Gebühr 27, 36
Grundbuch, Einsicht durch die Notare 1, 30; 2, 90—95, 210; 15, 2—7; Gebühr 27, 13; 28, 11
Verfahren in —Sachen 2, 316; 15
Bezugnahme auf —, Uebereinstimmung der Urkunden mit — 15, 8, 9
Gebühr für Erholung von Aufschlüssen über Inhalt des — 28, 11
Erholung von Auszügen aus — 28, 11
Grundbuchamt, Verkehr der Notare mit — 2, 316; 15
Vorlegung der Urkunden an — 15, 10—25
Grundbuchanlegung, Mitwirkung der Notare 15, 31
Grundbuchauszüge, Erholung von — durch die Notare 1, 30; 2, 94
Grundstücke, Bezeichnung in Urkunden 2, 149
Zuständigkeit zur Beurkundung über — 2, 278—286
Gütergemeinschaft, Verzeichnis über Auseinandersetzung der — 2, 25, 51
— über —ausschlüsse 2, 57
— Sammlung und Verwahrung der Akten über Auseinandersetzung 2, 66, 68
— Beurkundung freiwilliger Auseinandersetzung der — 2, 254—261
— Gebühr für Vermittlung der Auseinandersetzung 27, 48
Güterrechtsregister, Führung des — 13
Gutachten, Erstatten von — 2, 275
— schriftliches, Gebühr des Notars 27, 71

H.

Haftung des Staates für Verletzung der Amtspflicht durch die Notare und Notariatsverweser 1, 126
Handelsbetrieb durch einen Notar verboten 1, 13
Handelsgesellschaft, Verbot der Führung durch einen Notar 1, 13
Mitgliedschaft im Aufsichtsrat einer — 1, 13
Handelsregister, Führung des — 14
Anmeldung zum — 14
Handzeichen, notarielle Beglaubigung von — 1, 35; 2, 214, 215; Gebühr 27, 45

Hauptschrift, notarielle Beglaubigung der Abschrift einer — **1**, 34; **2**, 160, 216—222
Heftung mehrerer Urkundenbogen **2**, 150
Herausgabe s. Urschriften.
Hinterbliebene, Versorgung der — der Notare und Notariatsverweser **1**, 127—129, 23—26
Hinterlegung, Buch- und Registerführung in Hinterlegungssachen **2**, 56
— Sammlung, Verwahrung der Akten in Hinterlegungssachen **2**, 70
— Gebühr des Notars **27**, 97
Hinterlegungsschein, Gebühr für — **27**, 54; **27**, 55
Hypothek, Bestellung, Vorlage der Urkunde über — an Grundbuchamt **15**, 21—23
Vormerkung einer — im Wege der Zwangsvollstreckung **19**
— Gebühr **27**, 24
Hypothekbelastung, Gebühr **27**, 24
Hypothekenämter, Verkehr zwischen Hypothekenämtern und Notaren **2**, 277—286; **15**, 30; **16**
Verfahren bei Eintrag von Urkunden durch — **2**, 280—283
Vorlage von Urkunden an — **17**
Hypothekenbewahrer, Verkehr der Notare mit — **15**, 30
Hypothekenbuch, Verpflichtung zur Einsicht des — **1**, 30, 134; **2**, 90—95, 285; **16**
Portopflichtigkeit der —Auszüge **16**
— Auszug, Auslagen des Notars **27**, 75
Hypothekensachen, für Erklärungen in —, Gebühr **27**, 34
Hypothekenübertragung, Gebühr **27**, 24
Hypothekenverpfändung, Gebühr **27**, 24

J.

Identität der Beteiligten **2**, 75—77, 164
— der Geschäftszeugen **2**, 112
nachträgliche Feststellung der — **2**, 137
— im Beglaubigungsvermerk **2**, 206
Immobiliarversteigerung, **2**, 225—227, Gebühr **17**, 23, 52
Inhalt der Vollmachten über die Regelung von Nachlässen in Neu-Süd-Wales **6**
Inkrafttreten des Notariatsgesetzes **1**, 131
— der Notariatsgeschäftsordnung **2**, 313, der Gebührenordnung **12**, 109
— der Verordnung über Gebühren in Grundbuchsachen **28**, 14
— des Erbschaftssteuergesetzes **36**, 27
Insertionsauslagen **27**, 75
Invalidenversicherungsgesetz, Vollzug des —, Versicherungspflicht der nicht rechtskundigen Notariatsgehilfen **26**
Inventarserrichtung, Zuständigkeit der Notare zur — **1**, 2; Gebühr **27**, 38
Juristische Person, Prüfung der Rechtsfähigkeit und Vertretungsmacht **2**, 85

K.

Kanzleigehilfe, Einsicht des Grundbuchs durch einen — des Amtsgerichts **2**, 93
Kataster, Mitwirkung des Notars **2**, 315
Auszüge, Auslagen des Notars für — **27**, 75
Kaufverträge, Gebühr **27**, 22
Kindererziehungsvertrag, religiöser **27**, 26
Kirchenbaulotterien, Gebühr **27**, 40
— Verlosung **27**, 40
Kommanditgesellschaft auf Aktien, Generalversammlungsprotokolle und Aufsichtsratssitzung **27**, 41
Kopfbögen **2**, 124
Kosten des Dienststrafverfahrens gegen Notare **1**, 90
Vermerk der — auf Urschrift, Ab-

schriften, Ausfertigungen 2, 158
— Rechnungen der Notare 27, 4
Kostbarkeiten s. Aufbewahrung, Übernahme
Hinterlegungsgebühr für — 27, 97
Kassaführung der Notare, Kontrolle durch die Finanzbehörden 1, 66
Krankenlager, Erhöhung der Notariatsgebühr 27, 8
Kündigung, Gebühr für 27, 33

L.

Landesrecht, bisheriges — 2, 278, 286, 314
Lateinische Buchstaben, Gebrauch von — in Urkunden 2, 146
Lebensbescheinigungen, notarielle Beurkundung von — 1, 33; 2, 160, 173
— Gebühren 27, 37, 44
Legalisation notarieller Urkunden 2, 188, 7
Leibrentenvertrag, Beurkundung, Gebühr für — 27, 29
Leistungsannahme, Gebühr für Beurkundung 27, 37
Leserlichkeit der Urkunden 2, 145, 146
Letztwillige Verfügungen, Einsicht der — 1, 22; 2, 199, 211
Verbot der Ablieferung noch nicht verkündeter — in Sammelarchive 1, 119
— Beurkundung 2, 228—234
Protokoll über Errichtung einer — 2, 235
— Übernahme in besondere Verwahrung 2, 236—239; 9, 10
Rückgabe einer — 2, 240; 11
Widerruf von — 11
— Eröffnung 2, 242—250; 11
— Ablieferung an Nachlaßgericht 2, 251—253
Liquidationen, Gebühr für Bearbeitung 27, 73
Löschungsbewilligung, Gebühr für — 28, 6
Lücken in Urkunden 2, 129, 130

M.

Mäklergeschäfte der Notar 1, 68
Mängel, Angabe der — der Hauptschrift bei notarieller Beglaubigung einer Abschrift 1, 34; 2, 219
Mäntel, Gebühr 27, 76
Maße, Abkürzungen in Urkunden 2, 138
Anführung der — 2, 148
Mechanische Mittel zur Herstellung von notariellen Urkunden 1, 36, 2, 120, 121, 126
Mietverträge, Gebühr 27, 22
Minderjährige als Beteiligte an einem Rechtsgeschäfte 2, 79
Mitgliederversammlung von Gesellschaften, Gebühr für Beurkundung der Beschlüsse 27, 41
Mitteilung des Notars über Grundstücksveränderungen an Hypothekenamt 2, 284
Gebühr für — der Bekanntmachungen des Grundbuchamts an Beteiligte durch Notar 28, 11
Mobiliarversteigerung, 2, 223—225
Gebühr 27, 23
Münzen, Abkürzungen in Urkunden 2, 138
Anführung von — 2, 147, 148

N.

Nachlaß, Verzeichnis über Auseinandersetzung des — 2, 25, 51
— Sammlung, Verwahrung der Nachlaßakten 2, 66
— Inhalt der Vollmachten über die Regelung von Nachlässen in Neu-Süd-Wales 6
— Gebühr für Vermittelung der Auseinandersetzung des Nachlasses 27, 47, 48, 49, 50
Nachlaßgericht, Vornahme von Geschäften im Auftrage des — 2, 274
Nachlaßverzeichnis, Zuständigkeit der Notare zur Aufnahme von 1, 2
Nachtragsurkunde 2, 136
Nachtzeit, 2, 15, 16, Gebühr 27, 8,

Namensverzeichnis zum Geschäftsregister 2, 42—44
— Testamentsregister 2, 47, 60
Nebengeschäfte der Notare 1, 12, 13
Sammlung, Verwahrung der Akten über — 2, 65
— Gebühr 27, 41—74
Neu-Süd-Wales, Inhalt der Vollmacht über Regelung von Nachlässen in — 6
Nichtige Geschäfte 1, 16; 2, 209
Notar, Zuständigkeit, sachliche 1, 1—5
— „ örtliche 1, 6
Zuziehung eines zweiten — bei Beurkundung 2, 101—105, 116, 117
Zeichnung des — 2, 163
— Mitwirkung im Grundbuchanlegungsverfahren 15, 31
Versorgung der — und ihrer Hinterbliebenen 23
Gebühr für zweiten — 27, 79
Notariate 1, 6, 7, 11
neuerrichtete — 3
Siegel der — 4
Amtsschild der — 5
Notariatsdisziplinarhof 1, 83—85
Notariatsdisziplinarkammer 1, 83, 87, 93
Notariatsgebühren 1, 48—56
Schuldner der — 1, 49
Festsetzung und Beitreibung der — und Auslagen 1, 50—52
Anwendung der —Ordnung auf Notariatsverweser 27, 1
Stundung der — 1, 53, 54
— Ordnung 27
— Anwendung derselben in Grundbuchsachen 28, 13
— Zurückbehaltungsrecht an Urkunden, Geldern u. s. w. 1, 55
Berechnung der — bei Führung der Notariate auf Rechnung des Staates 30
— Buchführung 1, 56
— Register 2, 25, 64; 27, 2
— Verjährung 27, 2
— Bericht über 2, 292
— Abrundung der Pfennigbeträge 27, 11
Notariatsgebühren, Armenrecht 27, 2; 35
— für Übernahme eines Dorftestaments in Verwahrung 10
— für Hinausgabe eines Erbvertrags 12
— für Abfindung über Unterhalt eines unehelichen Kindes und Ansprüche der Mutter 27, 28
— für Ablieferung eines Testamentes an Nachlaßgericht 27, 56
— für Abnahme von Eiden und Versicherungen an Eidesstatt 27, 36
— für Abnahme von Siegeln 27, 39
— für Abschriften 27, 66; 28, 10
— für Abwesenheit des Notars vom Amtssitze bei auswärtigen Geschäften 27, 85
— für Adressen 27, 77
— für Aktiengesellschaften, Generalversammlungsprotokolle und Aufsichtsratssitzungen 27, 41
— für Alimentationsübereinkommen 27, 56
— für Amtshandlungen im öffentlichen Interesse 27, 3
— für Amtstage, Tagegelder, Reisekosten 27, 83—93; 33, 34, 35
— Anbietung der Erfüllung einer Verbindlichkeit 27, 37
— Androhung an Dritte 27, 33
— Anerkennung der Vaterschaft 27, 28
— Anfechtungen 27, 33
— Anlegung von Siegeln 27, 39
— Annahme an Kindesstatt 27, 35
— Annahme einer Leistung, Beurkundung 27, 37
— für Anzeigen an Dritte 27, 33
— Aufbewahrung von Geldern, Hinterlegungsgebühr des Notars 27, 97—104
— Aufforderung an Dritte 27, 33
— Aufhebung eines Erbvertrags oder Testaments 27, 27
— Auseinandersetzung eines Nachlasses oder einer Gütergemeinschaft 27, 47, 70
— Ausfertigung von Notariatsurkunden 27, 68

Notariatsgebühren, Aushändigung der Urkunden an die Beteiligten 27, 60
— Auskunftsperson bei notariellen Akten 27, 80
— Auslagen der Notare 27, 2, 75
— Auslosungen 27, 40
— Ausrufer bei Versteigerungen 27, 75, 82
— Aussagen von Zeugen und Sachverständigen für deren Beurkundung 27, 36
— Ausschlagung einer Erbschaft 27
— Bedingungen des Hauptvertrags 27, 18
— Beglaubigung von Unterschriften und Handzeichen 27, 45, 46
— begonnene Geschäfte 27, 19
— Bekanntmachung, öffentliche 27, 74
Berechnungen, Bearbeitung von — 27, 73
— für Beurkundung von Besitzergreifung 27, 37
— Bestätigung der Auseinandersetzung 27, 47
— für die Bestellung von Schriftstücken 27, 78
Buchführung des Notars bei — 27, 2
— Bürgschaften als Bedingungen des Hauptvertrags 27, 18
— für die Beurkundung eines Bürgschaftsversprechens 27, 24
— für Benutzung von Dampfschiffen bei auswärtigen Amtsgeschäften 27, 88
— für Feststellung des Datums einer Privaturkunde 27, 43
— für die Beurkundung einer Bestellung, Belastung oder Uebertragung einer Dienstbarkeit 27, 24
— für Dienstreisen 27, 83, 84, 85, 96
— für Dolmetscher 27, 81
— für Beurkundung von Eheverträgen 27, 25
— für Abnahme von Versicherungen an Eidesstatt 27, 36
— für Beurkundung von einseitigen Erklärungen 27, 33
Notariatsgebühren für Einsichtsgestattung in eine Urkunde 27, 63
— für Einsichtsgestattung in Akten 27, 65
— für Einsichtsgestattung in ein verschlossenes Testament oder Erbvertrag 27, 64
— für Beurkundung von Einwilligungserklärungen 27, 32
— für Benutzung der Eisenbahn bei auswärtigen Amtsgeschäften 27, 88
— für Beurkundung von Empfangsbekenntnissen 27, 34
— für Entfernung und Reisen des Notars 27, 83—96
— für Entsiegelungen 27, 39
— für Beurkundung, Bestellung oder Übertragung eines Erbbaurechts 27, 24
— für Errichtung eines Erbvertrags 27, 26, 27
— für Eröffnung eines Erbvertrags 27, 58; 31
— für Erbvertragsübergabe an das Nachlaßgericht 27, 57
— für Übernahme in amtliche Verwahrung 27, 54
— für Beurkundung von Erbverzichtsverträgen 27, 27
— für Beurkundung von Erfüllungsanerbieten 27, 37
— für Beurkundung von Erklärungen in Hypothekensachen 27, 34
— für Beurkundung von Erklärungen in Hypothekensachen, welche einer anderen Behörde abzugeben sind 27, 35
— für Eröffnung eines Testaments oder Erbvertrags 27, 58, 31
— für Errichtung eines Testaments 27, 27
— Fahrrad, Gebühr für — bei Benutzung der Dienstreisen 27, 91
— für Beurkundung von Familienfideikommissen 27, 30
— feste des Notars 27, 9
— für Feststellung des Datums 27, 43

Notariatsgebühren für Forderungsabtretung 27, 24
— für freiwillige Versteigerung 27, 23
— für Benutzung des Fuhrwerks bei Dienstreisen 27, 89, 90, 91 Ganggebühr des Notars 27, 83, 84
— für Benutzung von Gefährten durch den Notar 27, 89
— für Benutzung von eigenem Gefährt durch den Notar 27, 90
— Hinterlegung des Notars 27, 97
— Geldvorzählung 27, 37
— für Beurkundung von Genehmigungserklärung 27, 32
— für Generalversammlungsbeschlüsse 27, 41
— Gerichtsvollzieherakten, Auslagen des Notars 27, 75
— für Beschlüsse der Mitgliederversammlungen von Gesellschaften 27, 41
— für Gesellschaftsverträge 27, 22
— für Glaubhaftmachung einer Behauptung durch Versicherung an Eidesstatt 27, 36
— für Vermittelung der Auseinandersetzung der Gütergemeinschaft 27, 48
— für schriftliches Gutachten 27, 71
— für Beglaubigung eines Handzeichens 27, 45
— für Hinterlegung 27, 97
— für Hinterlegungsschein über Testament oder Erbvertrag 27, 54, 55
— für Hypothekbelastung, Bestellung 27, 24
— für Hypothekenbuchauszüge, Auslagen 27, 75
— für Erklärungen in Hypothekensachen 27, 34
— für Hypothekenübertragung, Hypothekenverpfändung 27, 24
— für Immobiliarversteigerung 27, 23, 52
— für Inserationsauslagen 27, 75
— für Inventare 27, 38
— für Katasterauszüge 27, 75
— für Kaufverträge 27, 22

Notariatsgebühren für Kindererziehungsvertrag, religiösen 27, 26
— für Kirchenbaulotterien, Verlosung 27, 40
— für Generalversammlungsprotokolle, Aufsichtsratssitzungen der Kommanditgesellschaften auf Aktien 27, 41
— für Kostbarkeiten, Hinterlegungsgebühr 27, 97
— für Kostenrechnungen 27, 4
— Krankenlager, Erhöhung der Notariatsgebühr 27, 8
— für Kündigungen 27, 33
— für Lebenszeugnisse 27, 37, 44
— für Leibrentenvertrag, Beurkundung 27, 29
— für Leistungsannahme, Beurkundung 27, 37
— für Liquidationen, Bearbeitung 27, 73
— für Mäntel für Urkunden 27, 76
— für Mietverträge 27, 22
— für Mitgliederversammlung von Gesellschaften, Beurkundung der Beschlüsse 27, 41
— für Mobiliarversteigerung 27, 23
— für Nachlaßauseinandersetzungsvermittelung 27, 47, 48, 49, 50
— für Nachtzeit, Erhöhung der Gebühr 27, 8
— für Nebengeschäfte 27, 71—74
— für zweiten Notar 27, 79
— für Nutzlosigkeit eines notariellen Amtsgeschäftes 27, 21
— für Pachtverträge 27, 22
— für Papier der Urkunden 27, 76
— in Parteisachen 27, 3
— für Perception 27, 104
— für Pergamentpapier 27, 76
— für Pfandbestellungen als Bedingungen des Hauptvertrags 27, 18
— für Pfandrechtsbestellung an einer beweglichen Sache 27, 24
— für Pläne 27, 75
— für Bestellung notarieller Urkunden 27, 78
— für Post 27, 75, 78

Notariatsgebühren für Privaturkunde, Beglaubigung der Unterschrift vom Notar entworfen 27, 46, 72
— für deren Entwerfen 27, 72
— für Verwahrung 27, 54
— für Bescheinigung der Feststellung des Datums 27, 43
— für Eintrag im Protestregister 27, 42
— für Quittung 27, 4, 34
— für Raterteilung durch den Notar 27, 71
— für Raterteilung des Rechtsanwalts 27, 75
— für religiösen Kindererziehungsvertrag 27, 26
— für Rückgabe von Privaturkunden 27, 54
— für **Rückgabe eines Testaments** 27, 55
— für Rücktrittserklärungen 27, 55
— für Sachverständige, Vernehmung 27, 36
— für Schätzungen 27, 36
— für Schenkungen 27, 30
— für Schenkungsversprechen 27, 30
— für Schreibgebühren des Notars, für Abschriften 27, 66, 67, 28, 10
— für Ausfertigung 27, 68
— für Urschrift 27, 69
— für Vermittelung der Auseinandersetzung eines Nachlasses, einer Gütergemeinschaft, im Zwangsversteigerungsverfahren 27, 70
— für Schuldanerkenntnisse 27, 24
— für Schuldbekenntnisse 27, 24
— für Schulderlasse 27, 34
— für Schuldübernahme 27, 24
— für Schuldversprechen 27, 24
— für Schutzdecken für Urkunden 27, 76
— für Siegelabnahme, Anlegung 27, 39
— für Siegelungen 27, 39
— für Stiftungsgeschäfte 27, 30
— für Strichgelder, Hinterlegungsgebühren des Notars 27, 101
— für Stundung 27, 34

Notariatsgebühren für Taggeld des Notars 27, 84—86
— für Tauschverträge 27, 22
— für Telegraphengebühr, Auslagen des Notars 27, 75
— für Testamente, deren Errichtung 27, 27
— für Testamente, für Ablieferung an Nachlaßgericht 27, 56, 57
— für Testamente, für Eröffnung 27, 58; 31
— für Testamente, für Übernahme in amtliche Verwahrung 27, 55
— für Testamente, für Übersendung an eine andere Verwahrungsbehörde 27, 56
— für Testamentsvollstreckeramt 27, 51
— für Teilung eines Nachlasses oder einer Gütergemeinschaft 27, 47, 48, 49, 50
— für Teilungsverträge 27, 22
— für Übergabe einer Erklärung an den Gerichtsvollzieher zur Zustellung 27, 33
— für Übergabe von Gegenständen, Beurkundung 27, 37
— für Übergabe eines Testaments an Nachlaßgericht 27, 56, 57
— für Übergabsvertrag 27, 22
— für Übernahme einer Urkunde in amtliche Verwahrung 27, 54
— für Übernahme eines Testaments 27, 55
— für Übersendung eines Testaments an eine andere Verwahrungsbehörde 27, 56
— für Übertragung des Eigentums an einem Grundstück 27, 22
— für Übertragung einer Hypothek 27, 24
— für Unterschriftbeglaubigung 27, 45, 46
— für Unwirksamkeit eines notariellen Amtsgeschäfts 27, 21
— für Verbindlichkeiten als Bedingung eines Hauptvertrags 27, 18

Notariatsgebühren für Vereine, Beschlüsse der Mitgliederversammlung **27**, 41
— für Vergleiche **27**, 31
— für Verkündung eines Testaments oder Erbvertrages **27**, 58
— für Verlassenschaftskommissäre **27**, 108
— für Verlosungen **27**, 40
— für Vermittelung der Auseinandersetzung eines Nachlasses oder einer Gemeinschaft **27**, 47—50
— für Vermittelung von Schreibgebühren **27**, 70
— für Zustellung von Amtswegen **27**, 59; **36**
— für Vermögensverzeichnisse **27**, 38
— für Verpackung von Schriftstücken **27**, 77
— für Versammlungen der Vereine, für Beschlüsse **27**, 41
— für Versicherung an Eidesstatt **27**, 36
— für Versicherungsvertrag, Beurkundung **27**, 29
— für Versteigerung von Grundstücken **27**, 23, 52, 53, 107
— für Versteigerung von Mobilien **27**, 23
— für Vertrauensperson **27**, 80
— für Verwahrung von Privaturkunden **27**, 54
— für Verwahrung eines Testaments **27**, 55
— für Verzichte, Beurkundung **27**, 34
— für Vollmacht, Beurkundung **27**, 32
— für Vollstreckungsklausel **27**, 68
— für Vorlegung von Notariatsurkunden an eine Behörde **27**, 62
— für Vorzeigung von Gegenständen **27**, 37
— Wahlrecht des Notars zwischen Wert- und Zeitgebühr **27**, 16
— für Wechselprotest **27**, 42
— für Wegegeld des Notars **27**, 87, 91
— für Werkverträge **27**, 22

Notariatsgebühren, Wertgebühr des Notars **27**, 9, 10, 11, 12
— für Wertpapiere, Hinterlegungsgebühr für Aufbewahrung **27**, 97
— für Widerrufserklärung **27**, 33
— Zahlungsaufforderung der Notare **27**, 4
— für Zeitdauer, Vermerk **27**, 17
— Zeitgebühr **27**, 9, 13—17, 19, 20
— Zeitgebühr bei auswärtigen Amtsgeschäften **27**, 83
— Zeugenaussagen, Beurkundung **27**, 36
— für Zeugengebühren, Auslagen des Notars **27**, 75
— für Zeugenvernehmung **27**, 36
— für Zeugnisse **27**, 44
— für Ziehungen **27**, 40
— für Zurücknahme eines Testaments **27**, 55
— für Zurückweisung **27**, 33
— für Zuschlagserteilung bei Versteigerungen **27**, 23
— für Zustellgebühren für notarielle Schriftstücke **27**, 78
— für Zustellungen von Amtswegen **27**, 3, 59; **36**
— für Beurkundung von Zustellungen **27**, 61; **36**
— für Zwangsversteigerung **27**, 23, 52, 53, 107
— für Zwangsversteigerungsverfahren **27**, 70
— für Auszüge und Ausfertigungen zum Grundbuchamt **28**, 10
— für Einsicht des Grundbuchs **28**, 11
— für Aufschlüsse über Inhalt des Grundbuchs **28**, 11
— für Vorlegung von Urkunden an Grundbuchamt **28**, 11
— für Mitteilungen der Bekanntmachungen des Grundbuchamts an Beteiligte durch Notar **28**, 11
— für Vorlegung von Urkunden über buchungsfreie Grundstücke **28**, 12
— für Anbringung von Vermerken

auf Urschriften, Ausfertigungen, Registern 28, 12
Notariatsgebühren für Beurkundung der Erklärung über Auflassung 28, 1
— Zeitgebühr 28, 2
Wertgebühr 28, 3
— für Beurkundung der Eigentumsübertragung 28, 4
— für Eintragungsbewilligung 28, 5
— für Löschungsbewilligung 28, 6
— für sonstige Beurkundung in Grundbuchsachen 28, 6
— für Eintragungsanträge 28, 7
— für Beglaubigungen in Grundbuchsachen 28, 8
— für Teilhypothekenbrief, Teilgrundschuldbrief, Teilrentenschuldbrief 28, 9
— für Abschriften für Grundbuchamt 28, 10
Notariatsgehilfen 1, 20
Verwendung der — bei Verwesung des Notariats 1, 109
Versorgung der — und ihrer Hinterbliebenen 1, 129; 23; 24; 25; 26
Verbesserung der Lage der — 25
— Versicherungspflicht 26
Notariatsgesetze, Aufhebung der — in den Landesteilen rechts des Rheines vom 10. XI. 1861, vom 29. VII. 1876 1, 130
— in der Pfalz vom 25. Ventôse XI, 2. Nivôse XII, 4. IV. 1806 und 16. V. 1868 1, 130
— Aufrechterhaltung der liegenschafts- und erbrechtlichen Vorschriften nach Maßgabe der Art. 189, 213 E.G. z. B.G.B. 1, 132
Notariatskammern 1, 120—125
Bildung der — 1, 120
Aufgabe der — 1, 121, 122; 22, 7, 8, 9, 10, 11, 12, 13, 14, 15, 16
— Geschäftsordnung 1, 123; 21, 25; 22, 24, 25
— Aufwand 1, 123; 22, 20
— Mitgliederbeiträge 1, 123; 22, 20
Berichte an die — 1, 124; 22, 18
— Geschäftsführung 1, 125
Notariatskammern, Auflösung 1, 125
— Neubildung 1, 125; 21, 25
— Ordnung 21
— Dienstanweisung 22
— Sitz 21, 1; 22, 1
— Mitglieder 21, 2
— Wahlberechtigung 21, 3
— Wählbarkeit 21, 4
— Ablehnung der Wahl 21, 5, 26
— Ruhen oder Verlust der Mitgliedschaft 21, 6
— freiwilliges Ausscheiden 21, 7
— Dauer der Mitgliedschaft 21, 8
— Neu- und Ersatzwahlen 21, 8, 9, 25
— Ort der Wahl 21, 10
— Anberaumung und Leitung der Wahl 21, 11
— Datum zur Wahlverhandlung 21, 12
— Abstimmung 21, 14
— Stimmzettel 21, 15
— Voraussetzung für Giltigkeit der Wahl 21, 16, 17
— Protokoll 21, 18
— Wahl der Notariatskammermitglieder aus ihrer Mitte 21, 19
Bericht über Bildung und Änderung der — 21, 20
— Ehrenamt 21, 21
— Siegel 21, 22
— Aufgehobene Bestimmung 21, 23
— Inkrafttreten 21, 24; 22, 23
Ort der Versammlungen der — 22, 1
— Zahl derselben 22, 2
— Beschlußfassung 22, 3
— Form gewöhnlicher Berichte 22, 4
Ort der Dienstführung des Vorsitzenden der — 22, 5
schriftlicher Verkehr der — mit Ministerien 22, 6
— Gutachten 22, 12
Berichterstattung über Thätigkeit der — 22, 13
Mitteilung an — über Notariatsverweser 22, 15
— Verzeichnis der Notare 22, 16
Dienstpflichten der Mitglieder der — 22, 17

Notariatskammern, Pflichten der Notare gegenüber — 22, 18
Einschreiten der Dienstaufsichtsbehörden auf Veranlassung der — 22, 19
Beschwerde gegen Beschluß der — 22, 20
Amtsbestände 22, 22

Notariatsverweser 1, 95—118
Fälle der Bestellung eines — 1, 95; 2, 299, 305
Befähigung zum — 1, 96; 2, 301
— Bedenken über Befähigung 2, 302
Verpflichtung zur Übernahme des Notariats durch einen — 1, 97
— als Notare 1, 98; 2, 301
— an anderen Notariaten 1, 98
Bestellung der — von Amtswegen 1, 99
— auf Antrag 1, 99
Befugnis zur Bestellung von — 1, 100; 2, 300
Dauer der Amtsbefugnis des — 1, 101—103; 2, 310, 311
Bekanntmachung der Bestellung der — 1, 104
Amtseid der — 1, 105; 2, 2, 307
Geschäftsräume der — 1, 106
— Gerichtsbeamte als Testamentsvollstrecker 1, 107
— Besorgung des Gebührenwesens bei Verwesung durch Gerichtsbeamte 1, 108
— Verwendung von Gehilfen 1, 109
Unterschrift der — 1, 110; 2, 309
— Vergütung der 1, 111—113; 2, 304
Führung der Geschäfte durch den — auf Rechnung des Notars 1, 111, 114
— auf eigene Rechnung 1, 112
— auf Rechnung des Staates 1, 112, 113, 114; 3, 2
Haftung des — und des Notars für Schadenzufügung durch eine Amtshandlung 1, 115
Bericht an Landgerichtspräsident über Notwendigkeit der Bestellung eines — 2, 299

Notariatsverweser, vorläufige Bestellung eines — 2, 300, 302
Dienstaufsicht und Disziplin über die — 1, 116
Dienstvergehen der — 1, 117
Anwendung der Vorschriften für die Notare auf die — 1, 118; 27, 1
— auf Rechnung des Staates 2, 303
Mitteilung der Bestellung eines — an Behörden 2, 305
Bericht des Landgerichtspräsidenten über Bestellung eines — 2, 306
Einberufung der — 2, 307
— Beeidigung durch Landgericht und Amtsgericht 2, 307
— Amtsübernahme, Protokoll 2, 308
— Unterschrift des Verwesers 2, 309
Verhältnis des Notars zum — 2, 310
vorzeitige Beendigung des Amts des — 2, 311
— Anwendung der Notariatsgebührenordnung auf Verweser 27, 1

Notarielle Urkunde 1, 24—47
— formelle Erfordernisse 1, 25, 26, 36; 2, 153—159
— Überschriften 2, 156
— Angabe der Geschäftsregisternummer 2, 157, 159
— Ermittelung des Parteiwillens 1, 27; 2, 74
— Belehrung 1, 27
— Zweifel an der Geschäftsfähigkeit der Parteien 1, 28; 2, 79, 80, 81
— an der Giltigkeit des Geschäfts 1, 28; 2, 209
— Feststellung im Protokoll 1, 28
— Beteiligung eines Tauben 1, 29
— Legalisation 2, 188; 7
— Beurkundung über Grundstücke und Rechte an solchen 1, 30; 2, 90

Notarielle Urkunde, Grundbuchseinsicht 1,30; 2,91
— Grundbuchsauszüge 1,30; 2,94
Übereinstimmung der — mit Grundbuch 15,8, 9
Vorlegung der — an Grundbuchamt 15, 10—25
— nichtrechtsgeschäftliche Erklärungen 1,31; 2,97
— Beurkundungen über Versammlungen 1,32
— Beglaubigung von Abschriften 1,33; 2,160, 173
— Beglaubigung der Beurkundung von Zustellungen 1,33; 2,160
— von Lebensbescheinigungen und ähnlichen einfachen Zeugnissen 1,33; 2,160, 173
— Beglaubigung von Abschriften und Auszügen aus einem Schriftstück 1,34; 2,160, 216
— Beglaubigung von Unterschriften und Handzeichen 1,35; 2,205, 214
— Urschriften 1,37, 38, 44
— Ausfertigungen 1,39—47; 2,179, 185
— Abgabe von — 2,173—187
Notwendigkeit Prüfung der Frage der — einer Bestätigung, Genehmigung, Zustimmung 2,86—89
Nutzlosigkeit eines notariellen Amtsgeschäfts 27, 21

O.

Ordnung der Urkunden und Akten 2,58, 62—68
— der Generalakten 2,69
— der Gebühren- und Hinterlegungsakten 2,70
— wichtiger Aktenstücke 2,71
Ordnungsstrafen gegen Notare 1,69, 70
Verhängung der — gegen Notare 1,80—82
— Beschwerde in Ordnungsstrafsachen gegen Notare 1,81
Vollzug der — gegen Notare 1,82, 85
— Überweisung der Gelder aus — an die Versorgungsanstalten der Notare 1,128
Organisation der Notariate 1,6—11
Ort der Amtsausübung 2,18—22
— der Errichtung einer Urkunde 2, 153, 154

P.

Pachtverträge, Gebühr 27,22
Papier, Gebühren für — der Urkunden 27,76
Parteisachen, Gebühren 27,3
Pension, Verein für Notare und deren Hinterbliebenen 1,127—128, 23
— Verein der nichtrechtskundigen Gehilfen 1,129; 24
Perceptionsgebühren des Notars 27, 104
Pergamentpapier, Vergütung für besondere Ausstattung der Urkunde 27, 76
Persönlichkeit, Verschaffung der Gewißheit über die — des vor dem Notariate Erschienenen 2,75
— Feststellung im Protokoll 2,75—77
körperlich behinderte — 2,99 101—105, 207
Bezeichnung der — in Urkunden 2,163
des Schreibens unfähige — 2,167
Feststellung des Zustandes von — 2,267—269
Pfandbestellung als Bedingung des Hauptvertrags 27,18
Pfandrechtsbestellung an einer beweglichen Sache 27,24
Pfennigbeträge, Aufrundung der — 27, 11
Pläne, Auslagen des Notars 27,75
Portoauslagen der Notare 36
Posteinschreibgebühren für Bestellung notarieller Urkunden 27,78
Postgebühren Auslagen 27,75, 78
Privatgeheimnisse, Wahrung von — durch den Notar 1,21

Privaturkunde, Beglaubigung 2,221
Buch zur Feststellung des Datums einer — 2, 25, 50
Gebühr für Beglaubigung der Unterschrift einer vom Notar entworfenen — 27, 46, 72
Verfahren bei Feststellung des Datums einer — 2, 271
Entwerfen von — 2, 275
Gebühr für Entwerfen einer — 27, 72
Gebühr für Verwahrung einer — 27, 54
Gebühr für Bescheinigung der Feststellung des Datums einer 27, 43
Protestregister, Gebühr für Eintrag in — 27, 42
Protokollform für notarielle Urkunden 1, 26; 2, 152, 153—159, 160 - 163
— Feststellung der Identität der Beteiligten im Protokoll 2, 74—77
— Protokollführer, Reisekosten 33
Prüfung der Geschäftsfähigkeit der Beteiligten 2, 78—81
— der Vertretungsmacht 2, 82—85
— der Frage der Notwendigkeit einer Bestätigung, Genehmigung, Zustimmung 2, 86—89

Q.

Quittung, Gebühr für — 27, 4, 34

R.

Rasuren s. Ausschabungen
Raterteilung durch den Notar, Gebühr 27, 71
Rechte, den Grundstücken gleichstehende, 2, 90; Anführung von — in Urkunden 2, 149
Rechtsanwalt kann Notar nicht sein 1, 12
ein — nicht Notariatsverweser 1, 96
Gebühren des — Auslagen des Notars 27, 75
Rechtsfähigkeit, Prüfung der — der Beteiligten 2, 82—85
Rechtskundige, zum Richteramte befähigte Gerichtsschreiber als Notariatsverweser 1, 96; 2, 301
Rechtspraktikanten, Einsicht des Grundbuchs durch — 2, 93
Register, Führung 2, 23—57; 27, 2
allgemeines — 2, 23—25
Geschäfts— 1, 23; 2, 25—44
Testaments— 2, 45—47
Wechselprotest— 2, 48, 49
— zur Feststellung des Datums von Privaturkunden 2, 50
— Verzeichnis über Auseinandersetzung 2, 51
— Verzeichnis über Zwangsversteigerung 2, 52
Zustellungs— 2, 53
Notariatsgebühren— 1, 56; 2, 54
— Terminkalender 2, 55—57
— alphabetisches Namensverzeichnis 2, 42—44, 47
— Aufschreibbuch für Behändigung von Urkunden, Akten 2, 25, 53
— in Hinterlegungssachen 2, 56
— bei Erhebung und Berechnung der Gemeinde- und Staatsgebühren 2, 56
— Sammlung und Verwahrung 2, 58
Reihenfolge in notarieller Urkunde 2, 162
Reisekosten des Notars 27, 84, 87—89, 91—96
— der Protokollführer 33
Verrechnung von — bei Amtstagen 34
Vergütung der — in Armenrechtssachen aus der Staatskasse 35
Reisezeit bei auswärtigen notariellen Dienstgeschäften 27, 85
Religiöser Kindererziehungsvertrag, Gebühr 27, 26
Rentamt, Anzeige an — über Besitzveränderung 2, 315; 15, 30
Ablieferung der Gebühreneinnahmen an — 32
Zuständigkeit der — zur Erhe-

bung und Berechnung der Erbschaftssteuer 36, 1—3
— Mitteilung der Ausstellung eines Zeugnisses über Fortsetzung der Gütergemeinschaft 37
Residenzpflicht des Notars 1, 11; 2, 301
Retentionsrecht 1, 55; 2, 290
Richter als Notariatsverweser 1, 97
Rückgabe von Privaturkunden, Gebühr 27, 54
— eines Testaments, Gebühr 27,55
Rücktrittserklärungen, Gebühr 27,33

S.

Sachen, Feststellung des Zustandes von — 2, 267—269
Sachverständige, Vernehmung, Gebühr 27, 36
Sammelarchive für die bei Notaren seit 20 Jahren verwahrten Urkunden 1, 119
Sammlung der Urkunden und Akten 2, 58, 61—64
— der Akten über Nebengeschäfte 2, 65
— der Akten über Auseinandersetzung des Nachlasses und der Gütergemeinschaft 2, 66, 68
— der Zwangsversteigerungsakten 2, 67, 68
— von amtlichen Blättern 2, 73
Satzung des Pensions- und Unterstützungsvereins der nichtrechtskundigen Gehilfen bei den Königl. bayerischen Notariaten 24
Schätzungen 2, 270
Gebühr für Beurkundung von — 27, 36
Scheingeschäfte 1, 16; 2, 209
Schenkungen, Gebühr für Beurkundung 27, 30
Schenkungsversprechen, Gebühr 27, 30
Scherz, Geschäfte zum — 1,16; 2,209
Schild der Notariate 5
Schreibgebühren des Notars für Abschrift 27, 66, 67
— des Notars für Ausfertigungen 27, 68
— des Notars für Urschrift 27, 68
— des Notars für Vermittelung der Auseinandersetzung eines Nachlasses, einer Gütergemeinschaft im Zwangsversteigerungsverfahren 27, 70
— in Grundbuchsachen 28, 10, 11
Schreibmaschine 2, 120
Schuldanerkenntnisse, Gebühr 27, 24
Schuldbekenntnisse, Gebühr 27, 24
Schulderlasse, Gebühr 27, 34
Schuldübernahme, Gebühr 27, 24
Schuldversprechen, Gebühr 27, 24
Schutzdecken für Urkunden 27, 76
Schwerkranke Personen, Prüfung der Geschäftsfähigkeit 2, 81
Sicherheitsleistung aus Erbmasse 36, 12
Sicherung der Amtsbestände 2, 312
Siegel, Zuständigkeit der Notare zur Anlegung und Abnahme von — 1, 2
— Erfordernis des Protokolles 1, 153, 155
— Amtssiegel des Notariats 4
Abnahme, Anlegung von — Gebühr für — 27, 39
Siegelungen, Versiegelungen, Gebühr 27, 39
Sitz der Notariate 3
Spekulationen des Notars 1, 68
Staat s. Haftung
Führung der Notariate auf Rechnung des — 30; 33
Staatsgebühren s. Gebühren
Buch- und Registerführung der Notare bei Berechnung und Erhebung von — 2, 56
Staatskasse, Vergütung der Tagegelder und Reisekosten aus der — 35
Standesehre der Notare, Wahrung der — eine Aufgabe der Notariatskammer 1, 121; 22, 8
Verletzung der — als Dienstvergehen 1, 67
Steuer, Anmeldung der Erbschaftssteuer 37, 6—8
Steuerbehörden, Anzeige des Notars an — 2, 315

Stiftungsgeschäfte, Gebühr 27, 30
Strafversetzung der Notare 1, 70, 74
Streichung von Wörtern in Urkunden 2, 131—133
Strichgelder, Hinterlegungsgebühren des Notars 27, 101
Stundung, Gebühr für Beurkundung 27, 34
Suspension der Notare 1, 91—94
— kraft des Gesetzes 1, 92
Verhängung der — durch die Disziplinarkammer 1, 93
— durch das Justizministerium 1, 94

T.

Tagegeld des Notars 27, 84—86, 34
— der Protokollführer 33
Vergütung der · und Reisekosten aus der Staatskasse in Armenrechtssachen 35
Tantiemen der Notare 29
Taube Beteiligte bei Errichtung einer notariellen Urkunde 1, 29
Tauschverträge, Gebühr 27, 22
Teilgrundschuldbrief, Gebühr 28, 9
Teilhypothekenbrief, Gebühr 28, 9
Teilrentenschuldbrief, Gebühr 28, 9
Teilung, Beurkundung von — 2, 254—261
— eines Nachlasses oder einer Gütergemeinschaft, Gebühr 27, 47, 48, 49, 50
Teilungsverträge, Gebühr 27, 22
Telegraphengebühr, Auslagen des Notars 27, 75
Terminkalender 2, 25, 55, 58
Testamente, deren amtliche Verwahrung durch die Notare 1, 1; 2, 60; 9
Verbot der Ablieferung noch nicht verkündeter — in die Sammelarchive 1, 119
Beurkundung von — 2, 228—234
Widerruf von — 2, 240; 11
Protokoll über Errichtung eines — 2, 235
Testamente, Errichtung von — 2, 228—235; Gebühr 27, 27
Errichtung von — vor dem Gemeindevorsteher 10
— Zuständigkeit zur besonderen amtlichen Verwahrung 2, 236, 237
— Ablieferung an Nachlaßgericht 2, 252; Gebühr 27, 56, 57
Verwahrung eines eigenhändigen — 2, 238
Eröffnung von — 2, 242—250; 8; Gebühr 27, 58; 31
— Dorftestamente 9, 10
— s. auch letztwillige Verfügungen
— Gebühr für Übernahme von — in amtliche Verwahrung 27, 55
— Gebühr für Übersendung an eine andere Verwahrungsbehörde 27, 56
Testamentsregister, Führung des — 2, 25, 45, 46
— Namensverzeichnis 2, 47
— Verwahrung 2, 60
Testamentsvollstrecker, Übernahme des Amtes eines — durch einen Notar 1, 13; 2, 256
Übernahme des Amtes eines — durch einen zum Notariatsverweser ernannten Gerichtsbeamten 1, 107
Nichthaftung des Staates für den von einem Notar oder Notariatsverweser als — verursachten Schaden 1, 126
— Gebühr des Notars 27, 51

U.

Übergabe des Amtes 2, 5, 10, 11
— einer Erklärung an den Gerichtsvollzieher zur Zustellung, Gebühr 27, 33
Beurkundung der — von Gegenständen, Gebühr 27, 37
— eines Testaments an Nachlaßgericht 27, 56, 57
— Vertrag, Gebühr für Beurkundung 27, 22
Übergangsvorschriften für die am 1. Januar 1900 im Amte befind-

lichen Notare und Notariatsverweser 1, 133, 138
Übergangsvorschriften für anhängige Ordnungs- und Disziplinarstrafsachen der Notare 1, 135
— für anhängige Notariatssachen 1, 136
— für anhängige Gebührensachen der Notare 1, 137
Übernahme von Geld, Wertpapieren und Kostbarkeiten durch den Notar zur Aufbewahrung oder zur Ablieferung an Dritte 1, 4, 2, 7, 9, 11, 276
— eines besoldeten öffentlichen Amtes 1, 12
— von Urkunden in amtliche Verwahrung 1, 1; 2, 185; 2, 273; Gebühr 27, 54
— von Testamenten 2, 236, 237, 239, 252, 253
— Protokoll 2, 9
— der Amtsbestände 2, 6, 7, 9
— der Vermittelung der Auseinandersetzung 2, 258
— von Amtsverwesungen 2, 301, 303
— einer Bürgschaft 2, 43
— eines Testaments, Gebühr 27, 55
— der Zustellung 2, 202; 36
— von Kosten 2, 289, 291
Übersendung eines Testaments an eine andere Verwahrungsbehörde 27, 56
Übersichtlichkeit der Urkunden 2, 151
Übertragung des Eigentums an einem Grundstück, Gebühr für — 27, 22
— einer Hypothek, Gebühr 27, 24
— des Eigentums an einem buchungsfreien Grundstück, Gebühr 28, 4
Umzugskosten der Notare bei Zwangsversetzung 1, 86
Unterschrift, notarielle Beglaubigung einer — 1, 35; 2, 205—213
Gebühr für — 27, 45, 46
— des Notars 2, 145, 153, 155
— der Ansteigerer 2, 171
Ort und Wortlaut des Vermerks der — im Protokoll 2, 165, 166, 168, 171
— durch Beifügung von Kreuzen 2, 167
Unterstützung der Notariatsgehifen 25
Unterstützungsverein, Satzung des Pensions- und — der nichtrechtskundigen Gehilfen bei den Königl. bayer. Notariaten 24
— Zweck, Namen und Sitz des Vereins 24, 1
— Mitgliedschaft 24, 8—12
— Pflichten der Mitglieder 24, 13—16
— Rechte der Mitglieder 24, 17—28
— Pension 24, 17—27
— Krankenunterstützung 24, 28
— Vereinsvermögen 24, 29
— Verwaltung 24, 30—40
— Verwaltungsgrundsätze 24, 41—44
— Schlußbestimmungen 24, 45—47
Unwirksamkeit eines notariellen Amtsgeschäfts, Gebühr 27, 21
Urkunden s. notarielle Urkunden
Vorschriften über Sammlung von — 2, 58
Vorschriften über Ordnung der — 2, 62—68
Vorschriften über Verwahrung von — 2, 60, 61
Verfahren bei Übernahme von — in Verwahrung 2, 273
äußere Form der — 2, 118—130
Papier, Format 2, 118, 119
Vorbereitung der — 2, 122, 125
Zustellung von — 2, 201—204
Form der Beifügung von — zum Vorlagebogen an Grundbuchamt 2, 17—25
Vorlegung von — an Hypothekenamt 17
Vorlegung von — an Grundbuchamt 15, 10—25
Urkundensammlung des Notars 1, 37; 2, 61
Ordnung der — 2, 62—68

— s. auch Sammelarchive.
Urlaub 2, 293—298
— Selbstbeurlaubung 2, 293
— regelmäßiger Geschäftsurlaub durch Landgerichtspräsident 2, 294
Gesuch um — 2, 295
Voraussetzung der Bewilligung des — 2, 296
— der Notariatsverweser 2, 297, 298
Urschriften, notarielle, Verwahrung 1, 37
Herausgabe der — 1, 38
— Ersetzung durch Ausfertigungen 1, 39, 46
— Verweigerung der Herausgabe 1, 44
— Verlust 1, 47
Gebühr für Vermerk auf — 28, 12
Abgabe von 2, 173—187
Zustellung von — 2, 204
Hinausgabe der — aufgehobener Erbverträge an die Beteiligten 12

V.

Verbesserung in Register 2, 24
— der Lage der Notariatsgehilfen 25
Verbindlichkeiten als Bedingung eines Hauptvertrags, Gebühr 27, 18
Verbotene Geschäfte 1, 16; 2, 209
Vereine, Beurkundung der Versammlung eines — durch den Notar 1, 32
— Beschlüsse der Mitgliederversammlung, Gebühr 27, 41
Verfahren bei Vollzug des Erbschaftssteuergesetzes 37, 6—8, 10, 12, 26, 27; 38
Vergleiche, Gebühr für Beurkundung 27, 31
Vergütung der Notariatsverweser 1, 111—118; 2, 304
— der Tagegelder und Reisekosten aus der Staatskasse 35
Verjährung der Strafverfolgung gegen Notare 1, 75
— der Gebühren 27, 2
Verkehr der Notare mit Hypothekenamt 2, 277—286; 15, 30; 16
— mit Hypothekenbewahrern 15, 30
— mit Grundbuchamt 2, 316, 15
— mit nichtbayerischen Grundbuchämtern 15, 33
Verkündung von Testamenten und Erbverträgen s. Eröffnung, Gebühr 27, 58
Verlassenschaftskommissär, Gebühren des Notars als — 27, 108
Verletzung der Amtspflicht s. Haftung
Verlosungen, Gebühr für Beurkundung 27, 40
Verlust von notariellen Urschriften 1, 47
Vermerk in Geschäftsregister 15, 29
Gebühr für Anbringung von — auf Urschriften, Ausfertigungen, Registern 28, 12
Vermittelung von Streitigkeiten unter den Notaren und zwischen Notaren und Parteien durch die Notariatskammern 1, 121; 22, 10
— der Auseinandersetzung eines Nachlasses oder einer Gemeinschaft, Gebühr 27, 47—50
— Schreibgebühren 27, 70
— für Zustellung von Amtswegen, Gebühr 27, 59
Vermögensverzeichnis, Aufnahme von — durch die Notare 1, 2; Gebühr 27, 38
Vernichtung von Akten 2, 72
Veröffentlichung der Versteigerungsbekanntmachung 18
Verpackung von Schriftstücken, Gebühr 27, 77
Verpflichtung zur Einsicht des Hypothekenbuchs und des Grundbuchs 2, 90—95; 15, 3—7
Verrechnung der Notariatsgebühren bei Führung von Notariaten auf Rechnung des Staates 30
Versammlungen, notarielle Urkunden über — von Genossenschaften, Gesellschaften mit beschränkter Haftung, Vereinen 1, 32
— der Vereine, Gebühr für Beschlüsse 27, 41

Versendung von Büchern, Registern, Urkunden, Akten, zum Zwecke der Einsicht 2, 193—198
— von notariellen Urkunden zum Vollzug an Hypothekenamt 2, 279
Versetzung der Notare 1, 8, 10
Versicherung an Eidesstatt 1, 3; 2, 262—266
— s. auch Eid
— Gebühr 27, 36
Versicherungspflicht der Notariatsgehilfen 26
Versicherungsvertrag, Gebühr für Beurkundung 27, 29
Versorgung der Notare, Notariatsgehilfen und ihrer Hinterbliebenen 1, 127—129; 23
Verständlichkeit notarieller Urkunden 2, 145
Versteigerung, Ort des Genehmigungs- und Unterschreibungsvermerks im Protokoll 2, 171
notarielle Beurkundung von — 2, 223—227
Veröffentlichung der Bekanntmachung der — 18
— von Grundstücken, Gebühr 27, 23, 52, 53, 107
— von Mobilien, Gebühr 27, 23
Vertrauensperson Zuziehung bei Beurkundung 2, 102
— Gebühren derselben bei notariellen Urkunden 27, 80
Vertretungsmacht, Prüfung der — 2, 82—85
— durch Vollmachten 2, 82, 83
— des Vormundes 2, 84
— juristischer Personen 2, 85
Vervielfältigung notarieller Urkunden 1, 36; 2, 121
Verwahrung, amtliche, Übernahme der — durch die Notare 1, 1; 2, 61; 9; 10
— von Dorftestamenten 9; 10
Vorschriften über — der Akten und Urkunden 2, 58, 59, 60—64; Gebühr für — 27, 54
— eines Testaments, Gebühr 27, 55
— der Akten über Nebengeschäfte 2, 65
— der Akten über Auseinandersetzung des Nachlasses und der Gütergemeinschaft 2, 66, 68
Verfahren bei Übernahme von Urkunden zur — 2, 273
— der Zwangsversteigerungsakten 2, 67, 68
— der Hinterlegungs- und Gebührenakten 2, 70
— wichtiger Aktenstücke 2, 71
— amtlicher Blätter 2, 73
— s. auch Aufbewahrung
Verwahrungsbücher der Notare 1, 4
Verweigerung der Vornahme von Amtsgeschäften durch die Notare 1, 14—17; 2, 20, 77, 80, 86, 95, 206, 208
Verweis gegen Notare 1, 70
Verzeichnis über Auseinandersetzungen von Nachlaß- und Gütergemeinschaftsmassen 2, 25, 51
— über Zwangsversteigerung 2, 25 52
— über Entmündigte 2, 57
— über Gütergemeinschaftsausschlüsse 2, 57
Sammlung und Verwahrung der — 2, 58
Verzicht, Gebühr für Beurkundung 27, 34
Visitationen, Handhabung der Dienstaufsicht bei — 20, 4, 8—13, 15, 20
Volljährigkeit der Beteiligten 2, 79
Vollmachten, Legitimation der Vertreter durch — 2, 82
nachträgliche — 2, 83
— Inhalt der Vollmachten über die Regelung von Nachlassen in Neu-Süd-Wales 6
— Beurkundung, Gebühr 27, 32
Vollstreckbarkeit notarieller Urkunden und Erteilung vollstreckbarer Ausfertigungen 1, 45; 2, 186, 187
Vollstreckungsklausel, Gebühr 27, 68
Vollzug der Ordnungsstrafen gegen Notare 1, 82, 85
— des Erbschaftssteuergesetzes 37; 38

Vorbereitungsdienst der Notare 1, 9
Vorlagebogen, Gebühr für — 28, 11
Vorlegung von Urkunden an Grundbuchamt 15, 10—25
— von Urkunden an Hypothekenämter 17
Gebühr für — von notarieller Urkunde an eine Behörde 27, 62
— von Urkunden an Grundbuchamt, Gebühr 28, 11
Gebühr für — von Urschriften über buchungsfreie Grundstücke 28, 12
Vormerkungsbuch über Dienstreisen 20, 21
— für Termine, Wiedervorlagen 2, 25, 55
— von Hypotheken im Wege der Zwangsvollstreckung 19
Vormundschaft, Geschäftsfähigkeit der unter vorläufige — gestellten Beteiligten 2, 80
Vorzeigung von Gegenständen, Gebühr 27, 37

W.

Währung, Angabe der — in Urkunden 2, 147
Wahlrecht des Notars zwischen Wertgebühr und Zeitgebühr 27, 16
Warnung als Ordnungsstrafe gegen Notare 1, 70
Wechselprotestregister 2, 25, 48, 49
Abgabe von — in Urschrift 2, 174
— Verfahren bei Erhebung und Aufnahme von — 2, 272
Gebühr für Aufnahme eines — 27, 42
Wegegeld des Notars 27, 87, 91
Werkverträge für Beurkundung, Gebühr 27, 22
Wertgebühr des Notars 27, 9, 10
— Sätze derselben 27, 12
— für Beurkundung der Auflassung 28, 3
— für Eintragsbewilligung 28, 5
Wertpapiere, Aufbewahrung von — s. Aufbewahrung, Übernahme 2, 276
— Hinterlegungsgebühr für Aufbewahrung von — 27, 97
Widerruf von Testamenten 11
— Erklärung, Gebühr für — 27, 33

Z.

Zahlen in Urkunden 2, 139—144,
— der Notariate 3
Zahlungsaufforderung, Gebühr 27, 4
Zeit der Amtsausübung 2, 14—17
— Geschäftszeit 2, 14
Angabe der — der Errichtung einer Urkunde 2, 153, 154
Zeitdauer des Geschäfts bei Zeitgebühr zu vermerken 27, 17
Zeitgebühr, 27, 9, 13—17, 19, 20
— bei auswärtigen Amtsgeschäften 27, 83
— für Beurkundung der Auflassung 28, 2
— für Eintragsbewilligung 28, 5
— für Löschungsbewilligung 28, 6
Zeuge, Geschäfts—, Zuziehung bei Beurkundung 2, 100—105
— Gebühr für Beurkundung der Aussage 27, 36
— Gebühren, Auslagen des Notars 27, 75
— Vernehmung, Gebühr 27, 36
Zeugnis, notarielle Beglaubigung von — 1, 33; 2, 160, 173
Zeugnisse, Gebühr 27, 44
Ziehungen, Gebühr 27, 40
Ziffern, Zahlen bei Urkunden in — 2, 139, 140, 142, 144
Zurücknahme eines Testaments 27, 55
Zurückweisungen, Gebühr für Beurkundung 27, 33
Zuschlagserteilung bei Versteigerungen maßgebend für Gebührenansatz 27, 23
Zuständigkeit zur Beurkundung über Liegenschaften 2, 278, 286
— der Notare 1, 1—5
— der Rentämter zur Erhebung und Berechnung der Erbschaftssteuer 37, 1—3

Zustand, Feststellung des — von Personen und Sachen **2**, 267—269

Zustellgebühren f. notarielle Schriftstücke **27**, 78

Zustellungen durch den Notar **1**, 3; **2**, 202
öffentliche — **2**, 201
Beurkundung von — durch den Notar **1**, 33
— Register **2**, 25, 53
— von Urkunden **2**, 201—204
— durch Gerichtsvollzieher **2**, 201, 203
— von Amtswegen **2**, 203; **36**
— Gebühren **27**, 3, 59
— durch die Post **2**, 203; **36**
förmliche — nicht nötig **2**, 204
Gebühr für Beurkundung von — **27**, 61; **36**

Zustimmung, Prüfung der Frage der Notwendigkeit einer — **2**, 86—89

Zwangsabtretung **2**, 171

Zwangsenthebung der Notare **1**, 88, 89

Zwangsstrafen gegen Notare, Anordnung der — gelegentlich der Ausübung der Dienstaufsicht **1**, 64, 66
Überweisung der Gelder aus — an die Versorgungsvereine **1**, 128

Zwangsversetzung der Notare **1**, 86, 87

Zwangsversteigerung, Verzeichniß über **2**, 25, 52
Sammlung, Verwahrung der Akten über — **2**, 67, 68
notarielle Beurkundung von — **2**, 227
— Inkrafttreten der Gebührenvorschriften **27**, 107
— Gebühr für Beurkundung **27**, 23, 52, 53, 107

Zwangsversteigerungsverfahren, erforderliche Zustellung bei — von Amtswegen **2**, 203
— Schreibgebühr **27**, 70

Zwangsvollstreckung, Vormerkung von Hypotheken im Wege der — **19**

Zwischenschreibung in Register **2**, 24
— in Urkunden **2**, 131